高等教育“十三五”规划教材
立信会计专业系列
总主编　张世体

成本会计实务

（第二版）

主　编◎单　蕊　史春蕾　时晓晖
副主编◎张臣臣　闫　堃　张　雪　吕宗睿

立信会计出版社
LIXIN ACCOUNTING PUBLISHING HOUSE

图书在版编目(CIP)数据

成本会计实务 / 单蕊主编. —2 版. —上海 ：立信会计出版社，2023.8

高等教育“十三五”规划教材. 立信会计专业系列

ISBN 978-7-5429-7414-3

Ⅰ. ①成… Ⅱ. ①单… Ⅲ. ①成本会计—会计实务—高等学校—教材 Ⅳ. ①F234.2

中国国家版本馆 CIP 数据核字(2023)第 157733 号

策划编辑　陈　旻
责任编辑　陈　旻
美术编辑　吴博闻

成本会计实务(第二版)

CHENGBEN KUAIJI SHIWU

出版发行	立信会计出版社		
地　　址	上海市中山西路 2230 号	邮政编码	200235
电　　话	(021)64411389	传　　真	(021)64411325
网　　址	www.lixinaph.com	电子邮箱	lixinaph2019@126.com
网上书店	http://lixin.jd.com		http://lxkjcbs.tmall.com
经　　销	各地新华书店		

印　　刷	常熟市人民印刷有限公司	
开　　本	787 毫米×1092 毫米	1/16
印　　张	14.5	
字　　数	380 千字	
版　　次	2023 年 8 月第 2 版	
印　　次	2023 年 8 月第 1 次	
书　　号	ISBN 978-7-5429-7414-3/F	
定　　价	46.00 元	

如有印订差错，请与本社联系调换

总　序

习近平同志在中国共产党第二十次全国代表大会上的报告中指出：我们要坚持教育优先发展、科技自立自强、人才引领驱动，加快建设教育强国、科技强国、人才强国，坚持为党育人、为国育才，全面提高人才自主培养质量，着力造就拔尖创新人才，聚天下英才而用之。

当今世界，科学技术突飞猛进，国际竞争日趋激烈。教育在综合国力的形成过程中处于基础地位，国力的强弱越来越取决于劳动者综合素质的高低，取决于各类人才的质量和数量，这对于我国培养和造就21世纪的一代新人提出了更加迫切的要求。新时代新形势，改革开放和现代化建设，要求我们抓住机遇、超前布局，以更高远的历史站位、更宽广的国际视野、更深邃的战略眼光，对加快推进教育现代化、建设教育强国作出总体部署和战略设计。我们要在提高学生综合素质上下工夫，教育引导学生培养综合能力和创新思维。

作为教育体系中的一个重要组成部分，高等教育近年来进入高速发展时期，规模宏大，其中财经专业学生占有相当大的比例。围绕培养财经专业高技能人才这个根本目标，高等院校加强财经专业的教材建设是完成教学计划、达到培养目标的重要保证；是加强教学管理、提高教学质量的重要措施；是深化教学改革，提高人才培养质量的根本途径。教材建设重在提高质量，培育特色。

经过多方努力，“高等教育‘十三五’规划教材　立信会计专业系列”已正式出版发行。这是十几所院校几十位既具有扎实的理论基础，又具有丰富的实践经验的“双师型”教师倾注大量的人力、物力和财力，共同努力的结果。

本系列教材在编写上充分体现了培养高素质应用型、技能型人才的教育理念，在注重培养学生掌握基本理论知识和基本技能的同时，还能够帮助学生顺利获得相应的专业技能等级证书，加快学生由学习型向实践型角色转换的速度，并为学生未来走向工作岗位奠定认识和能力基础。

本系列教材在力争正确阐述会计专业的理论和概念的同时，还注意理论联系实际，以案例阐述理论；符合认知规律，富有启发性，便于学生自主学习，所选理论教学内容完全可以满足学生未来从事会计工作所需；既包括学生未来职业活动所需的最基本、最常用的理论知识，同时也包括学生未来可持续发展所必须深化和拓展的知识；让学生能自然地做到由基础理论到专业基础理论，由专业课到实践课的从容转换；正文、训练与实务操作齐全且著录准确；符合人才培养目标及本课程教学的要求，所选会计理论内容的广度和深度能够满足实践教学和未来从事会计岗位工作的需要。

本系列教材力求做到理论与实际相结合，既保持理论体系的系统性和方法的科学性，又注重教材的实用性和针对性。每种教材的编写，注意吸收国内外优秀教材的成果，力求深入浅出，突出重点和通俗易懂。在广泛调查研究的基础上，本系列教材经过多所高等院校一批有着丰富教学和实践经验的专家学者的论证和推荐，优化选题，优选编者。

与已出版的同类教材比较，本系列教材突出的特点如下：

(1) 理论够用。理论上，本系列教材突出会计专业基本理论与核算方法方式，强调实践业务的处理。

(2) 学做一体。本系列教材在设计上按照能力点出现的先后顺序编排内容，在语言上力求精炼、简洁，尽量避免高深化、学术化的表达方式，让学生易懂、易做，增强学生在学习过程中的感性认识，提高教学效果；改变"先理论，后实践"的时间分板块模式，体现"从理论，到实践，再应用"的结构特点，理实相融，更接近人们的认知规律。

(3) 知识定位。在编写过程中，本系列教材均按照"以具体化工作内容的需要确定目标、选取单元内容、设定学习知识要点"的思路，搭建"是什么、为什么、做什么、怎样做"的框架，以"是什么"和"为什么"为教学核心内容，来教会学生"做什么"和"怎样做"，真正体现"以教师为引导，学生为主体，循序渐进的提高学生职业技能"的教学培养目标。

(4) 结合实践。本系列教材不但介绍了会计专业的基本概念、基本原理和经常性业务的处理方法，还相应添加了会计工作的扩展知识和最新的案例，增强了教材的实用性。

本系列教材自2020年5月陆续出版以来，得到各院校领导及老师的大力支持，多次加印，现应广大师生的要求修订再版。

值此再版之际，我们谨向所有支持本系列教材出版的各院校领导和参编老师表示诚挚的谢意。感谢立信会计出版社陈旻女士对本系列教材的热情支持。

本系列教材再版后，我们将继续努力，不断对其修订与完善。同时，我们也热忱欢迎使用本系列教材的各院校师生对其提出宝贵的意见和建议，力争使之成为国家级精品教材。

张世体

2023年6月

第二版前言

《成本会计实务》(第二版)是会计学专业的专业课教材。本书以最新会计法律、法规和企业会计制度为依据,以成本会计核算方法为主线,按成本会计核算流程分为若干项目,主要阐述成本会计核算的基本方法和程序,引导学生完成从料工费开始的证—账—表的会计循环。

本书在培养学生重点掌握成本会计基本技能的基础上,能够有效衔接相应的专业技能等级考试,如初级会计师考试。本书通过实务案例系统演示手工操作下成本会计的核算过程,培养学生实践操作技能,加深学生对成本会计专业知识的理解,促进学生对理论知识的掌握,加快学生由学习型向实践型角色的转换。

本书力争正确阐述成本会计学科的理论和概念,注意理论联系实际,以案例阐述理论,所选理论内容完全可以满足学生未来从事成本会计工作所需。同时,也包括学生未来可持续发展所必须深化和拓展的知识;让学生能顺利地做到由基础理论到专业基础理论、由专业课到实践课的从容转换。理论内容的广度和深度能够满足实践教学和学生工作的需要。

与已出版的同类教材比较,本书的突出特点如下:

(1) 理论够用。理论上,本书突出成本会计基本理论与核算方式,强调实践业务的处理。

(2) 学做一体。本书改变了传统会计教学模式,更多地将实际工作中使用的证、账、表纳入教材,增强学生学习过程中的感性认识,增强教学效果;本书改变"先理论,后实践"的模式,体现"从理论,到实践,再应用"的结构特点,使理论与实践相融合,更接近人们的认知规律。

(3) 本书立足于企业主流成本会计业务,目标定位准确,按照典型业务构建学习单元,知识结构。

(4) 本书体系结构及内容有别于同类教材,富有特色与创新。

全书共分为9个单元,为了适应教学需要,各单元由导学案例引出每个单元,在每个单元后面列有单元测试、实务训练。本书是高等院校的理想教材,同时也可作为广大财会、审计人员学习、考试的参考资料。

本书由单蕊(第一、第二单元)、史春蕾(第三、第四单元)、时晓晖(第五单元)任主编,由张雪(第六单元)、张臣臣(第七单元)、闫堃(第八单元)、吕宗睿(第九单元)任副主编。

由于编写时间仓促,作者水平有限,书中若存在疏漏之处,恳请读者批评指正。

编　者

2023年6月

目　录

第一单元　导　论

导学目标

1. 理解产品成本的含义和作用。
2. 了解成本会计的产生和发展、职能、组织形式，明确成本会计的任务。
3. 了解工业企业的生产类型，理解生产类型和管理要求对产品成本计算方法的影响。
4. 区分生产费用和期间费用，了解成本核算的基本要求。
5. 明确产品成本开支的范围和成本账户的设置。
6. 掌握成本核算的基本程序。

导学案例

天桥服装店为顾客张浩制作西服，定价600元。服装店制作服装需要购买布料200元，耗材（线、镶边料、衣扣、衬布）40元，支付工人工资100元，店面租金摊销、加工工具（缝纫机、剪刀等）消耗费用折算60元，生产服装的成本共计400元。同一笔交易，买方的成本（即卖方的售价）为600元，卖方的成本为400元。在不考虑其他费用的情况下，两者的差额就是卖方的纳税前利润。

企业在市场上的竞争主要是产品质量和价格的竞争，而价格的竞争归根到底是成本的竞争。在产品质量相当的情况下，谁的成本控制得好，谁就能在市场竞争中立于不败之地。因此，成本会计是一门非常重要的学科，搞好成本核算，可以有效地提高企业的经济效益和市场竞争力。本部分内容的主要任务就是认识产品成本和成本会计，为后面的学习奠定基础。

第一讲　成本会计概述

【知识要点】

一、产品成本的含义

成本是一个广泛的概念，有广义和狭义之分。广义上，成本是指为了达到特定目的所失去或放弃的资源。狭义上，成本仅指产品生产成本，是指制造业为生产一定种类和一定数量的产品所发生的各种耗费的货币表现，并应从其营业收入中得到补偿的价值。

企业要生产产品，就要发生各种生产耗费，这些耗费包括已经耗费的生产资料（物化劳动）的价值（C）、劳动者（活劳动）为自己劳动所创造的价值（V）和劳动者（活劳动）为社会劳动所创造的价值（M）。这些耗费共同构成了产品的价值。从理论上讲，上述的前两个部分，即$C+V$，是产品成本中最基本的内涵，构成了产品的理论成本，它是一个“全部成本”的概念，包括了企业生产经营过程中发生的全部耗费。

在实际工作中，成本开支范围是由国家的有关法规、制度来加以界定的，所以，实际成本的内容与理论成本的内容有一定的差异。在实际工作中，为了促使企业加强经济核算、减少资金占用、节约生产耗费、减少生产损失，劳动者为社会创造的价值，以及不形成产品价值的损失（如工业企业的废品损失、停工损失），也计入产品成本。此外，工业企业为销售产品而发生的销售费用、为组织和管理生产经营活动而发生的管理费用，以及为筹集生产经营资金而发生的财务费用，大多按时期发生，难以按产品归集。为了简化成本核算工作，会计准则规定将这三项费用作为期间费用处理，直接计入当期损益，从当期利润中扣除，不计入产品成本。因此，实际工作中的产品成本也称制造成本，是指产品的生产成本，而不是指产品所耗费的全部成本。

需要说明的是，工业企业在产品生产过程中，发生的产品销售费用、管理费用和财务费用（总称为经营管理费用）是服务于生产的，没有这些费用的支出，产品就不可能正常生产。因此，为了促使企业节约费用、增加利润，这些经营管理费用也应作为成本会计的核算对象。

由此可见，工业企业成本会计的核算内容包括产品的生产成本和经营管理费用。

商品流通企业的基本经济活动是商品的采购和销售，为此，会发生商品的采购成本和销售成本，还会发生销售费用、管理费用和财务费用，这些费用总称为商品流通费用。商品流通费用也不计入商品的采购和销售成本。施工企业的基本经济活动是进行建筑工程的施工，工程施工要发生工程成本，施工企业发生的管理费用和财务费用不计入工程成本。这些行业企业的销售费用、管理费用和财务费用，也可以总称为经营管理费用，属于期间费用。

二、产品成本的作用

由于产品成本实质上是反映产品生产过程中的各种劳动耗费和补偿价值，产品成本作为衡量企业生产经营过程中劳动耗费的尺度、提供产品定价和经营决策的依据，对于企业降低耗费、足额补偿耗费、合理定价和制定经营决策等具有重要作用。

（一）产品成本是生产耗费的补偿尺度

维持企业的再生产是发展市场经济的必然要求。企业要维持再生产，就必须使产品生产过程中的耗费得到及时、足额的补偿，而足额的补偿又必须以产品成本这个客观的尺度作为标准。如果企业不能按照成本来补偿生产耗费，资金周转就会发生困难，再生产就不能按原有的规模进行。

（二）产品成本是反映企业工作质量的综合指标

企业在生产经营管理各环节中的工作质量，都可以直接或间接地在成本上反映出来。例如，产品设计是否合理、固定资产是否有效利用、产品质量是否符合要求、原材料的使用是否合理与节约等诸多因素都能通过成本反映出来。

（三）产品成本是制定产品价格的重要依据

在商品经济中，产品价格是产品价值的货币表现。产品价格的制定，应体现价值规律的要求，使产品价格大体上符合其价值。但在现阶段，产品价值还不能直接计算，只能通过产品成本间接地反映产品的价值。

(四) 产品成本是企业制定经营策略的重要依据

在市场经济条件下,企业要在激烈的竞争中生存和发展,要提高其在市场上的竞争力和经济效益,要制定正确的生产经营策略。经营策略的核心问题是经济效益的高低,即在众多方案中以经济效益的大小来衡量利弊得失,最后选出最佳方案。在研究经营策略时,成本是影响经济效益的一个非常重要的因素,这是因为,在价格等因素一定的情况下,成本的高低直接影响企业盈利的多少。

三、成本会计的概念

作为会计的一个重要分支,成本会计是一种专业会计,它具有广义与狭义之分。广义的成本会计是指进行成本预测、决策、计划、控制、核算、分析及考评,即成本管理;狭义的成本会计是指进行成本核算与分析。严格说来,狭义的成本会计是广义的成本会计的基础,而广义的成本会计是狭义的成本会计的延伸与拓展。本教材着重沿用狭义的成本会计概念。

四、成本会计的发展

成本会计作为现代会计的一个分支,是社会经济发展到一定历史阶段的产物,它的产生及发展大体经历了早期形成、近代发展和现代发展三个阶段,并逐步成长完善。

(一) 早期形成阶段

在资本主义初期,企业为了确定经营盈亏,就试图计算成本。起初,计算成本只是估计一个大概值,后来逐渐用统计方法去计算成本,但准确性较差。

19 世纪产业革命后,企业数量增多、规模逐渐扩大,企业之间出现了竞争,生产成本受到了重视。英国会计界为了适应这种管理的需要,经过探索后,将成本的记录和计算与普通会计工作结合起来,成本计算的一系列方法便应运而生。当时,部分行业开始采用分批法和分步法计算成本,会计人员开始研究成本的性质,将产品成本划分为主要成本(包括材料耗用、直接工资和其他直接费用)、车间经费和一般管理费用,并制定了人工成本的归集及分配方法,通过时间卡和记时簿记录职工的出勤时间和完成的工件数,以控制工资开支和正确计算人工成本。有些企业形成了一套材料核算与管理方法,建立了永续盘存制和先进先出法等,从而形成了成本会计。

(二) 近代发展阶段

从 20 世纪 20 年代到第二次世界大战前,随着资本主义经济的进一步发展,成本会计有了很大发展。随着泰勒制度在管理上的实行,在成本会计中产生了标准成本制度,采用了标准成本、差异分析和预算控制等技术方法,扩大了成本会计的范围,不仅是会计核算与成本计算的结合,而且还包括了预算和控制等内容。此时,成本会计的理论和方法有了进一步的完善和发展,并将成本会计账户纳入了复式会计账户体系,通过成本会计解决了间接费用的分配。成本计算渗透到各个行业及企业的各个部门,相对财务会计而言,这时的成本会计已经具有一定的独立性。

(三) 现代发展阶段

第二次世界大战后,随着科学技术的迅猛发展和生产力水平的进一步提高,企业规模日益扩大,跨国公司不断涌现,企业之间的竞争更加激烈。企业为了在竞争中处于有利地位,一方面,积极依靠科学技术开发新产品,拓宽市场;另一方面,注重企业管理,挖掘内部潜力,把目光集中在成本上，控制和降低成本，以低成本、高质量求生存。因此，成本管理就成为企业管理的一个重要组成部分。

五、成本会计的职能

成本会计的职能，是指成本会计本身所固有的功能。成本会计作为会计的一个重要分支，具有核算和监督两大基本职能。但从成本会计产生和发展的历史看，随着生产过程日趋复杂，生产、经营管理对成本会计不断提出新的要求，成本会计的职能也在不断扩大，其主要职能是成本预测与决策、成本计划与控制、成本核算与计算、成本分析与考核。

（一）成本预测与决策

成本预测是根据与成本有关的各种数据、可能发生的变化和将要采取的各种措施，运用一定的技术方法，对未来成本水平及其变动趋势作出科学估计的活动。企业通过成本预测，可使成本管理工作更加符合客观规律的要求，为成本决策、成本计划和成本控制等提供有效的信息，提高成本管理的科学性和预见性。

在实际工作中，成本管理的许多环节都存在预测问题。例如，工业企业在厂房建造、扩建、改建以及产品设计时的成本预测；编制成本计划前对成本降低幅度的预测；计划执行过程中对成本发展趋势的预测等。成本预测的基本内容包括：①预测计划期的目标成本；②预测计划期中成本计划的完成情况及完成程度；③预测计划期末单位产品成本水平及其变动趋势；④预测各项技术工作的经济效果。

成本决策是在成本预测的基础上，运用一定的方法，在若干个与生产经营和成本有关的方案中，选择最优方案，决定应该达到的目标成本及实施步骤的活动。进行成本决策，是制定成本计划的前提，是降低成本、提高经济效益的重要途径。

（二）成本计划与控制

成本计划是根据成本决策所确定的目标成本，规定在一定期间内企业为完成生产任务所必需的生产费用额，并确定各种产品的成本水平，以及应采取的各项措施的活动。成本计划是降低成本费用的具体目标，也是进行成本控制、成本分析和成本考核的依据。工业企业的成本计划通常包括生产费用预算、期间费用预算、主要产品单位成本计划、商品产品成本计划、可比产品成本的降低额和降低率。成本计划一经确定，对企业各个生产单位和职能部门都有约束作用，是企业进行成本控制、成本分析和成本考核的重要依据。

成本控制是在产品成本的形成过程中，根据成本计划，对影响成本的各种因素和条件施加主动影响，以实现最低成本的一种活动。成本控制的内容包括：①各种费用开支；②人力、物力消耗；③各种生产经营活动。成本控制的程序包括：第一，确定成本目标或标准；第二，将实际与标准进行比较；第三，分析差异并确定发生差异的原因；第四，采取措施，予以纠正。

（三）成本核算与计算

成本核算与计算是生产费用核算与产品成本计算的总称，是对企业生产经营过程中费用的发生和产品成本的形成所进行的核算。它对生产经营过程中所发生的各项费用，按照一定的对象进行归集和分配，以确定各对象的总成本和单位成本。成本核算既是对产品实际生产耗费的反映，也是对生产费用实际支出的控制过程。成本核算的主要任务包括：①反映和监督各项生产费用的支出；②归集和分配各项生产费用；③计算产品的总成本和单位成本；④反映和监督成本计划的完成情况。

成本核算的内容包括确定成本计算对象、进行生产费用核算、计算产品成本和编制成本报表。

（四）成本分析与考核

成本分析是根据成本计划和成本核算资料，运用一系列的技术方法，揭示影响产品成本水平变动的各种因素，以及各种因素变化对费用预算和产品成本计划完成情况的影响程度，以挖掘企业降低成本、节约费用的潜力的活动。通过成本分析，企业可以全面了解成本变动情况，研究影响成本变动的各种因素及其原因，寻求降低成本的途径，以达到改善经营管理、节约劳动耗费、降低产品成本、提高经济效益的目的。成本分析包括：①成本计划完成情况的分析；②技术经济指标对产品成本影响的分析；③不同企业间同类型产品成本对比分析；④车间班组成本分析等。根据企业生产组织的特点和成本管理的要求，成本分析可采取多种不同的形式进行。

成本考核是在成本分析的基础上，以各成本责任者作为考核对象，对成本计划指标的完成情况进行定期考察、审核，以评价成本管理工作业绩的活动。成本考核要以各个责任者（单位或个人）为对象，以责任者可以控制的成本为界限，并按责任归属来核算和评价其工作业绩。成本考核要与奖惩制度结合起来，以充分调动各个责任者完成预定目标的积极性。

上述成本会计的各项职能相互联系、相互依存，从而形成一个有机整体。成本预测是成本决策的前提，成本决策是成本预测的结果，成本计划是成本决策所确定目标的具体化，成本控制是对成本计划的实施进行监督和对决策目标的实现的保证，成本核算是对成本计划是否实现的检验，成本分析是表明计划结果理想与否的原因，成本考核是实现决策目标的重要手段。

六、成本会计的任务

成本会计的任务是成本会计职能的具体化。成本会计作为成本管理的重要内容和手段，其主要任务包括以下几个方面。

（一）进行成本预测，编制成本计划和费用预算

在市场经济条件下，成本会计作为一项综合性很强的价值管理工作，必须充分发挥其在成本管理中的作用。为了使企业成本管理工作有计划地进行，并对费用开支进行有效的控制，成本会计人员首先必须根据企业的生产财务计划、历史成本资料、市场调查情况以及其他有关资料，采用科学的方法对未来的成本进行预测，拟订各种降低成本的方案，供领导和有关部门比较分析并作出决策；然后根据目标成本及成本预测的资料，编制成本计划与费用预算，以此作为对成本实行计划管理、建立成本管理责任制、开展经济核算和控制费用支出的基础。

（二）组织产品成本和期间费用的核算

正确、及时地组织成本核算，是成本会计的核心内容，也是对成本会计工作最基本的要求。成本会计人员必须从管理的要求出发，正确地核算产品成本和期间费用，及时提供管理所必需的各类成本信息；必须以国家有关成本费用开支范围和开支标准，以及企业的有关计划、预算为依据，严格控制各项费用的开支，监督企业内部各个部门严格按照计划、预算和规定办事；必须积极探求节约开支、降低成本的途径和方法，以促进企业经济效益的不断提高。

（三）进行成本分析

成本是一项综合性的经济指标，其计划的完成情况是诸多因素共同作用的结果。成本会计人员必须全面地开展成本分析工作，通过成本分析及时发现差距，寻找影响成本升降的原因及影响程度，以便正确评价企业以及企业内部各有关部门在成本管理中的业绩，揭示企业成本管理工作中的问题，从而促进成本管理工作的改善，提高企业的经济效益。此外，企业在进行新产品开发、新设备投资、老产品更新换代、产品制造方法和工艺改进等有关决策时，成本会计人员应从成本管理角度，对它们进行综合分析和研究，提出有关成本资料，并参与决策工作。

成本分析是对成本的一种事后控制。企业生产是连续不断进行的，所以，成本分析既是对前期成本计划执行结果的事后评价，又是对下期成本预测和决策的重要信息反馈。

综上所述，成本会计的任务包括成本的预测、计划、核算与计算、控制、考核和分析等内容，并参与生产经营决策工作。其中，进行成本核算、提供实际成本核算资料，是成本会计最基本的任务，是成本会计的中心环节。这是因为，对各项费用支出的监督与控制，主要是在成本核算过程中利用有关核算资料来进行的。成本预测、计划、考核、分析等也是以成本核算所提供的成本资料为依据的。本教材重点介绍成本核算的方法。

七、成本会计的工作组织形式

为了充分发挥成本会计的职能作用，完成成本会计的任务，必须科学地组织成本会计工作。为此，必须在企业中设置成本会计机构，配备成本会计人员，并且按照与成本会计有关的各种法规和制度进行工作。

（一）成本会计工作组织的原则

一般来说，企业在组织成本会计工作时，应该考虑到自身规模的大小、企业机构的设置、生产经营特点及成本管理的要求等情况。具体来说，成本会计工作组织应遵循以下两项主要原则。

1. 成本会计工作应当与经济责任制及技术相结合

为了在提高产品质量的同时不断降低成本、提高企业经济效益，成本会计工作的组织应当与经济责任制及技术相结合。这不仅要求会计人员了解技术、生产人员了解成本，也要求技术人员了解成本知识、树立成本意识，并在此基础上制定更为合理的经济责任制，做到责、权、利的统一。只有这样，才能使成本会计工作真正发挥其应有的作用。

2. 成本会计工作应当有广泛的群众基础

不断挖掘潜力、努力完善成本管理是成本会计工作的根本目标。但各种耗费是在生产经营的各个环节发生的，成本的高低取决于各部门、各车间、各班组和各职工的工作质量。因此，要加强成本管理，不能仅靠几个人，必须做到领导人员、专业人员与职工群众相结合，增强广大职工群众的成本意识和参与意识，把成本工作建立在广泛的群众基础上。

（二）成本会计机构

企业的成本会计机构，是指在企业中直接从事成本会计工作的机构。由于成本会计工作是会计工作的一部分，企业的成本会计机构一般是企业会计机构的一部分。以工业企业为例，厂部的成本会计机构一般设在厂部会计部门，是厂部会计处的一个科，或是厂部会计科的一个组。厂部供、产、销等职能部门和下属生产车间等，可以设置成本会计组或者配备专职或兼职的成本会计人员或成本核算人员，这些成本会计机构或人员，在业务上都应接受厂部成本会计机构的指导和监督。

成本会计机构内部的组织分工，可以按成本会计的职能分工，如将厂部成本会计科分为成本预测决策组、成本计划控制组、成本核算组和成本分析考核组；也可以按成本会计的对象分工，如分为产品成本组、经营管理费用组和专项成本组。为了科学地组织成本会计工作，还应按照分工建立成本会计岗位责任制，使每一项成本会计工作都有人负责，每一个成本会计人员都明确自己的责任。

企业内部各级成本会计机构之间的组织分工，有集中工作和分散工作两种方式。

集中工作方式是指成本会计工作中的预测、决策、计划、控制、核算、分析和考核等各方面的工作，主要由厂部成本会计机构集中进行，而车间等其他单位中的成本会计机构或人员只负责登记原始记录和填制原始凭证，对它们进行初步的审核、整理和汇总，为厂部进一步开展工作提供资料的方式。在这种方式下，车间等其他单位大多只配备专职或兼职的成本会计人员或核算人员。

分散工作方式又称非集中工作方式，是指成本会计工作中的计划、控制、核算和分析工作由车间等其他单位的成本会计机构或人员分别进行，成本考核工作由上一级成本会计机构对下一级成本会计机构逐级进行的方式。厂部成本会计机构负责对各下级成本会计机构或人员进行业务上的指导和监督，并对全厂成本进行综合的计划、控制、分析和考核，以及汇总核算。成本的预测和决策工作一般仍由厂部成本会计机构集中进行。

采用集中工作方式，厂部成本会计机构可以比较及时地掌握企业有关成本的全面信息，便于集中使用计算机进行成本数据处理，还可以减少成本会计机构的层次和成本会计人员的数量；但不便于实行责任成本核算，不便于直接从事生产经营活动的各单位和职工及时掌握本单位的成本信息，因而不利于调动他们自我控制成本费用、提高经济效益的积极性。分散工作方式的优缺点与集中工作方式的优缺点恰好相反。

企业应该根据规模大小、内部各单位经营管理的要求，以及这些单位成本会计人员的数量和素质，从有利于充分发挥成本会计工作的职能、提高成本会计工作的效率出发，确定采用哪一种工作方式。大中型企业一般采用分散工作方式，中小型企业一般采用集中工作方式。为了扬长避短，也可以在一个企业中采用两种工作方式，即对某些单位采用分散工作方式，而对另一些单位则采用集中工作方式。

（三）成本会计人员

在企业的成本会计机构中，配备适当数量的、政治上和业务上合格的成本会计人员，是做好成本会计工作的决定性因素。为了充分调动会计人员的积极性，国家规定了会计人员的技术职称以及会计人员的职责和权限。这些规定对于成本会计人员也完全适用。

为了提高成本会计工作效率，保证成本会计信息质量，在成本会计机构内部和成本会计人员中应当建立岗位责任制，定岗、定编、定责，分工明确、各司其职，企业还应当重视对成本会计人员进行职业道德教育和业务培训，让每一位成本会计人员都明确自己的职责和权限，拥有胜任工作的职业技能。

企业成本会计机构的负责人，是企业成本会计工作的领导者和组织者，应该在企业总会计师和会计主管人员的领导下，按照有关的法规①和制度，结合本企业的实际情况，拟订本企业的成本会计制度或办法，并督促成本会计人员和有关职工贯彻执行；应该经常总结经验，不断改进工作，使企业的成本会计工作更好地适应我国市场经济的需要；还应该组织成本会计人员学习有关的业务理论和业务技术，不断更新专业知识，并对成本会计人员进行定期的考核，按其能力进行任用和调配。

成本会计人员有权要求企业有关单位和职工认真执行成本计划，严格遵守有关的法规和制度；有权参与制订、修正企业生产经营计划和各项定额，参与与成本有关的生产经营管理的会议；有权督促检查企业内部各单位对成本计划和有关法规、制度的执行情况。

成本会计人员应该认真履行自己的职责，正确行使自己的职权。成本会计人员既要从国家利益和企业降低成本费用、提高经济效益出发，坚持原则，执行有关的法规和制度，又要结合

---

①　这里的法规是包括法律、行政法规、规章及规范性法律文件在内的统称。下同。

实际向有关人员宣传、解释国家有关的方针、政策、法规和制度，防止主观臆断、滥用职权。此外，成本会计人员还应以身作则，模范地遵守这些法规和制度。为此，成本会计人员应该努力学习建设中国特色社会主义理论，与国家有关的政策、法规以及与企业有关的制度，刻苦钻研业务，不断提高自身的理论水平和业务能力。

（四）成本会计法规和制度

成本会计法规和制度是组织和从事成本会计工作必须遵守的规范，是会计法规和制度的重要组成部分。制定和执行成本会计的法规和制度，可以使企业在成本会计工作中贯彻执行国家有关的方针、政策，保证成本会计资料真实、规范、及时和有用。

1. 制定成本会计法规和制度的原则

成本会计法规和制度应该按照统一领导、分级管理的原则制定。全国性的成本会计法规和制度，应由国务院和财政部统一制定。每一个企业的成本会计制度或办法，应由企业根据国家的有关规定，结合企业的实际情况制定。

成本会计法规和制度的制定，既要满足企业成本管理和生产经营管理的要求，又要满足国家宏观经济管理的要求，还应力求做到简明实用，以便贯彻执行，从而节约成本会计工作的人力和财力。成本会计法规和制度，应该随着经济的发展、经济体制改革的深入，以及会计法规和制度的改革，进行相应的改革。成本会计法规和制度的改革，应该既吸收国际先进经验，与国际惯例趋同；又要考虑我国国情，从实际出发。

2. 成本会计法规和制度的种类

与成本会计有关的法规和制度，可以分为以下四类：

（1）《中华人民共和国会计法》。《中华人民共和国会计法》（简称《会计法》）由全国人民代表大会常务委员会颁布，是我国会计工作的基本法。有关会计（包括成本会计）的一切法规、制度，都应按照《会计法》的要求制定。《会计法》用法律形式确定了会计工作的地位和作用，有助于提高人们对会计工作的任职权不受侵犯的认识，使会计人员更加敢于坚持原则、遵守制度、履行职责。

（2）《企业会计准则》和《企业财务通则》。《企业会计准则》和《企业财务通则》是经国务院批准，由财政部颁布的企业财务、会计工作的基本准则。其制定和实施，可以使企业的财务和会计工作适应市场经济的需要，规范企业（包括成本会计工作在内）的财务和会计工作，提高财务和会计工作的水平，并与国际会计惯例趋同，有利于企业加强经营管理、吸收外资、对外开放。

财政部根据《企业会计准则》的基本要求，制定了一系列对企业各类经济业务进行会计处理的具体准则。其中，与成本会计有关的具体准则，也是规范成本会计工作的重要法规。

（3）《企业会计制度》。财政部为了规范企业的会计核算，真实、完整地提供会计信息，根据《会计法》及国家其他有关法律和法规制定了《企业会计制度》。根据财政部规定，自 2007 年 1 月 1 日起执行新的《企业会计准则》和《企业财务通则》的企业，不再执行《企业会计制度》和《金融企业会计制度》，但《小企业会计制度》依然适用。

（4）企业的成本会计制度、规程或办法。企业应当根据有关会计法律、行政法规和规章的规定，结合本企业生产经营的特点和管理要求，具体制定适合于本企业的成本会计制度、规程或办法。它是企业进行成本会计工作的具体的直接依据，一般包括：①成本会计工作的组织分工及工作权限；②成本定额、成本计划和费用预算的编制方法；③成本核算的具体规定，包括成本计算方法、成本计算对象的确定，成本项目的设置，生产费用的归集与分配方法、在产品计价方法的确定等；④成本预测、决策制度；⑤成本控制制度；⑥成本分析制度；⑦成本报表制度，包括报表的种类、格式、指标体系、编报方法、报送对象及日期等；⑧其他有关成本会计的制度。

制定企业的成本会计制度、规程或办法，是一项严肃的工作，必须积极、慎重。在制定之前，要深入实际进行调查研究，并反复试点，在总结经验的基础上加以制定。企业的成本会计制度、规程或办法一经制定，就要认真执行，并遵循与时俱进的原则不断地进行补充修正。

企业的成本会计机构和成本会计人员，应该在总会计师和会计主管人员的领导下，按照上述各种法规和制度的规定，分工协作、互相配合，并且组织职工群众，共同做好成本会计工作，充分发挥成本会计的各种职能作用。

第二讲 产品成本的计算方法

【知识要点】

成本核算和成本管理的基本目标是要计算生产产品的总成本和单位成本，因此，需要选取一定的方法对成本进行计算，以满足对成本管理的要求。

要计算产品的成本，应先明确成本计算的对象。成本计算对象是编制产品成本计算单（生产成本明细账）、分配生产费用和计算产品成本的前提。确定成本计算对象，必须符合企业生产特点、满足成本管理要求。

一、工业企业生产的主要类型

不同行业的生产特点千差万别。就工业企业来说，其生产根据生产工艺流程和生产组织的特点，可以作以下分类。

（一）按生产工艺流程的特点分类

1. 单步骤生产

单步骤生产又称简单生产，是指生产工艺过程不能间断，不可能或者不需要划分为几个生产步骤的生产，如发电、采掘等。

2. 多步骤生产

多步骤生产又称复杂生产，是指生产步骤由若干个可以间断的、分散在不同地点、在不同时间进行的生产步骤所组成的生产。多步骤生产按其对产品的加工方式，又可分为连续加工式生产和平行加工式生产。

连续加工式生产是指原材料投入后经过若干步骤的逐步加工制成产成品的生产。例如，棉纺织业的生产过程中，先将棉花经过清棉、梳棉、并条、粗纺和细纺等步骤制成棉纱，然后对棉纱经过络筒、整经、装纱、穿经和织造等步骤制成棉布。这种方式除了最后步骤生产出完工产品，其余步骤生产的都是半成品。

平行加工式生产又称装配式生产，是指各种原材料投入不同的加工部门制成所生产产品的各种零部件，再将零部件装配成产成品的生产。例如，自行车的制造就是将材料分别加工成车把、前叉、车轮、车架等，然后组装而成。

（二）按生产的组织方式分类

1. 大量生产

大量生产是指不断重复生产相同产品的生产。在这种企业或车间里，产品生产的品种较少，而且比较稳定，如面粉、化肥等。

2. 成批生产

成批生产是指按照事先规定的产品批别和数量进行的生产。在这种企业或车间里，产品生产的品种较多。成批生产按每批生产数量的多少，又分为大批生产和小批生产。大批生产类似于大量生产，是指不断重复生产一种或几种产品；小批生产类似于单件生产，由于批量小，一般可以同时完工。

3. 单件生产

单件生产是指根据订货单位的要求，生产个别的、特殊的产品的生产，如机械制造等。

二、生产特点和管理要求对产品成本计算的影响

(一) 生产特点对产品成本计算的影响

1. 对成本计算对象的影响

单步骤生产由于工艺过程不能间断，必须以产品为成本计算对象，按产品品种分别计算成本；多步骤连续加工式生产，需要以步骤为成本计算对象，既按步骤又按品种计算各步骤半成品成本和产品成本；多步骤平行式加工生产，不需要按步骤计算半成品成本，而以产品品种为产品计算对象。

大量大批生产，不能按产品批别计算成本，而只能按产品品种为成本计算对象；小批单件生产，由于产品批量小，一批产品一般可以同时完工，可按产品批别为成本计算对象计算产品成本。

2. 对成本计算期的影响

在大量大批生产中，生产连续不断地进行，每月都有完工产品，因而，产品成本计算要定期在每月进行，与生产周期不一致。

在小批单件生产中，产品成本只能在某批、某件产品完工后计算，因而，成本计算是不定期进行的，与生产周期一致。

3. 对完工产品与在产品之间费用分配的影响

在单步骤生产中，生产费用不必在完工产品与在产品之间分配。

在多步骤生产中，是否需要在完工产品与在产品之间分配费用，很大程度上取决于生产组织的特点：①在大量大批生产中，需要采取恰当的方法，将生产费用在完工产品与在产品之间进行分配；②在小批单件生产中，不存在完工产品与在产品之间分配费用的问题。

(二) 管理要求对产品成本计算的影响

(1) 单步骤生产或管理上不要求分步骤计算成本的多步骤生产，以品种或批别为成本计算对象，采用品种法或分批法。

(2) 管理上要求分步骤计算成本的多步骤生产，以生产步骤为成本计算对象，采用分步法。

(3) 在产品品种、规格繁多的企业，管理上要求尽快提供成本资料，简化成本计算工作，可采用分类法计算产品成本。

(4) 在定额管理较好的企业，为加强定额管理工作，可采用定额法。

三、产品成本计算的主要方法

(一) 产品成本计算的基本方法

为了适应不同类型生产特点和不同的管理要求，在产品成本计算工作中存在着三种不同

的成本计算对象,从而有三种不同的成本计算方法。

1. 品种法

品种法是指以产品品种为成本计算对象的产品成本计算方法。这种方法一般适用于单步骤的大量大批生产,如采掘、发电等,也可用于管理上不需分步骤计算成本的多步骤的大量大批生产,如水泥厂等。

2. 分批法

分批法是指以产品批别为成本计算对象的产品成本计算方法。这种方法一般适用于小批单件的单步骤生产或管理上不要求分步骤计算成本的多步骤生产,如重型机械制造、船舶制造等。

3. 分步法

分步法是指以产品生产步骤为成本计算对象的产品成本计算方法。这种方法一般适用于大量大批且管理上要求分步骤计算成本的生产,如纺织、冶金等。

以上三种成本计算方法是产品成本计算的基本方法,是计算产品实际成本必不可少的方法。企业应该根据自身生产特点及管理要求,选择合适的成本计算方法。但是无论什么类型的企业,不论采用哪种成本计算方法,最终都必须提供按产品品种为对象的产品成本资料,因此,品种法是成本计算基本方法中最基本的一种方法。

(二) 产品成本计算的辅助方法

目前工业企业常用的产品成本计算的辅助方法有分类法和定额法。

1. 分类法

分类法是指按产品类别归集生产费用,再按一定标准在类内各产品之间进行分配,计算产品成本的方法。这种方法一般适用于产品品种、规格繁多的工业企业,如灯泡厂、钉厂等。

2. 定额法

定额法是指在定额管理基础较好的工业企业,为配合和加强定额管理,加强成本控制,更有效地发挥成本核算、成本管理的作用而应用的一种将符合定额的生产费用和脱离定额差异分别核算,以保证完成成本计划和定额的产品成本计算方法。

分类法和定额法与企业生产类型的特点没有直接联系,不涉及成本计算对象。只要具备条件,任何类型生产企业都能运用。从计算产品实际成本的角度看,它们并非必不可少,所以称为辅助方法。

产品成本计算的辅助方法,一般不能单独使用,而应与基本方法结合起来使用。基本方法和辅助方法的划分,只是从计算产品成本角度考虑,并不是说辅助方法不重要,辅助方法往往非常重要。

第三讲 生产费用和期间费用的分类

【知识要点】

一、支出、费用和成本之间的关系

(一) 支出

支出泛指各项经济资源的流出,企业的一切开支以及耗费都属于支出。按性质划分,支出可以分为资本性支出、收益性支出和营业外支出。

资本性支出是指效益与几个会计年度相关的支出。这种支出转化成另一项资产的价值，并在以后资产的使用中按受益情况分期摊销计入各期费用中。例如，构建固定资产的支出、固定资产改良支出和取得无形资产的支出等。

收益性支出是指效益仅仅与本会计年度相关的支出。这种支出直接计入当期费用，从当期收入中得到补偿。例如，生产中所耗用的材料费用和支付车间水电费等。

营业外支出是指企业非日常的、与企业的生产经营活动没有直接联系的支出。例如，企业违反合同规定支付的违约金和意外事故造成的损失等。

(二) 费用

费用是指企业在日常活动中发生的、与向所有者分配利润无关的、会导致所有者权益减少的经济资源的流出。它可以分为生产费用和期间费用。企业的支出中，凡是与企业生产经营活动有关的支出均属于费用，可直接计入费用或分期转化为费用，而与企业生产经营活动无关的非日常的支出，不属于费用。

(三) 成本

成本是指企业为了生产产品或提供劳务而耗用的各项耗费或支出，这种耗费或支出是相对于一定主体而言的，即这种耗费或支出可以找到归属对象。本书中的成本仅指产品成本，产品成本是对象化的生产费用。

二、费用的分类

费用是一定时期内企业为生产和经营管理而发生的各种耗费的货币表现。工业企业生产经营过程中的耗费是多种多样的，为了便于归集各项费用、正确计算产品成本和期间费用，从而进行成本管理，需要对这些种类繁多的费用进行合理分类。费用可以按照不同标准分类，其中最基本的是按照费用的经济内容(性质)和经济用途分类。

(一) 按费用的经济内容(性质)分类

企业的生产经营过程，也是物化劳动(劳动对象和劳动手段)和活劳动的耗费过程，因此，生产经营过程中发生的费用，按其经济内容分类，可划分为劳动对象方面的费用、劳动手段方面的费用和活劳动方面的费用。在这一分类的基础上，再将费用分为若干要素，这些生产经营的构成要素称为费用要素。具体可以分为以下几项：

(1) 外购材料。它是指企业为进行生产经营而耗用的一切由外部购入的原料及主要材料、半成品、辅助材料、修理用备件和周转材料(包括包装物、低值易耗品和其他周转材料)等。

(2) 外购燃料。它是指企业为进行生产经营而耗用的一切从外部购入的各种固体、液体和气体燃料。

(3) 外购动力。它是指企业为进行生产经营而耗用的一切从外部购入的电力、水力、蒸汽等各种动力。

(4) 职工薪酬。它是指企业为获得职工提供的服务或解除劳动关系而给予职工各种形式的报酬或补偿，是企业为生产经营而发生的职工薪酬。

(5) 折旧费。它是指企业按规定的固定资产折旧方法提取的折旧费用。

(6) 利息支出。它是指企业计入财务费用的借入款项的利息支出减利息收入后的净额。

(7) 其他支出。它是指不属于以上各要素的费用支出，如差旅费、租赁费、外部加工费以及财产保险费等。

将费用划分为若干要素进行核算，能够反映企业在一个时期内发生了哪些费用、数额各是多少，并用于分析企业各个时期各种费用的支出水平。这种分类反映了原材料和燃料的实际支出，因此，可以为核定企业流动资金定额、计算工业净产值和国民收入提供资料。但这种分类不能说明各项费用的用途，因此不便于分析各项费用的支出是否合理和节约。

（二）按费用的经济用途分类

费用按其经济用途，可以分为计入产品成本的生产费用和不计入产品成本的期间费用。

1. 生产费用

计入产品成本的生产经营管理费用按其经济用途划分为若干项目，称为产品成本项目。工业企业的产品成本项目主要有以下几项：

（1）直接材料。它是指直接用于产品生产并构成产品实体的原料及主要材料、燃料、辅助材料、外购半成品，以及有助于产品形成的辅助材料。

（2）直接人工。它是指直接参加制造产品的生产工人的工资、奖金、津贴、补贴、职工福利费、五险一金、非货币性福利、因解除与职工的劳动关系给予的补偿及其他与获得职工提供的服务相关的支出等职工薪酬。

（3）制造费用。它是指企业各个生产单位（分厂、车间）为组织和管理生产而发生的各项间接费用，包括生产车间管理人员薪酬、车间固定资产折旧费、办公费、水电费、机物料消耗、劳动保护费、季节性或修理期间的停工损失、周转材料摊销、取暖费、试验检验费、设计制图费、财产保险费等。

当然，企业为了使成本项目更好地适应管理要求，也可以对上述成本项目进行适当调整，若企业对燃料及动力消耗较大，燃料及动力费用在产品成本中所占比重较大，则企业可增设“燃料及动力”成本项目；若企业的废品损失、停工损失较多，也可增设“废品损失”“停工损失”成本项目。但在确定或调整成本项目时，应结合企业实际情况考虑：①费用在管理上有无单列的必要；②费用在产品成本中所占比重的大小；③单列成本项目时所增加的核算工作量的大小。

2. 期间费用

期间费用是指企业在生产经营过程中发生的、与产品生产没有直接关系，是某一期间为组织和管理生产而发生的费用。这些费用容易确定其发生期间和归属期间，但不容易确定它们应归属的成本计算对象。所以，期间费用不计入产品生产成本，而是按照一定期间（月度、季度或年度）进行汇总，直接计入当期损益。

工业企业的期间费用包括：

（1）管理费用。它是指企业为组织和管理生产经营活动而发生的各项费用，包括公司经费、工会经费、职工教育经费、行政管理人员薪酬、劳动保险金、董事会费、咨询费、聘请中介机构费、诉讼费、排污费、土地损失补偿费、技术转让费、研究费、无形资产摊销、业务招待费以及其他管理费用。

公司经费是指企业行政管理部门人员的工资及福利费、差旅费、办公费、固定资产折旧费、修理费、物资消耗、低值易耗品摊销以及其他公司费用。

工会经费是指按照企业规定计提并拨交给工会的经费。

职工教育经费是指按职工工资总额的一定比例计提的、企业为职工学习先进技术和提高文化水平而支付的费用。

行政管理人员薪酬是指工会经费和职工教育经费以外的厂部或其他行政管理人员的工资、奖金、津贴、补贴、职工福利费、五险一金、非货币性福利、因解除与职工的劳动关系给予的补偿及其他与获得职工提供的服务相关的支出等职工薪酬。

劳动保险金是指企业按规定缴纳的离退休统筹金、企业支付给离退休职工的退休金、离退休人员参加医疗保险的费用(或企业支付给离退休职工的医药费)、职工退休金、6个月以上病假人员的工资、职工死亡丧葬补助费和抚恤费、按照规定支付给离休干部的各项经费等。

董事会费是指企业董事会及其成员为执行职能而发生的各项费用,包括差旅费、会议费等。

咨询费是指企业向有关咨询机构进行科学技术及经营管理咨询所支付的费用,包括聘请经济技术顾问、法律顾问等所支付的费用。

聘请中介机构费是指企业聘请中介机构所支付的费用,如聘请注册会计师进行查账验资以及资产评估所支付的费用等。

诉讼费是指企业因起诉或应诉而发生的各项费用。

排污费是指企业按规定缴纳的排污费用。

土地损失补偿费是指企业在生产经营过程中破坏国家不征用的土地所支付的土地损失补偿费。

技术转让费是指企业使用非专利技术而支付的费用。

研究费是指企业研究开发新产品、新技术、新工艺所发生的不应资本化而计入开发支出的产品设计费、工艺规程制定费、设备调试费、原材料和半成品的试验费、技术图书资料费、未纳入国家计划的中间试验费、研究人员的工资、研究设备的折旧、与新产品试制和技术研究有关的其他经费、委托其他单位进行科研试制的费用以及试制失败损失等。

无形资产摊销是指企业专利权、商标权、土地使用权和非专利技术等无形资产的摊销费用。

业务招待费是指企业为生产经营的合理需要,按规定支付的招待费用。

其他管理费用是指企业没有包括在上述项目中的其他费用。

(2) 财务费用。它是指企业为筹集资金而发生的各项费用,包括企业生产经营期间发生的利息净支出、汇兑净损失、银行及金融机构手续费等。

利息净支出是指企业生产经营期间,各种负债的应计利息支出减去各项利息收入后的净额。企业非流动负债的应付利息支出应分情况对待:若是生产项目等在筹建期发生的,应计入开办费;若是生产经营期间发生的,应计入财务费用;若与固定资产有关的,在固定资产尚未达到预定可使用状态前所发生的借款利息,应予以资本化;在固定资产已达到预定可使用状态后所发生的借款利息,应计入财务费用。

汇兑净损失是指企业生产经营期间发生的汇兑损失减去汇兑收益后的净额。汇兑损益是指因汇率变动而导致外币账户结账时的人民币金额与账面人民币金额之间的差额。若在筹建期发生的或与固定资产有关的汇兑净损失,参照上述利息净支出处理。

银行及金融机构手续费是指企业生产经营期间发生的,因筹集资金和办理各种结算业务而支付给银行和非银行金融机构等相关机构的各项手续费用。

新准则将现金折扣冲减主营业务收入。

(3) 销售费用。它是指企业在销售商品、产品、材料和提供劳务过程中所发生的各项费用,包括应由企业负担的因销售产品而发生的各项费用,如运输费、包装费、装卸费、保险费、销售佣金、代销手续费、广告费、展览费、租赁费、专设销售机构经费等。

费用按经济用途分类,有助于了解其产品成本构成情况和期间费用的具体组成,为企业考核成本计划的执行情况、寻找降低产品成本的途径提供了依据和便利。

(三) 费用的其他分类方法

工业企业费用除了按其经济内容和经济用途分类,还有其他分类方法。

1. 按费用计入成本的方法分类

(1) 直接费用又称直接计入生产费用。它是指可以根据原始凭证直接计入某种产品成本的费用,如原料、主要材料和生产工人的计件工资等。

(2) 间接费用又称间接计入生产费用。它是指由于生产几种产品共同发生的费用,这些费用不能根据原始凭证直接计入某种产品的成本,而需要采用适当方法在有关产品之间进行分配,如同时生产几种产品的生产工人的计时工资和制造费用等。

这种分类便于合理地分配生产费用,正确地计算产品成本。

2. 生产费用按与生产工艺过程的关系分类

(1) 直接生产费用。它是指由于生产工艺本身引起的、直接用于产品生产的费用。例如,生产工艺技术过程中耗用的原料及主要材料、燃料及动力、产品生产工人薪酬、生产用机器设备的折旧费。

(2) 间接生产费用。它是指与生产工艺没有关系,间接用于产品生产的费用。例如,车间管理人员的工资、车间办公费、差旅费、车间厂房折旧费等。

这种分类有利于考察和分析企业的管理水平,管理水平越高,产品成本中的间接生产费用比例越低。

3. 按费用与产品产量的关系分类

(1) 固定费用。它是指在一定范围内费用总额不随产量的增减而变动的费用,如管理人员的基本工资、固定资产按使用年限法计提的折旧费等。固定费用总额是固定不变的,但就单位产品而言,这些费用是变动的,随着产品产量的增加,每单位产品应负担的费用数额将随之减少。

(2) 变动费用。它是指在一定范围内与产品产量增减有直接联系的费用,如原材料、计件工资、产品包装材料等费用。这类费用与产量呈正比例变动,每增加一个单位的产量,就增加1个单位的费用。变动费用总额是变动的,但就单位成本而言,这些费用是固定的,无论产量如何变动,单位产品应负担的费用不变。

划分固定费用与变动费用,是为了研究费用与产量之间的依存关系,寻找降低成本的途径。

第四讲 成本核算的基本要求

【知识要点】

一、算管结合、算为管用

所谓算管结合、算为管用,是指成本核算应当与加强企业经营管理相结合,所提供的成本信息应当满足企业经营管理和决策的需要。为此,成本核算不仅要对各项费用支出进行事后核算,提供事后的成本信息,而且必须以国家有关的法规、制度和企业成本计划和相应的消耗定额为依据,加强对各项费用支出的事前、事中审核和控制,并及时进行信息反馈。也就是说,对于合法、合理,有利于发展生产、提高经济效益的开支,要积极予以支持,否则就要坚决加以抵制,当时已经无法制止的,要追究责任,采取措施,防止以后再次发生;对于各项费用的发生情况,以及费用脱离定额(或计划)的差异,要进行日常的计算和分析,及时进行反馈;对于定额或计划不符合实际的情况,要按规定程序予以修订。

同时,在成本计算中,企业既要防止片面追求简化,以致不能为管理提供所需资料的做法,也要防止为算而算,脱离管理实际需要的做法。成本核算要做到分清主次、区别对待、主要从细、次要从简、简而有理和细而有用。

二、正确划分各种费用界限

为了正确地计算产品成本,成本核算必须严格掌握成本开支范围,正确划分各种费用界限。

(一) 正确划分生产经营管理费用与非生产经营管理费用的界限

企业的产品生产和经营管理过程,也是生产经营管理费用的耗费过程。企业在产品生产和经营管理过程中发生各种耗费的货币表现,称为企业的生产经营管理费用。

工业企业的经营活动是多方面的,费用支出的用途也是多种多样的。不同的支出,其列支项目应该不同。只有服务于产品生产和销售、用于组织和管理生产经营活动以及筹集资金的各种费用,才能计入生产经营管理费用。而对于企业购置和建造固定资产、购买无形资产、对外投资等支出,以及盘亏资产的损失费用、自然灾害等原因发生的非常损失等,都不是企业日常的生产经营活动,因此不应计入生产经营管理费用,而应列入各项非生产经营管理费用。

国家对企业的成本开支范围做了规定,明确指出企业成本开支的具体内容,既要反对乱挤乱列,人为扩大成本费用、减少企业利润和国家财政收入;又要反对漏计少计,人为缩小成本费用、虚增企业利润,避免使企业成本得不到应有的补偿,从而影响企业生产经营活动的顺利进行。因此,企业应严格遵守国家有关成本、费用开支范围的规定,按照国家规定的成本开支范围计算产品成本,如实地反映企业的实际消耗水平。

(二) 正确划分生产费用与期间费用的界限

按照国家有关会计法律、法规规定,工业企业的生产费用是进行产品生产而发生的,包括直接材料、直接人工和制造费用等。这些费用与特定产品生产有着直接联系,应计入产品成本。经营管理费用(即期间费用,具体包括管理费用、财务费用和销售费用)与特定产品的生产无直接联系,而与一定会计期间联系更为密切,因此,企业应将其直接计入当期损益,从当期利润中扣除,不计入产品成本。

(三) 正确划分各个月份的费用界限

根据我国会计准则的规定,企业应按期进行成本、费用的核算,以便考核、分析成本和费用计划的执行情况和结果,因此,必须正确划分各个期间的费用界限。企业必须在严格掌握成本开支范围的基础上,进一步划清应当计入产品成本的费用中,哪些应当计入本期生产费用,哪些不应计入本期生产费用而应当由其他期间负担。

(四) 正确划分不同产品成本的界限

为了分别计算各种不同产品的成本,分析各种产品成本计划的完成情况,企业还必须将应计入本期产品成本的费用,在各种产品之间进行划分。应计入产品成本的生产费用与各种产品的关系有两种情况:一种是能够直接分清由哪一种产品负担的直接费用,应直接计入该种产品的成本。例如,原材料按产品品种领用时,该原材料的费用就可以直接计入这种产品的成本。另一种是由几种产品共同耗用,无法直接分清由哪一种产品负担的间接费用,应采用既简便又合理的分配方法，分配计入各产品成本。例如，同时生产几种产品时生产工人的工资等，应采用适当的方法在各种产品之间进行分配。企业应正确分析和考核各种产品成本计划或定额成本的执行情况，防止在盈利产品和亏损产品之间、可比产品与不可比产品之间任意转移产品费用，借以掩盖成本超支或以盈补亏的错误做法。

（五）正确划分完工产品成本和在产品成本的界限

各种生产费用经过上述划分后，已经得出各种产品本期应负担的费用。月末计算产品成本时，如果某种产品月末没有在产品（即产品当月投产、当月全部完工），那么，应计入该种产品成本的费用之和就是本期该种完工产品的总成本，总成本除以产量即为单位成本；如果某种产品全部处于加工过程，则计入某种产品的各项生产费用之和，就是该种产品的月末在产品成本；但如果月末某种产品有一部分完工，而另一部分尚在生产过程中，则计入该种产品的各项费用累计，还应当采用一定的方法，在完工产品和在产品之间进行分配，以分别确定本期完工产品和月末在产品的成本。同样道理，如果上月月末有在产品，那么，生产费用中也包括上月在产品的成本。这四项费用之间的关系是：

月初在产品成本＋本期生产费用＝本期完工产品成本＋月末在产品成本

在完工产品与在产品之间分配费用的方法应准确、合理而又简便。防止任意提高或降低月末在产品成本、人为调节完工产品成本的错误做法。

上述五个方面费用界限划分的过程，也就是产品成本的计算和各项期间费用的归集过程。在这一过程中，应该贯彻受益原则，即哪种产品受益就由哪种产品负担费用；何时受益就何时负担费用；产品负担生产费用的多少与受益的多少成正比例。

三、正确确定财产物资的计价和价值结转的方法

工业企业的生产经营过程，也是各种劳动的耗费过程。在各种劳动耗费中，财产物资的耗费（即生产资料价值的转移）占有相当的比重。因此，这些财产物资计价和价值结转方法是否恰当，会对成本计算的正确性产生重要的影响。企业财产物资计价和价值结转方法主要包括：①固定资产原值的计算方法，折旧方法、折旧率的选择；②固定资产修理费用是否采用待摊或预提方法以及待摊期限的长短；③固定资产与低值易耗品的划分标准；④材料成本的组成内容，材料按实际成本进行核算时发出材料成本的计算方法，材料按计划成本进行核算时材料成本差异率的种类（个别差异率、分类差异率还是综合差异率，本月差异率还是上月差异率），采用分类差异率时材料类距的大小等；⑤低值易耗品和包装物价值的摊销方法，摊销率的高低及摊销期限的长短等。为了正确地计算成本，对于各种财产物资的计价和价值的结转，都应采用既合理又简便的方法；国家有统一规定的，应采用国家统一规定的方法。各种方法一经确定，应保持相对稳定，不能随意改变，以保证成本信息的可比性。

四、搞好成本核算的基础工作

为了加强成本审核、控制，正确、及时地计算成本，企业应做好以下各项基础工作。

（一）做好定额的制定和修订工作

产品的各项消耗定额，既是编制成本计划、分析和考核成本水平的依据，又是审核和控制成本的标准；而且在计算产品成本时，往往要用产品的原材料和工时的定额消耗量或定额费用作为分配实际费用的标准。因此，为了加强生产管理和成本管理，企业必须建立和健全定额管理制度，凡是能够制定定额的各种消耗，都应该制定先进、合理、切实可行的消

耗定额，并随着生产的发展、技术的进步、劳动生产率的提高，不断修订消耗定额，以充分发挥其应有的作用。

（二）建立和健全材料物资的计量、收发、领退和盘点制度

成本核算是以价值形式核算企业生产经营管理中的各项费用，价值形式的核算是以实物计量为基础的。因此，为了进行成本管理、正确地计算成本，必须建立和健全材料物资的计量、收发、领退和盘点制度。凡是材料物资的收发、领退，在产品、半成品的内部转移，以及产成品的入库等，均应填制相应的凭证，办理审批手续，并严格进行计量和验收。库存的各种材料物资，车间的在产品、产成品均应按规定进行盘点。只有这样，才能保证账实相符，保证成本计算的正确性。

（三）建立和健全原始记录工作

原始记录是反映生产经营活动的原始资料，是进行成本预测、编制成本计划、进行成本核算、分析消耗定额和成本计划执行情况的依据。因此，工业企业对生产过程中材料的领用、动力与工时的耗费、费用的开支、废品的发生、在产品及半成品的内部转移、产品质量检验及产成品入库等，都要有真实的原始记录。成本核算人员要会同企业的计划统计、生产技术、劳动工资和产品物资供销等有关部门，认真制定既符合成本核算需要，又符合各方面管理需要，既科学，又简便易行、讲求实效的原始记录制度；还要组织有关职工认真做好各种原始记录的登记、传递、审核和保管工作，以便正确、及时地为成本核算和其他有关方面提供资料和信息。

（四）做好厂内计划价格的制定和修订工作

在计划管理基础较好的企业中，为了分清企业内部各单位的经济责任，便于分析和考核企业内部各单位成本计划的完成情况和管理业绩，加速和简化核算工作，应对原材料、半成品、厂内各车间相互提供的劳务（如供电、供水等）制定厂内计划价格，作为企业内部结算和考核的依据。厂内计划价格要尽可能符合实际，保持相对稳定，一般在年度内不变。在制订了厂内计划价格的企业中，要先按计划价格计算成本（这种按实际生产耗用量和计划价格计算的成本，称为计划价格成本）。月末计算产品实际成本时，再在计划价格成本的基础上，采用适当的方法计算各产品应负担的价格差异（如材料成本差异），将产品的计划价格成本调整为实际成本。这样，既可以加速和简化核算工作，又可以分清内部各单位的经济责任。

五、选择适当的成本计算方法

产品成本是在生产过程中形成的，产品的生产工艺过程、生产组织和管理要求不同，所采用的产品成本计算方法也应该有所不同。企业只有按照产品生产特点和管理要求，选用适当的成本计算方法，才能正确、及时地计算产品成本，为成本管理提供有用的成本信息。

第五讲　成本核算的程序

【知识要点】

成本核算的一般程序是指对企业在生产经营过程中发生的各项生产费用和期间费用，按照成本核算的要求，逐步进行归集和分配，最后计算出各种产品的生产成本和各项期间费用的基本过程。

一、设置成本核算账户的原则

(1) 便于全面反映生产费用的发生、归集和分配,正确计算产品成本。产品成本是反映企业生产技术、经营管理水平高低的一项综合指标。企业必须科学地设置一系列的账户,以满足成本核算的要求,为成本管理、控制、分析提供不同的成本资料。

(2) 符合企业会计准则和企业财务通则的要求。企业设置成本账户要能保证其在一定范围内口径一致。

(3) 成本账户所反映的内容应清楚、完整,账户之间要有内在的联系,核算手续要简化。

二、主要账户的设置

为了归集、分配生产费用,计算产品的生产成本,企业一般需要设置"生产成本""制造费用""管理费用"等账户。这些账户构成了成本核算的账户体系。

(一) 核算产品成本的账户

1. "生产成本"账户

"生产成本"账户用于核算企业进行工业性生产,包括生产各种产品(库存商品、自制半成品、提供劳务等)、自制材料、自制工具、自制设备等所发生的各项生产费用。

企业根据需要,可以将"生产成本"账户分设为"基本生产成本"和"辅助生产成本"两个二级账户进行核算。"基本生产成本"二级账户用于核算生产产品的基本生产车间所发生的费用,"辅助生产成本"二级账户用于核算动力、修理、运输等为基本生产服务的辅助生产车间所发生的费用。

"基本生产成本"二级账户应按产品品种、批别或生产步骤等成本计算对象设置明细账,账内按产品成本项目分设专栏或专行。"辅助生产成本"二级账户应按辅助生产车间和生产的产品、提供的劳务分设明细账,账内按辅助生产的成本项目或费用项目分设专栏或专行进行明细登记。

企业发生的各项生产费用,应按成本核算对象和成本项目分别归集。对生产过程中发生的直接材料、直接人工和其他直接支出等直接费用,应直接记入"生产成本——基本生产成本"和"生产成本——辅助生产成本"账户借方的有关成本项目。其他间接费用先在"制造费用"账户归集,月末再按一定的分配标准,分配记入有关产品的"制造费用"账户的有关成本项目。辅助生产车间为基本生产车间、企业管理部门和对外提供的产品和劳务,月末应按服务对象进行分摊。企业已完工并验收入库的库存商品及入库的自制半成品,月末应按实际成本从该账户的贷方转出。该账户的月末余额为尚未加工完成的各种在产品成本。

2. "制造费用"账户

"制造费用"账户用于核算企业生产车间(部门)为生产产品和提供劳务而发生的各项间接费用,以及虽然直接用于产品生产但管理上不要求或不便于单独核算的生产费用,包括工资和福利费、折旧费、办公费、水电费、机物料消耗、劳动保护费、季节性和修理期间的停工损失等。发生的制造费用记入该账户的借方,月末按一定的分配标准分配计入有关的成本核算对象。该账户按不同的车间、部门设置明细账。除了季节性生产企业,该账户月末应无余额。

(二) 核算跨期费用的账户

"长期待摊费用"账户用于核算企业已经发生、应由本期和以后各期负担、分摊期限在1年以上的各项费用。例如,以经营租赁方式租入的固定资产发生的改良支出等。

企业发生的长期待摊费用,记入本账户的借方;按照费用的受益期分期摊销时,记入该账户的贷方;期末余额一般在借方,表示尚未摊销的费用。该账户应按费用项目设置明细账。

(三) 核算废品损失的账户

单独核算废品损失的企业,应设置"废品损失"账户。凡是不可修复废品的生产成本和可修复废品的修复费用,都记入该账户的借方;废品残料收回的价值和应收的赔偿款,记入该账户的贷方;两方相抵后的差额即废品净损失,应由本期生产的同种产品成本负担,从该账户的贷方转出;该账户月末无余额。

"废品损失"账户应按车间设置明细账,按产品品种和成本项目登记废品损失的详细资料。为了简化核算工作,辅助生产车间通常不单独核算废品损失。

(四) 核算停工损失的账户

单独核算停工损失的企业,应设置"停工损失"账户。凡是在停工期间发生、应该计入停工损失的费用,都记入该账户的借方;应由过失人或保险公司赔偿的款项,记入该账户的贷方;两方相抵后的差额即停工净损失,应由本期生产的同种产品成本负担,从本账户的贷方转出;该账户月末无余额。

"停工损失"账户应按车间设置明细账,按产品品种和成本项目登记停工损失的详细资料。为了简化核算工作,辅助生产车间通常不单独核算停工损失。

(五) 核算期间费用的账户

为了归集和结转销售费用、管理费用和财务费用,企业应该分别设置"销售费用""管理费用"和"财务费用"账户。

1. "销售费用"账户

企业在销售商品、产品和提供劳务等活动中发生的各项费用以及专设销售机构的各项经费,称为销售费用。销售费用的发生和结转是通过设置"销售费用"账户核算的。该账户的借方登记企业本期发生的各项销售费用,贷方登记期末转入"本年利润"账户的销售费用,期末结转后无余额。企业应按费用项目设置销售费用明细账。

2. "管理费用"账户

企业行政管理部门为组织和管理生产经营活动而发生的各项费用,称为管理费用。管理费用的发生和结转是通过设置"管理费用"账户核算的。该账户的借方登记企业本期发生的各项管理费用,贷方登记期末转入"本年利润"账户的管理费用,期末结转后无余额。企业应按费用项目设置管理费用明细账。

3. "财务费用"账户

企业为筹集生产经营所需资金而发生的各项费用,称为财务费用。财务费用的发生和结转是通过设置"财务费用"账户核算的。该账户的借方登记企业本期发生的各项财务费用,企业发生的应冲减财务费用的利息收入和汇兑收益等,用红字登记在借方,贷方登记期末转入"本年利润"账户的财务费用,期末结转后无余额。企业应按费用项目设置财务费用明细账。

三、产品成本核算的一般程序

产品成本核算的一般程序,是指对企业在生产经营过程中发生的各项生产费用和期间费用,按照成本核算的要求,逐步进行归集和分配,最后计算出各种产品的生产成本和各项期间费用的过程。成本核算的一般程序如下所述。

(一) 对所发生的费用进行审核和控制,确定费用是否符合规定的开支范围,并在此基础上划分应计入本期产品成本的生产费用和应计入本期损益的期间费用数额

在产品成本核算过程中,先要对所发生的费用进行审核和控制。通过对当月发生的要素费用的审核,确定该费用该不该开支,对不合理的开支要进行控制;对应开支的费用,要根据其用途确定其是计入产品成本还是期间费用。企业本期发生的材料费、人工费和折旧费等,在贷记"原材料""应付职工薪酬""累计折旧""银行存款""库存现金"等资产、负债类账户的同时,还应按费用的用途和所属期间分别记入有关账户。例如,产品生产中直接耗用的原材料、职工薪酬等,应记入"生产成本"账户的借方;生产单位(分厂、车间)管理部门的物料消耗、职工薪酬、固定资产折旧、办公费等,应记入"制造费用"账户的借方;企业行政管理部门的物料消耗、职工薪酬、差旅费、办公费等,应记入"管理费用"账户的借方;销售过程中领用物品,专设销售机构的职工薪酬、办公费等,应记入"销售费用"账户的借方;本期为筹集资金所发生的费用等,应记入"财务费用"账户的借方;企业已发生并支付的、摊销期限在1年以上的费用,应记入"长期待摊费用"账户的借方。

(二) 将应计入产品成本的生产费用,在各种产品之间进行归集和分配

将各种直接费用记入各种产品成本账户后,要对间接费用,主要是本期归集的制造费用,按照受益原则,采用一定的方法分配给各种产品和劳务。即在记入"制造费用"账户贷方的同时,记入"生产成本"账户的借方,由各成本核算对象的成本负担。分配结转后,"制造费用"账户一般应无余额。

(三) 期末将产品成本在完工产品和在产品之间进行归集和分配,计算出完工产品的总成本和单位成本

计入产品成本的生产费用通过在各种产品之间的归集和分配,已形成按产品品种并分别成本项目反映的产品成本。在这种情况下,若某种产品没有期初、期末在产品,即本期投产的产品全部完工,则按产品品种归集的生产费用就是该种产品的完工产品总成本,将总成本除以产量就得到单位成本。若某种产品期末均未完工,则本期所发生的生产费用均为期末在产品成本。若某种产品一部分完工,一部分没有完工,存在着期末在产品,则应采用适当的方法如约当产量法,将期初在产品成本和本期生产费用在完工产品和期末在产品之间进行分配,从而计算出本期完工产品的总成本和单位成本。

(四) 将完工产品成本结转到"库存商品""自制半成品"账户

期末,应将完工产品总成本结转到"库存商品""自制半成品"等账户中。结转本期完工入库库存商品成本,应记入"库存商品"账户的借方,同时记入"生产成本"账户的贷方;结转本期完工入库自制半成品成本,应记入"自制半成品"账户的借方,同时记入"生产成本"账户的贷方;结转本期辅助生产单位对外修理、运输等已实现销售的劳务总成本时,企业视自身情况,可记入"主营业务成本"或者"其他业务成本"账户的借方,同时记入"生产成本"账户的贷方。

(五) 将期间费用结转到"本年利润"账户

月末,将"销售费用""管理费用""财务费用"账户上归集的费用,转入"本年利润"账户的借方。

单元测试

一、单项选择题

(1) 成本这种耗费，是相对于(　　)而言的。

A. 一定对象　　B. 一定时期　　C. 一个单位　　D. 一个企业

(2) 从理论上来讲，产品成本是商品价值中的(　　)部分。

A. C+M　　B. C+V　　C. V+M　　D. C+V+D

(3) 成本会计工作中的计划、控制、核算和分析工作由车间等其他单位的成本会计机构或人员分别进行，成本考核工作由上一级成本会计机构对下一级成本会计机构逐级进行的工作方式是指(　　)。

A. 分散工作方式　　B. 集中工作方式

C. 专项工作方式　　D. 以上均不正确

(4) 成本会计的基本任务是(　　)。

A. 进行成本预测　　B. 编制成本计划和费用预算

C. 进行成本分析　　D. 进行成本核算、提供实际成本核算资料

(5) 对生产经营过程中发生的各项费用，按照一定的对象进行归集和分配，以正确计算各该对象的总成本和单位成本。这是指(　　)。

A. 成本分析　　B. 成本控制

C. 成本核算与计算　　D. 成本决策

(6) 集中工作方式和分散工作方式是(　　)。

A. 成本会计的对象

B. 成本会计的职能

C. 企业内部各级成本会计机构之间的组织分工形式

D. 成本会计的任务

(7) 我国会计工作的基本法是(　　)。

A.《企业会计制度》　　B.《会计法》

C.《中华人民共和国宪法》　　D.《企业会计准则》

(8) 成本计划是(　　)所确定目标的具体化。

A. 成本预测　　B. 成本控制

C. 成本考核　　D. 成本决策

(9) 工业企业在一定时期内发生的，用货币表示的生产耗费，称为(　　)。

A. 产品成本　　B. 生产费用

C. 经营管理费用　　D. 制造费用

(10) 下列项目中，不应计入生产经营管理费用的是(　　)。

A. 短期借款利息　　B. 厂部管理人员的工资

C. 购买固定资产的支出　　D. 车间管理人员的工资

(11) 下列各项中，属于产品成本项目的是(　　)。

A. 直接人工　　B. 折旧费用

C. 期间费用　　D. 利息支出

(12) 费用要素是按(　　)分类确定的。

A. 经济用途　　B. 经济内容

C. 与生产工艺的关系　　D. 与产品产量的关系

(13) 下列费用中,不属于期间费用的是(　　)。

A. 管理费用　　B. 销售费用

C. 制造费用　　D. 财务费用

(14) 本期已支付,但需要在 1 年以上分期摊销的费用,应记入(　　)账户的借方。

A. "管理费用"　　B. "制造费用"

C. "销售费用"　　D. "长期待摊费用"

(15) 生产车间、分工厂的管理部门物料消耗以及人员工资等在归集时,应借记(　　)账户。

A. "生产成本"　　B. "制造费用"

C. "管理费用"　　D. "销售费用"

(16) 成本费用按其经济用途可分为(　　)。

A. 直接费用和间接费用

B. 固定费用和变动费用

C. 计入产品成本的费用和不计入产品成本的期间费用

D. 基本费用和一般费用

(17) 下列支出中,能列入成本费用的是(　　)。

A. 罚款支出　　B. 购置设备的支出

C. 捐赠支出　　D. 购买材料支出

(18) 下列账户中,年末可能有余额的是(　　)。

A. "长期待摊费用"　　B. "管理费用"

C. "销售费用"　　D. "财务费用"

(19) 下列选项中,不能计入产品成本的费用是(　　)。

A. 期间费用　　B. 生产工人工资

C. 车间管理部门办公费　　D. 材料费用

(20) 下列各项中,属于间接生产费用的是(　　)。

A. 生产工人工资　　B. 机器设备耗用电费

C. 机器设备折旧费用　　D. 车间厂房折旧费用

(21) 下列各项中,属于工业企业生产经营管理费用的是(　　)。

A. 对外投资发生的支出　　B. 固定资产盘亏损失

C. 季节性停工损失　　D. 固定资产报废清理损失

(22) 由于生产车间发生的组织管理生产费用和制造费用很难严格区分,为了简化核算工作,可将其先纳入(　　)。

A. 管理费用　　B. 期间费用　　C. 制造费用　　D. 当期损益

(23) 下列各项中,属于直接生产费用的是(　　)。

A. 生产车间厂房的折旧费

B. 单一产品生产用设备的折旧费

C. 企业行政管理部门固定资产的折旧费

D. 生产车间的办公费用

(24) 下列各项中，属于直接费用的是(　　)。

A. 生产车间厂房的折旧费

B. 两种产品共同耗用的原材料费用

C. 只生产一种产品的生产工人薪酬

D. 车间照明用电费

(25) 下列各项中，属于成本项目的是(　　)。

A. 燃料　　B. 直接人工　　C. 职工薪酬　　D. 外购材料

二、多项选择题

(1) 期间费用包括(　　)。

A. 销售费用　　B. 财务费用　　C. 管理费用　　D. 人工费用

(2) 工业企业成本会计核算的内容包括(　　)。

A. 工程成本　　B. 产品的生产成本

C. 经营管理费用　　D. 营业外支出

(3) 成本会计的主要职能有(　　)。

A. 成本预测与决策　　B. 成本计划与控制

C. 成本核算与计算　　D. 成本分析与考核

(4) 成本会计要遵循的法律、法规有(　　)。

A.《会计法》　　B.《企业财务通则》和《企业会计准则》

C.《企业会计制度》　　D. 成本会计核算办法

(5) 核算产品成本的账户有(　　)账户。

A."生产成本"　　B."制造费用"

C."管理费用"　　D."销售费用"

(6) 工业企业的产品成本项目一般包括(　　)。

A. 管理费用　　B. 直接材料　　C. 直接人工　　D. 制造费用

(7) 按费用计入成本的方法分类，可将成本费用分为(　　)。

A. 直接费用　　B. 固定费用　　C. 间接费用　　D. 基本费用

(8) 下列人员的薪酬中，应由产品成本负担的有(　　)。

A. 生产工人　　B. 车间管理人员

C. 行政管理人员　　D. 销售人员

(9) 在确定和调整成本项目时，应结合企业情况考虑(　　)。

A. 费用在产品成本中所占比值的大小

B. 费用在管理上有无单列的必要

C. 单列成本项目时所增加的核算工作量的大小

D. 以上均不正确

(10) 成本会计的基础工作有(　　)。

A. 建立原始记录制度　　B. 建立计量验收制度

C. 建立定额管理制度　　D. 建立企业内部价格制度

(11) 下列各项中，应计入产品成本的费用有(　　)。

A. 专设销售机构人员的薪酬　　B. 车间管理人员的薪酬
C. 车间生产工人的薪酬　　D. 企业管理部门人员的薪酬

(12) 下列选项中,属于成本项目的有(　　)。
A. 直接材料　　B. 直接人工
C. 外购燃料　　D. 折旧费

三、判断题

(1) 成本是对象化了的费用。(　　)
(2) 理论上的成本是由全部的物化劳动和全部的活劳动组成的。(　　)
(3) 期间费用计入产品成本。(　　)
(4) 成本会计实际上是成本、费用会计。(　　)
(5) 工业企业在一定时期(如 1 个月)内发生的、用货币表现的生产耗费,就是生产成本。(　　)
(6) 实际成本的内容与理论成本的内容是完全一样的。(　　)
(7) 成本会计的中心环节是成本预测。(　　)
(8) 采用分散工作方式,便于集中使用计算机进行成本数据处理。(　　)
(9) 实际工作中核算的产品成本,就是理论成本。(　　)
(10) 工业企业的生产费用是指企业在生产经营管理过程中发生的费用总额。(　　)
(11) 在实际工作中,某些不形成产品价值的损失,也可作为生产费用计入产品成本。(　　)
(12) 产品成本是指企业在一定时期内发生的、用货币表现的生产耗费。(　　)
(13) 三项期间费用账户期末均无余额。(　　)
(14) 若某种产品没有期初在产品和期末在产品,则按该产品品种归集的生产费用就是该产品的完工产品总成本。(　　)
(15) 产品完工入库时,借记“生产成本”账户。(　　)
(16) 三项期间费用结转入“本年利润”账户时,应贷记“本年利润”账户。(　　)
(17) 企业已经支付,但应由本期和以后各期分别负担,并且分摊期在 1 年以内的各项费用,用“长期待摊费用”账户核算。(　　)
(18) 成本费用按经济内容分类,可划分为直接材料、直接工人和制造费用。(　　)
(19) 直接生产费用能直接计入某种产品成本中。(　　)
(20) 间接费用与间接生产费用含义相同。(　　)
(21) 变动费用,就总额来说,是随产量成本比例变动的,但就单位成本而言,是相对固定的。(　　)
(22) 车间管理人员薪酬应归入“管理费用”账户。(　　)
(23) 要素费用反映企业在生产中发生了哪些费用,而成本项目反映这些费用到底用在了哪里。(　　)
(24) 生产费用是产品成本形成的基础,产品成本则是生产费用的对象化。(　　)
(25) 在实际工作中,某些不形成产品价值的损失,也可作为生产费用计入产品成本。(　　)
(26) 在只生产一种产品的工业企业或车间中,直接生产费用和间接生产费用都是直接

费用。 (　　)

(27) 如果将生产经营管理费用误记为非生产经营管理费用,企业将虚增本期的利润。 (　　)

(28) 在成本核算中,应该正确划分完工产品与在产品的费用界限,防止任意提高或降低月末在产品费用,人为调节完工产品的成本。 (　　)

(29) 由于各生产企业的特殊性,国家并不统一规定各企业的成本开支范围。 (　　)

四、简答题

(1) 什么是成本会计?成本会计的职能是什么?
(2) 成本会计的任务有哪些?
(3) 简述成本会计工作组织的内容。
(4) 工业企业按其生产组织和生产流程特点可以分为哪几类?
(5) 为什么会产生三种成本计算的基本方法?除了基本方法,还有哪些辅助方法?
(6) 生产特点和管理要求如何影响产品成本计算方法?
(7) 产品成本和费用的区别是什么?
(8) 进行成本核算必须符合哪些要求?
(9) 费用按不同的经济内容、经济用途可分为哪些类别?
(10) 成本核算应设置哪些账户?它们分别核算什么内容?
(11) 成本核算的一般程序是怎样的?

实务训练

训练一

目的:练习费用的分类。

资料:某企业在生产经营过程中发生了下列支出:

(1) 产品生产耗用的原材料费用。
(2) 基本生产车间工人的职工薪酬。
(3) 基本生产车间管理人员的职工薪酬。
(4) 专设的销售机构人员的职工薪酬。
(5) 基本生产车间用固定资产按年限平均法计提的折旧费。
(6) 基本生产车间房屋建筑物的保险费。
(7) 基本生产车间发生的水电费。
(8) 厂部管理部门的办公费。
(9) 支付的绿化费。
(10) 基本生产车间发生的机物料消耗。

要求:对上述十项内容进行分析,判断哪些应作为生产费用处理?哪些应作为期间费用处理?为什么?

训练二

目的：练习生产费用的分类计算。

资料：某企业期末材料汇总表显示：基本生产车间领用原材料 36 000 元，领用包装材料 2 000 元，领用低值易耗品 500 元。期末职工薪酬结算汇总表显示：基本生产车间工人薪酬 150 000 元，车间技术人员薪酬 30 000 元，车间主任薪酬 8 400 元。另外，企业购入不需安装的机器设备 1 台，用银行存款支付买价 190 000 元，支付包装费、运杂费 5 000 元；用银行存款对外进行非公益性捐赠 4 000 元。

要求：计算该企业本月的生产费用。

训练三

目的：练习生产费用的划分。

资料：某企业某月发生费用如下：生产 A 产品耗用原材料 10 000 元，生产 A、B 产品共同耗用原材料 30 000 元，车间机器折旧费用 3 000 元，车间厂房折旧维修费用共 7 000 元；发放生产工人工资 20 000 元，其中：生产 A 产品工人工资 5 000 元，车间管理人员工资 5 000 元，厂部管理人员工资 10 000 元。

要求：

(1) 计算本期 A 产品的直接费用。

(2) 计算本期直接生产费用。

第二单元　要素费用的核算

导学目标

1. 了解各项要素费用的性质和内容。
2. 掌握材料费用的核算。
3. 掌握外购动力费用的核算。
4. 掌握职工薪酬费用的核算。
5. 掌握折旧费、保险费用等其他费用的核算。

导学案例

北山加工厂是当地的一家中小型制造企业，拥有2 000多名职工，企业的经济效益一直很好。该企业生产的产品成本中原材料占有很大比重，对于间接计入的材料费用，该企业一直使用定额耗用量比例法进行分配。虽然材料实际耗用量的资料比较容易获得，但他们宁愿在每期期末根据实际耗用量调整定额耗用量，也要使用定额耗用量比例法。

思考：这是为什么？

第一讲　材料费用的核算

【知识要点】

在产品生产耗费中，材料的耗费通常占有较大比例，因此，加强对材料费用的控制与核算，对正确计算产品成本、节约材料消耗从而降低产品成本，具有重要作用。

一、材料的含义及分类

（一）材料的含义

材料是工业生产过程中的劳动对象，是工业生产过程中不可缺少的一个物质要素。凡在生产中直接取之于自然界的劳动对象（如各种矿石、原棉等），都被称为原料；凡以经过工业加工的产品作为劳动对象的（如各种钢材等），都被称为材料。在实际工作中把两者合并起来，称为原材料。

(二) 材料的分类

不同材料在产品生产过程中的作用是不同的,有的经过加工后构成产品的主要实体,称为主要材料;其余各种材料,只在生产中起辅助作用,称为辅助材料。材料按用途一般分为下列几类。

1. 原料及主要材料

它是指经过加工后构成产品主要实体的各种原料和材料。例如,机械制造企业中使用的金属材料、炼铁企业中使用的矿石,以及纺织企业中使用的原棉和棉纱等。对购入企业来说,外购半成品同原材料一样都是劳动对象,在继续加工中构成产品的主要实体,也应列入此类。

2. 辅助材料

它是指在生产中不构成产品的主要实体,只起到一定辅助作用的各种材料。它在生产中的作用是不同的,有的与产品主要材料相结合有助于产品的形成,如染料、漂白粉和油漆等;有的为劳动资料所消耗,如起润滑和防护作用的润滑油和防锈剂等;有的为正常劳动提供条件,如各种清洁用具和照明灯泡等。

3. 燃料

它是指在生产中用来燃烧发热的各种材料,包括固体燃料、液体燃料和气体燃料,如煤、汽油和注入容器的天然气等。燃料在生产中的作用不相同,有的直接用于工艺技术过程,如铸造车间用的燃料;有的用于生产动力,如发电车间用的燃料;有的用于一般用途,如取暖用的燃料等。

4. 修理用备件

它是指为修理本企业机器设备和运输工具所专用的各种备品、备件,如轴承、阀门等。修理用的一般零件属于辅助材料一类。

5. 包装材料

它是指为包装本企业产品,随同产品一起出售或者在销售产品时租给、借给购货单位使用的各种包装物品,如箱、桶、瓶、坛等。而对于各种包装用材料,如纸张、绳、铁丝等,不属于此类,应属于辅助材料一类。

在上述各类材料中,还可以再按其性能、技术特性和规格等标准进一步分类,以满足管理和核算的要求。

二、原材料费用的计算

产品生产中消耗的各项材料物资的货币表现就是材料费用。材料费用是在消耗量与单位价格的基础上计算求得的,下面将分别介绍消耗量及其单位价格的计算。

(一) 材料消耗量的计算

计算材料消耗量的方法有以下两种。

1. 永续盘存制

永续盘存制又称连续记录法,是指每次收入、发出材料时,根据原始凭证将其数量记入材料明细账,以其发出数量作为消耗量的方法。这是计算材料消耗量的基本方法,尤其对生产中消耗的主要材料更应采取这一方法。为了正确使用这种方法,必须建立完整的原始记录和计量验收制度,坚持材料收入和发出的凭证手续,并按规定程序及时传递,以便及时根据原始凭证记入材料明细账,提供材料消耗量,并计算出材料结存数量(结转量+收入量−发出量=结存量)。用账面结存数量同实物结存数量核对,可以检查材料保管工作的质量。

目前，在实际工作中，基本上都是采用这种方法，虽在具体做法上有所差别，但道理是一致的。例如，有的企业把会计部门与材料库的明细账合并为一套，材料库负责数量核算，会计部门负责金额核算。为了保证核算质量，会计部门的材料会计员要定期到材料库进行稽核，并把材料收发凭证带回会计部门，根据账务处理与成本计算的要求，编制各种汇总表及分配表。这样，为成本计算提供的材料消耗资料虽不是直接取之于账簿的，但是，通过同账簿之间的勾稽关系，同样保证了各种资料的准确性，符合连续记录法的要求。

2. 实地盘存制

实地盘存制又称盘存计算法、以存计销法，是指材料出库时不记录，而定期作实地盘存，将此盘存数量从结转数量与收入数量的合计中减去，以计算消耗数量的方法。其计算公式如下：

材料消耗量＝期初结存＋本期收入－期末结存

从上述公式可以看出，它是采用实地盘点结存数量倒轧消耗数量的方法，所以在会计核算中，又称实地盘存制。这种方法多在小型企业中采用，或者在其他企业对于某些大宗材料（如基本建设使用的砂石和一般企业使用的煤等）不便于随时办理领料手续的情况下，也可采用。采用这种方法计算消耗量，不能揭露盗窃、损坏和遗失的情况，而把短缺的这部分原材料都包括在消耗量之中，显然不利于加强管理。因此，对于这种方法的采用，必须加以严格控制，对某些小型企业应从加强基础工作入手，加强材料出入库的监督检查；对一般企业中的大宗材料，应创造条件建立领料制度，一时做不到的也应加强材料管理，防止盗窃等现象的发生。盘点工作的质量直接影响消耗量计算的准确程度，因此，应坚持定期（一般应每月盘点一次，当然对象不同，也应有所差别）盘点，并邀请有实际经验的人员参加，使盘存数额接近于实际。

（二）消耗材料的计价

在实际工作中，对材料的日常核算可以采用实际成本计价，也可以采用计划成本计价。

材料的核算按实际成本计价时，材料取得的来源和时间不同，即使是同一品种和规格的材料，其实际成本也很可能不一致，因此产生了消耗的材料应以什么价格计价的问题。在实际工作中，可采用不同的方法解决这个问题，如先进先出法、加权平均法和个别认定法等。

1. 先进先出法

按先进先出法计算材料消耗价值时，理论上假定领用的材料是取自最先购入的批次，因而要按最先购入的成本价格计价（尽管实际领用的原材料不一定是先购入的），而处在储备状态中的材料的价值是按以后购进材料的价格计算的。

【技能操作】

【例 2-1】 以先进先出法核算的材料明细账，如表 2-1 所示。

表 2-1 **材料明细账**

品名：甲材料　　（先进先出法）　　数量单位：千克

金额单位：元

××××年		摘 要	收 入			发 出			结 存		
月	日		数量	单价	金额	数量	单价	金额	数量	单价	金额
××	1	期初存货							2 000	2.00	4 000
	9	购入	3 000	2.20	6 600				2 000 3 000	2.00 2.20	4 000 6 600

（续表）

××××年		摘　要	收　入			发　出			结　存		
月	日		数量	单价	金额	数量	单价	金额	数量	单价	金额
	15	发出				2 000 2 000	2.00 2.20	4 000 4 400	1 000	2.20	2 200
	18	购入	4 000	2.32	9 280				1 000 4 000	2.20 2.32	2 200 9 280
	24	发出				1 000 2 000	2.20 2.32	2 200 4 640	2 000	2.32	4 640
	29	购入	1 000	2.52	2 520				2 000 1 000	2.32 2.52	4 640 2 520
××	31	本期发生额及期末存货	8 000		18 400	7 000		15 240	2 000 1 000	2.32 2.52	4 640 2 520

采用这种方法，在材料明细账中要逐笔登记每批材料的收发情况。当发出材料时，要在明细账中找出该批发出材料应该采用的单价，以此单价为标准在发料凭证中计价，并逐笔登记材料明细账的“发出”栏和“结存”栏。同一批发出材料，如属于两批购入的，且单价又不同时，应按两种单价计价。

表 2-1 中第一次发出材料 4 000 千克，其中 2 000 千克按期初单价 2 元计价，另 2 000 千克按第一批购入的单价 2.20 元计价。由此可见，采用这种方法核算手续比较繁琐，但可以减少月末结算的工作量，有助于加快月末结账速度。

2. 加权平均法

加权平均法是指以数量为权数计算每种材料的实际平均单价，作为日常发料凭证计价标准的方法。

采用这种方法计算每种材料的实际平均单价时，如每次收料单价有变动，就会影响材料的实际平均单价，因此就应计算一次，这样的加权平均法称为移动加权平均法。其计算公式如下：

$$\text{材料实际平均单价}=\frac{\text{变动前结存材料的实际成本}+\text{本批收入材料的实际成本}}{\text{变动前结存材料数量}+\text{本批收入材料数量}}$$

【技能操作】

【例 2-2】 承[例 2-1]，以移动加权平均法核算的材料明细账，如表 2-2 所示。

表 2-2　　**材料明细账**

品名：甲材料　　（移动加权平均法）　　数量单位：千克

金额单位：元

××××年		摘　要	收　入			发　出			结　存		
月	日		数量	单价	金额	数量	单价	金额	数量	单价	金额
××	1	期初存货							2 000	2.00	4 000
	9	购入	3 000	2.20	6 600				5 000	2.12	10 600
	15	发出				4 000	2.12	8 480	1 000	2.12	2 120

（续表）

××××年		摘要	收入			发出			结存		
月	日		数量	单价	金额	数量	单价	金额	数量	单价	金额
	18	购入	4 000	2.32	9 280				5 000	2.28	11 400
	24	发出				3 000	2.28	6 840	2 000	2.28	4 560
	29	购入	1 000	2.52	2 520				3 000	2.36	7 080
××	31	本期发生额及期末存货	8 000		18 400	7 000		15 320	3 000	2.36	7 080

采用移动加权平均法，平时可以取得材料的发出金额和结存金额资料，并且可以把材料的计价工作分散在平时进行，有助于加快月末结账速度。但是，这种方法的计算工作量大，在实际工作中为了简化核算工作，一般采用在月末一次计算平均单价的方法。其计算公式如下：

$$\text{材料实际平均单价}=\frac{\text{月初结存材料实际成本}+\text{本月收入材料实际成本}}{\text{月初结存材料数量}+\text{本月收入材料数量}}$$

【技能操作】

【例 2-3】 承[例 2-1]，以全月一次加权平均法核算的材料明细账，如表 2-3 所示。

表 2-3 **材料明细账**

品名：甲材料 （全月一次加权平均法） 数量单位：千克

金额单位：元

××××年		摘要	收入			发出			结存		
月	日		数量	单价	金额	数量	单价	金额	数量	单价	金额
××	1	期初存货							2 000	2.00	4 000
	9	购入	3 000	2.20	6 600				5 000		
	15	发出				4 000			1 000		
	18	购入	4 000	2.32	9 280				5 000		
	24	发出				3 000			2 000		
	29	购入	1 000	2.52	2 520				3 000		
××	31	本期发生额及期末存货	8 000		18 400	7 000	2.24	15 680	3 000	2.24	6 720

采用这种方法，计算比较简便，运用比较方便，在实地盘存制和永续盘存制下都可以应用。但是，它所计算的加权平均单位成本与实际成本相比，一般会存在一定的差距，尤其在市价波动较大的情况下，这种差距会比较明显。

3. 个别认定法

个别认定法是指区别每批发出材料和每次发出材料后库存材料所属的购料批别，分别按所属批次材料的成本价格计价的方法。

该方法适用于整批购入、整批发出，或整批购入、分批发出，并能分清批次的材料。这种方法的特点是，要分别辨认发出材料和库存材料的所属批次，但是这项辨认工作是困难的，而且还可能导致企业随意选用较高或较低价格计价而背离实际情况的现象发生。

材料的核算采用计划成本进行计价时，发出材料按计划成本进行确认，在这种情况下，为满足计算产品实际成本的需要，应将材料的计划成本调整为实际成本。

三、原材料费用核算

(一) 材料采购的核算

企业生产所需的材料主要是通过采购业务活动取得的，也有部分材料是自制的。为使生产所需材料能适时、适量地得到供应，与供货单位签订供货合同是必要的，它是保持合理的材料库存的重要条件。

仓库保管员应注意保持各种材料储备在规定范围以内，对接近或低于最低储备量的材料，应及时向供应部门提交“材料请购单”。采购人员根据“材料请购单”(或其他方式得到购料通知)组织进货，并办理货款的结算业务。仓库根据收料凭证和发货票验收材料，财会部门根据上述凭证进行核算。

为了核算企业库存的原料及主要材料、辅助材料、外购半成品、修理用备件、包装材料、燃料等项内容，要设置“原材料”账户。该账户属于资产类账户，借方登记入库数额，贷方登记出库数额，期末余额在借方，表示库存结存数额。该账户应按照材料的保管地点(仓库)、材料的类别、品种和规格等设置明细账进行明细分类核算。

1. 材料按实际成本计价的核算

它是指每种材料的采购、收发与结存的总分类核算与其明细分类核算均按实际成本进行计价的核算方法。

为了核算和监督材料采购、收发和结存情况，在按实际成本计价进行材料核算的情况下，还需要设置“在途物资”账户。

“在途物资”账户属于资产类账户，用于核算企业已经付款或已经取得材料所有权，但尚未验收入库的在途物资的实际成本。其借方登记支付的材料价款及运杂费等，贷方登记验收入库材料的实际成本，期末余额在借方，表示在途物资的实际成本。该账户应按照供应单位和物资品种设置明细账进行明细分类核算。

【技能操作】

【例 2-4】 企业购入甲材料 3 000 千克，单价 2.20 元，增值税税率 13%，以银行存款支付。根据有关凭证，编制会计分录如下：

(1) 支付货款时：

借：在途物资	6 600	
应交税费——应交增值税——进项税额	858	
贷：银行存款		7 458

(2) 材料入库时：

借：原材料	6 600	
贷：在途物资		6 600

2. 材料按计划成本计价的核算

它是指每种材料的采购、收发与结存的总分类核算与其明细分类核算均按计划成本进行计价的核算方法。材料的实际成本与计划成本的差异,则单独组织核算。

材料按计划成本计价的总分类核算与按实际成本计价核算一样,要设置“原材料”“周转材料”等账户,这些账户均应按计划成本登记,即按计划成本核算企业库存的全部材料。由于材料的计划成本与实际成本之间存在差异,为了正确结算成本和考核采购业务成果,需要设置“材料采购”与“材料成本差异”两个账户,不再设“在途物资”账户。

“材料采购”账户属于资产类账户,用于核算企业购入材料的采购成本,考核采购业务的经营成果。该账户借方登记材料采购的实际成本以及转出实际成本小于计划成本的差异额(即节约额),贷方登记验收入库材料的计划成本以及转出实际成本大于计划成本的差异额(即超支额),期末余额在借方,表示已经支付货款但尚未验收入库的在途材料的实际采购成本。该账户应按材料品种设置明细账进行明细分类核算。

“材料成本差异”账户属于资产类账户,用于核算企业各种材料的实际成本与计划成本的差异额。该账户借方登记材料实际成本大于计划成本的超支差异额,贷方登记材料实际成本小于计划成本的节约差异额以及发出材料应负担的材料成本差异的结转数(结转超支差异用蓝字,结转节约差异则用红字),期末余额如在借方,表示库存材料等实际成本大于计划成本的差异额;期末余额如在贷方,表示库存材料等实际成本小于计划成本的差异额。该账户应分别原材料等不同存货,按照类别和品种设置明细账进行明细分类核算。

【技能操作】

【例 2-5】 承[例 2-4],假设该甲材料计划单价 2 元,则编制会计分录如下:

(1) 支付货款时:

借:材料采购	6 600	
应交税费——应交增值税——进项税额	858	
贷:银行存款		7 458

(2) 材料入库时:

借:原材料	6 000	
材料成本差异	600	
贷:材料采购		6 600

(二) 材料耗用的核算

生产领用材料要办理凭证手续,领用材料的凭证一般有领料单、限额领料单和领料登记表等。

领料单是一次使用有效的凭证,每领一次材料填写一份。对于没有材料消耗定额或不经常领用的材料,可以采用领料单办理领料手续。

领料单一般采用一单一料制,由领料单位填写一式三联,其中一联留领料单位备查,其余两联办完领料、发料手续后,据以进行材料发出核算和材料费用计算。

对于经常使用并有材料消耗定额的材料,一般采用限额领料单办理领料手续。限额领料单是多次使用有效的凭证,只要在有效期(一般为 1 个月)内领用限额内的材料,可以连续使用。

限额领料单一般是由生产计划部门或供应部门,根据生产计划和材料消耗定额等资料套写编制的。它是仓库和车间按计划限额控制发料、领料的一种凭证,因此,它必须分别按各种材料和用途来编制，交由发料仓库和领料车间据以办理领发材料手续，月末给出实发数量和金额，以此进行发出材料核算和材料费用计算。

对于生产车间、班组常用的消耗材料，不便于采用上述凭证进行核算的，可采用领料登记表办理领料手续。领料登记表也是一种多次使用有效（一般为 1 个月）的凭证，一般采用一单一料制。

为生产产品所需用的材料，在办理上述凭证手续，领用到车间或部门后，月末若全部被消耗没有剩余材料时，相关人员将这些凭证上登记的数额予以汇总，即可确定材料消耗数量，材料消耗数量以货币表现的消费额即为材料费用。如果月末有剩余材料，应办理退料手续，对于下月不再使用的材料，应填制退料单将材料退回仓库；对于下月继续使用的材料，可办理假退料手续，即填制本月的退料单与下月的领料单，交仓库办理一退一领手续，材料并不退回仓库。

在生产过程中耗用的各项材料，应根据审核无误的领料凭证，按照耗用材料的不同用途归类，并据以记入"生产成本""制造费用"或期间费用类账户。

记入"生产成本"账户中"直接材料"成本项目的材料费用，按照产品耗用材料的具体方式不同，又分为直接耗用材料和共同耗用材料两种。

1. 直接耗用材料的核算

直接耗用材料是指能根据领料凭证直接区分出由某种产品或几种产品分别耗用的材料。因此，这类材料可以直接根据审核后的领料凭证汇总计算出来，并记入有关成本费用账户。

【技能操作】

【例 2-6】 某企业生产 A、B 两种产品。本月 A、B 产品分别直接领用甲、乙两种原材料。有关资料，如表 2-4 所示。

表 2-4 **发料凭证汇总表**

某企业 ××××年××月 金额单位：元

应借账户		应贷账户		
		甲材料	乙材料	合 计
生产成本——基本生产成本	A 产品	56 000	19 800	75 800
	B 产品	33 600	2 000	35 600
	小计	89 600	21 800	111 400
生产成本——辅助生产成本	运输	3 360	1 200	4 560
	供水		1 600	1 600
	小计	3 360	2 800	6 160
制造费用		1 760		1 760
管理费用		2 400	1 200	3 600
销售费用		1 960		1 960
合 计		99 080	25 800	124 880

根据发料凭证汇总表，编制会计分录如下：

借：生产成本——基本生产成本——A产品	75 800	
——B产品	35 600	
——辅助生产成本——运输	4 560	
——供水	1 600	
制造费用	1 760	
管理费用	3 600	
销售费用	1 960	
贷：原材料——甲材料		99 080
——乙材料		25 800

2. 共同耗用材料的核算

共同耗用材料是指由几种产品共同耗用，而不能直接区分应由哪一种产品耗用的材料。对于共同耗用的材料，应当选择合理、简便的分配方法，分配计入有关产品成本。

共同耗用材料的常用分配方法，有按产品数量比例分配法、按材料定额耗用量分配法和按材料定额费用分配法等。

(1) 按产品数量比例分配法。这种方法一般适用于消耗的材料、燃料与产品数量呈正比例变化关系的情况。其计算公式如下：

$$\text{材料耗用量分配率}=\frac{\text{共同耗用的材料总量}}{\text{各种产品产量之和}}$$

某产品应负担材料费用＝该产品产量×材料耗用量分配率×材料单价

【技能操作】

【例 2-7】 某企业生产A、B两种产品，共耗用乙材料1 360千克，每千克单价1.50元，合计2 040元。本月生产A产品520件，B产品480件。两种产品的单件耗用量相同。

$$\text{材料耗用量分配率}=\frac{1\ 360}{520+480}=1.36(\text{千克/件})$$

A产品应负担材料费用＝520×1.36×1.50＝1 060.80(元)

B产品应负担材料费用＝480×1.36×1.50＝979.20(元)

(2) 按材料定额耗用量分配法。材料定额消耗量是指在一定产量下按照材料的消耗定额计算的可以消耗的数量，其中，材料消耗定额是指单位产品可以消耗的材料限额。计算分配程序是：第一，计算各种原材料定额消耗量；第二，计算单位原材料定额消耗量应分配的原材料实际消耗量(即原材料消耗量分配率)；第三，计算各种产品应分配的原材料实际消耗量；第四，计算各种产品应分配的原材料实际费用。这种分配方法一般适用于企业已建立了健全的定额管理制度，各项材料、燃料消耗均有消耗定额的情况。其计算公式如下：

某种产品原材料定额消耗量＝该产品实际产量×单位产品原材料消耗定额

$$\text{原材料消耗量分配率}=\frac{\text{实际共同耗用原材料数量总和}}{\text{各种产品原材料定额耗用量之和}}$$

某产品应分配原材料消耗量＝该产品原材料定额消耗量×原材料消耗量分配率

某产品应分配原材料费用＝该产品应分配原材料消耗量×材料单价

【技能操作】

【例 2-8】 某企业生产 A、B 两种产品。其中：生产 A 产品 520 件，生产 B 产品 480 件。本月直接领用材料情况，如表 2-5 所示。另外，两种产品共同耗用材料 30 000 千克，单价 0.80 元，合计 24 000 元。A 产品每件定额消耗 75 千克，B 产品每件定额消耗 43.75 千克。计算分配如下：

A 产品定额消耗量＝520×75＝39 000（千克）

B 产品定额消耗量＝480×43.75＝21 000（千克）

$$原材料消耗量分配率=\frac{30\ 000}{39\ 000+21\ 000}=0.50$$

A 产品应分配原材料消耗量＝39 000×0.5＝19 500（千克）

B 产品应分配原材料消耗量＝21 000×0.5＝10 500（千克）

A 产品应分配原材料费用＝19 500×0.80＝15 600（元）

B 产品应分配原材料费用＝10 500×0.80＝8 400（元）

表 2-5　　**材料费用分配表**

某企业　　××××年××月　　金额单位：元

应借账户		成本项目	产品产量（件）	原材料费用				
				直接计入	分配计入			合计
					定额消耗量（千克）	分配率	分配金额	
生产成本——基本生产成本	A 产品	直接材料	520	75 800	39 000		15 600	91 400
	B 产品	直接材料	480	35 600	21 000		8 400	44 000
	小计			111 400	60 000	0.4	24 000	135 400
生产成本——辅助生产成本	运输			4 560				4 560
	供水			1 600				1 600
	小计			6 160				6 160
制造费用				1 760				1 760
管理费用				3 600				3 600
销售费用				1 960				1 960
合　计				124 880			24 000	148 880

根据材料费用分配表，编制会计分录如下：

借：生产成本——基本生产成本——A 产品　　91 400
　　　　　　　　　　　　　　——B 产品　　44 000
　　　　　　——辅助生产成本——运输　　4 560
　　　　　　　　　　　　　　——供水　　1 600
　　制造费用　　1 760
　　管理费用　　3 600
　　销售费用　　1 960
　　贷：原材料——甲材料　　148 880

采用这种分配方法，可以考核材料消耗定额的执行情况，有利于进行材料消耗的实物管理，但分配计算工作量大。为了简化分配计算工作量，也可以直接按材料定额消耗量分配材料费用。其计算公式如下：

$$原材料费用分配率=\frac{原材料费用总额}{各种产品材料定额消耗用量之和}$$

$$某产品应分配原材料费用=该产品原材料定额消耗量\times原材料费用分配率$$

【技能操作】

【例 2-9】 承[例 2-8]，直接按材料定额消耗量分配材料费用。计算分配如下：

各种产品原材料定额消耗量同[例 2-8]。

$$原材料费用分配率=\frac{30\ 000\times0.8}{39\ 000+21\ 000}=0.40(元/千克)$$

A 产品应分配原材料费用＝39 000×0.40＝15 600(元)

B 产品应分配原材料费用＝21 000×0.40＝8 400(元)

上述两种方法计算结果相同，但后一种方法不能反映各种产品所应负担的原材料消耗总量，不利于加强原材料消耗的实物管理。

(3) 按材料定额费用比例法。在企业生产多种产品或多种产品共同耗用原材料种类较多的情况下，也可以按照各种材料的定额费用的比例来分配材料的实际费用。其计算公式如下：

$$\begin{aligned}某种产品某种材料的定额费用&=该种产品实际产量\times单位产品该种材料费用定额\\&=该种产品实际产量\times单位产品该种材料消耗定额\times该种材料计划单价\end{aligned}$$

$$原材料费用分配率=\frac{各种产品原材料实际费用总额}{各种产品原材料定额费用总额}$$

$$某种产品应分配的实际原材料费用=该种产品原材料定额费用\times原材料费用分配率$$

【技能操作】

【例 2-10】 某企业生产甲、乙两种产品，共同领用 A、B 两种主要材料，共计 37 620 千元。本月投产甲产品 150 件，乙产品 120 件。甲产品材料消耗定额为 A 材料 6 千克，B 材料 8 千克；乙产品材料消耗定额为 A 材料 9 千克，B 材料 5 千克。A 材料单价 10 元，B 材料单价 8 元。计算分配如下：

甲产品材料定额费用＝150×(6×10＋8×8)＝18 600(元)

乙产品材料定额费用＝120×(9×10＋5×8)＝15 600(元)

$$材料费用分配率=\frac{37\ 620}{18\ 600+15\ 600}=1.1$$

甲产品应分配原材料实际费用＝18 600×1.1＝20 460(元)

乙产品应分配原材料实际费用＝15 600×1.1＝17 160(元)

以上关于直接材料的归集和分配，是按实际成本计算的。如果企业的材料是按计划成本核算的，应先按计划成本归集和分配，然后计算出材料成本差异率和发出材料应分摊的差异额，并将各成本账户和期间费用的计划成本调整为实际成本。

(三) 燃料费用的核算

燃料实际上也是材料,如果燃料费用在产品成本中所占比例较大,可以与动力项目一起专设"燃料和动力"成本项目,还可增设"燃料"账户,以便单独核算燃料的增减变动、结存和分配情况。

燃料费用的分配方法是:对直接用于产品生产的燃料,如果能分清受益对象的,根据领料凭证直接计入该产品成本的"燃料和动力"成本项目;如果几种产品共同领用的,则应根据受益原则,采用适当的分配方法,分配计入各有关产品的该成本项目。分配标准一般有产品的重量、体积、所耗原材料的数量或费用以及燃料的定额消耗量或定额费用等。对于辅助生产部门和生产管理部门、行政管理部门、销售部门等所耗用的燃料,则应分别记入"生产成本——辅助生产成本""制造费用""管理费用""销售费用"等账户。

【技能操作】

【例 2-11】 兴发公司生产中耗用燃料和动力较多,为了加强对能源消耗的管理,对燃料和动力专设"燃料和动力"项目核算。××××年××月生产甲、乙产品,共消耗燃料16 000 元,其中:用于甲、乙产品生产的费用 12 000 元,按甲、乙产品燃料的定额消耗量分配,甲产品定额消耗量为 4 000 千克,乙产品定额消耗量为 2 000 千克;生产车间一般耗用 1 000 元;辅助生产车间运输耗用 2 200 元,辅助生产车间供水车间耗用 600 元;行政管理部门耗用200 元。则甲、乙产品应分配的燃料费用计算如下:

$$燃料费用分配率=\frac{12\ 000}{4\ 000+2\ 000}=2(元/千克)$$

甲产品应分配燃料费用=4 000×2=8 000(元)

乙产品应分配燃料费用=2 000×2=4 000(元)

根据以上资料编制燃料费用分配表,如表 2-6 所示。

表 2-6　　燃料费用分配表

兴发公司　　××××年××月　　金额单位:元

应借账户		成本项目	直接计入	分配计入		合计
				定额消耗量(千克)	分配金额(分配率 2)	
生产成本——基本生产成本	甲产品	燃料和动力		4 000	8 000	8 000
	乙产品	燃料和动力		2 000	4 000	4 000
	小计			6 000	12 000	12 000
生产成本——辅助生产成本	运输	燃料和动力	2 200			2 200
	供水	燃料和动力	600			600
	小计		2 800			2 800
制造费用		燃料	1 000			1 000
管理费用			200			200
合计			4 000		12 000	16 000

根据燃料费用分配表,编制会计分录如下:

借：生产成本——基本生产成本——甲产品　　8 000
　　　　　　　　　　　　　——乙产品　　4 000
　　　　　　——辅助生产成本——运输　　2 200
　　　　　　　　　　　　　——供水　　600
　　制造费用　　1 000
　　管理费用　　200
　　贷：燃料　　16 000

需要注意的是，不设“燃料”账户的，燃料应通过“原材料”账户核算。

四、低值易耗品摊销的核算

(一) 低值易耗品摊销的核算内容

低值易耗品是指不作为固定资产核算的各种劳动手段，包括工具、管理用具、玻璃器皿，以及在经营过程中周转使用的包装容器等各种用具物品。企业的低值易耗品可以在“周转材料”账户下核算，也可以单独设置“低值易耗品”账户核算。

低值易耗品在领用后，其价值应按一定的方法摊销记入成本、费用账户。其摊销计算方法主要有一次摊销法和五五摊销法等。

(二) 低值易耗品的摊销

低值易耗品摊销的价值计入成本、费用后，因其所占比重较小，在成本账户中没有专设“低值易耗品”成本项目。对于直接用于产品生产的低值易耗品摊销，应记入“制造费用”账户；用于组织管理生产经营活动的低值易耗品摊销，则应记入“管理费用”账户。下面分别说明其具体的分配摊销方法。

1. 一次摊销法

一次摊销法是指将本月领用的低值易耗品的价值一次计入当月成本、费用的方法。即在领用低值易耗品时，就将其价值一次记入“制造费用”或“管理费用”账户。而当低值易耗品报废时，再将报废的残料价值，冲减“管理费用”或“制造费用”账户。

【技能操作】

【例 2-12】 某企业的行政管理部门和基本生产车间同时各领用一批管理用具。其中：行政管理部门领用 1 160 元，车间领用 1 240 元。采用一次摊销法摊销。编制会计分录如下：

(1) 领用低值易耗品时：

借：制造费用　　1 240
　　管理费用　　1 160
　　贷：低值易耗品　　2 400

(2) 报废时(假定报废残料已交废品回收站，收回现金 180 元。车间 116 元，管理部门 64 元)：

借：库存现金　　180
　　贷：制造费用　　116
　　　　管理费用　　64

2. 五五摊销法

五五摊销法是指在领用低值易耗品时，先摊销其价值的一半，报废时再摊销其价值的另一半。为了反映在库、在用、摊余低值易耗品的价值，应在"低值易耗品"账户下设置"在库""在用""摊销"账户进行明细核算。

【技能操作】

【例 2-13】 某企业管理部门领用工具一批，价值 1 000 元，同时报废一批工具，价值 800 元，回收残料价值 50 元。编制会计分录如下：

(1) 领用时：

借：低值易耗品——在用	1 000	
贷：低值易耗品——在库		1 000

(2) 摊销 50%时：

借：管理费用	500	
贷：低值易耗品——摊销		500

(3) 报废工具时：

借：原材料	50	
管理费用	350	
贷：低值易耗品——摊销		400

(4) 注销报废工具时：

借：低值易耗品——摊销	800	
贷：低值易耗品——在用		800

第二讲　外购动力的核算

【知识要点】

一、动力费用的内容

动力是企业生产经营过程中必不可少的要素，主要包括电力、热力和蒸汽等。动力按其来源不同，分为自制和外购两类。自制动力通过辅助生产成本核算。下面主要说明外购动力费用的核算。

外购动力费用按支付与分配的方式又分为两种：一种是支付外购动力费用时就按其用途借记有关成本、费用类账户，贷记"银行存款"账户；另一种是通过"应付账款"账户核算，即在付款时先借记"应付账款"账户，贷记"银行存款"账户，待月末再按照外购动力的用途分别借记各成本、费用类账户，贷记"应付账款"账户。

二、外购动力的核算

在生产经营过程中，外购动力有的直接用于产品生产；有的间接用于产品生产，如车间的照明；有的则用于行政管理部门的照明或取暖等。对动力费用的核算，应按照其用途分别记入各成本或费用账户。

动力费用的分配是根据仪表、仪器记录的数量，并按一定的计价标准来计算各部门、车间的耗用数额的，因此可以直接分配记入各成本费用账户。但直接用于产品生产的动力费用，车间一般不按产品分类设置仪器、仪表，因此需要按生产工时比例或动力定额耗用量比例计算分配。按生产工时比例分配的计算公式如下：

$$外购动力费用分配率=\frac{待分配外购动力费用总额}{各种产品生产工时总数}$$

$$某产品应负担外购动力费用=该种产品生产工时\times外购动力费用分配率$$

【技能操作】

【例 2-14】 某企业本月耗电共计 2 572 元，根据电表记录情况：行政管理部门耗电 360 元；运输车间、供水车间耗电分别为 560 元和 652 元；基本生产车间耗电共计 1 000 元，其中：一般照明用电 200 元，其余为生产产品用电（A 产品工时 4 600 小时，B 产品工时 3 400 小时）。分配计算结果如下：

$$外购动力费用分配率=\frac{1\ 000-200}{4\ 600+3\ 400}=0.10(元/小时)$$

A 产品动力费用 $=4\ 600\times0.10=460$（元）

B 产品动力费用 $=3\ 400\times0.10=340$（元）

根据上述资料，可编制外购动力费用分配表，如表 2-7 所示。

表 2-7　　外购动力费用分配表

某企业　　××××年××月　　金额单位：元

应借账户		成本项目	生产工时（小时）	分配率	分配金额
生产成本——基本生产成本	A 产品	燃料和动力	4 600	0.10	460
	B 产品	燃料和动力	3 400	0.10	340
	小计		8 000		800
生产成本——辅助生产成本	运输	水电费			560
	供水	水电费			652
	小计				1 212
制造费用		水电费			200
管理费用		水电费			360
合　计			8 000		2 572

根据外购动力费用分配表，编制会计分录如下：

借：生产成本——基本生产成本——A 产品　　460
　　　　　　　　　　　　　　——B 产品　　340
　　　　　　——辅助生产成本——运输　　560
　　　　　　　　　　　　　　——供水　　652
　　制造费用　　200
　　管理费用　　360
　　贷：应付账款　　2 572

需要说明的是，如果基本生产车间和辅助生产车间不单设“燃料及动力”成本项目，那么，直接用于产品生产的燃料费用和动力费用可以分别计入“直接材料”成本项目和“制造费用”成本项目，作为直接材料和制造费用进行核算。

第三讲 职工薪酬的核算

【知识要点】

职工薪酬即人工费用，是指企业为获得职工提供的服务或解除劳动关系而给予职工各种形式的报酬或补偿。职工薪酬是企业的一项费用，是产品成本的重要组成部分。职工薪酬的多少，不仅关系职工的切身利益，而且反映企业劳动生产率的高低，直接影响产品成本和费用水平。因此，搞好人工费用核算、严格控制职工薪酬、防止超支，对于正确计算产品成本、促进企业不断改进生产技术和劳动组织、降低产品成本和节约费用有着重要的意义。

职工薪酬包括短期薪酬、离职后福利、辞退福利和其他长期职工福利。企业提供给职工配偶、子女、受赡养人、已故员工遗属及其他受益人等的福利，也属于职工薪酬。

职工是指与企业订立劳动合同的所有人员，既包括全职、兼职和临时职工，也包括虽未与企业订立劳动合同但由企业正式任命的人员。未与企业订立劳动合同或未由其正式任命，但向企业提供服务与职工提供服务类似的人员，也属于职工的范畴，包括通过企业与劳务中介公司签订用工合同而向企业提供服务的人员。

短期薪酬是指企业在职工提供相关服务的年度报告期间结束后 12 个月内需要全部予以支付的职工薪酬，因解除与职工的劳动关系给予的补偿除外。企业应当在职工为其提供服务的会计期间，将实际发生的短期薪酬确认为负债，并计入当期损益，其他会计准则要求或允许计入资产成本的除外。

短期薪酬具体包括职工工资、奖金、津贴和补贴，职工福利费，医疗保险费、工伤保险费和生育保险费等社会保险费，住房公积金，工会经费和职工教育经费，短期带薪缺勤，短期利润分享计划，非货币性福利以及其他短期薪酬。

带薪缺勤是指企业支付工资或提供补偿的职工缺勤，包括年休假、病假、短期伤残、婚假、产假、丧假、探亲假等。

利润分享计划是指因职工提供服务而与职工达成的基于利润或其他经营成果提供薪酬的协议。

离职后福利是指企业为获得职工提供的服务而在职工退休或与企业解除劳动关系后，提供的各种形式的报酬和福利，短期薪酬和辞退福利除外。

辞退福利是指企业在职工劳动合同到期之前解除与职工的劳动关系，或者为鼓励职工自愿接受裁减而给予职工的补偿。

其他长期职工福利是指短期薪酬、离职后福利、辞退福利之外所有的职工薪酬，包括长期带薪缺勤、长期残疾福利、长期利润分享计划等。

一、工资费用的分类

工资是企业使用职工的知识、技能、时间和业务而给予职工的一种补偿(报酬)。

(一) 按内容分类

为了统一工资的计划、统计和核算工作,正确计算工资总额,国家对工资总额的组成内容作了统一规定。工资总额的具体内容包括以下部分:

(1) 计时工资是指按照计时工资标准(包括地区生活费补贴)和工作时间支付给职工的劳动报酬。工资标准是指每一职工在单位时间(月、日或小时)内应得的工资额。为了贯彻按劳分配原则,应该为不同职务、不同工种和不同等级的职工分别规定不同的工资标准。计时工资主要包括:①按计时工资标准支付的工资;②实行结构工资制的单位支付给职工的基础工资和职务(岗位)工资;③新参加工作的见习生的工资等。

(2) 计件工资是指对已做工作按计件单价支付的劳动报酬。计件单价是指完成单位工作应得的工资额。计件单价根据完成单位工作所需的工时定额,乘以从事该种工作所需要的那一等级工人的每小时工资标准(也称小时工资率)计算确定。计件工资按照支付对象的不同,可分为个人计件和集体计件:集体计价工资还应在集体成员内部按照工时分配法或工资系数分配法进行分配。

(3) 奖金是指支付给职工的超额劳动报酬和增收节支的劳动报酬。奖金包括生产奖、节约奖、劳动竞赛奖和其他奖金。奖金应该按照国家和本单位有关规定计算、支付。

(4) 津贴和补贴是指为了补偿职工特殊或额外的劳动消耗和因其他特殊原因支付给职工的津贴,以及为了保证职工工资水平不受物价变化影响而支付给职工的物价补贴。津贴包括补偿职工特殊或额外劳动消耗的津贴、保健性津贴、技术性津贴及其他津贴。物价补贴包括为保证职工工资水平不受物价上涨或变动影响而支付的各种补贴。津贴和补贴也应该按照国家和本单位有关规定计算、支付。

(5) 加班加点工资是指按规定支付的加班工资和加点工资。

(6) 特殊情况下支付的工资。它包括两部分:一是根据国家法律、法规和政策规定,因病假、工伤、产假、计划生育假、婚丧假、事假、探亲假、定期休假、停工学习、执行国家或社会义务等原因按计时工资标准或计件工资标准的一定比例支付的工资;二是附加工资、保留工资。

对于支付给职工但不属于工资性的支出,则不列入职工薪酬内容之中。例如,创造发明奖、自然科学奖、科学技术进步奖、合理化建议和技术改进奖,稿费、讲课费及其他专门工作报酬,劳动保护的各项支出,出差伙食补助费等,就属于不应列入职工薪酬内容之中的支出。

(二) 按计入成本的费用项目分类

企业在产品生产经营中发生的工资费用,是构成产品成本的重要部分。

企业职工在产品生产中起着不同的作用,有的是从事产品直接生产的工人,有的是为产品生产提供服务的工人,有的是为产品正常生产经营履行管理职能的管理人员。由于他们在生产中起着不同的作用,因而支付给不同人员的工资额,在成本计算中有不同的处理方法。

对于直接支付给从事产品生产的工人的工资额,由于和产品生产直接发生关系,应以"直接人工"成本项目计入产品制造成本。

对于支付给其他人员的工资额,由于与产品生产不发生直接联系,在性质上有别于直接从事产品生产的工人工资,包括在产品成本中的"直接人工"成本项目之中,而是根据人员所属部门,以"工资"明细费用项目计入部门费用之中。例如,生产车间管理人员的工资,以"工资"明细费用项目记入"制造费用"账户中。

二、工资费用的计算

(一) 工资费用的原始记录

进行工资费用的核算，必须有一定的原始记录作为依据。不同的工资制度所依据的原始记录不同。计算计时工资费用，应以考勤记录中的工作时间记录为依据；计算计件工资费用，应以产量记录中的产品数量和质量记录为依据。因此，考勤记录和产量记录是工资费用核算的主要原始记录。

1. 考勤记录

它是登记出勤、缺勤时间和情况的原始记录。企业认真进行考勤记录，不仅可以为计算计时工资费用提供正确的依据，而且对于进行劳动管理、加强劳动纪律、提高出勤率和工时利用率，从而提高劳动生产率，也有重要作用。

在考勤记录中，应该登记企业内部每一单位、每一职工的出勤和缺勤时间，并对这些时间进行归类分析。考勤记录一般采用考勤簿的形式。

考勤簿应该按照车间、生产小组和部门分别设置，根据各单位在册人员的编号、姓名分行逐日登记，月末对月内出勤情况和缺勤原因进行归类汇总登记。各单位如有职工录用、内部调动或调离出厂，应根据人事部门的通知，在考勤簿中进行人员变动的记录。生产小组的考勤簿一般由负责考勤的工人在车间专职人员指导下进行登记；车间管理人员考勤簿的登记和车间职工考勤记录的汇总，应由车间专职考勤人员或工资核算人员进行；各部门的考勤簿则由该部门指定专人负责登记。

考勤记录也可采用考勤卡片形式。考勤卡片按职工分别设立，每人每年或每月 1 张，在年初、月初或职工录用、调入时设立。在人员发生变动时，应该根据人事部门的通知，将卡片在内部单位之间进行转移或注销。考勤卡片的登记项目与考勤簿相同。如果企业或车间安装了自动计时的考勤钟，职工上下班时，只要将卡片插入考勤钟内，考勤钟就会自动在卡片中打印出上下班的时间。

月末，考勤人员应该将经过车间和部门负责人检查、签章以后的考勤记录，送交会计部门审核。经过会计部门审核的考勤记录，即可据以计算每一职工的工资；根据出勤或缺勤日数，计算应发的计时工资；根据夜班次数和加班加点时数，计算夜班津贴和加班加点工资；根据病假日数，计算病假工资等。

2. 产量记录

它是登记工人或生产小组在出勤时间内完成产品的数量、质量和生产产品所用工时数量的原始记录。认真做好产量记录，不仅可以为计算计件工资费用提供正确的依据，而且还可以为在各种产品之间分配与工时有关的费用提供合理的依据。产量记录不仅登记实物产量和实用工时，而且登记每件产品的工时消耗定额和按实物产量、工时定额计算的定额工时，因此，它还是统计每种产品实物产量和各种产品按定额工时反映的综合产量的依据，是监督生产作业计划和工时定额执行情况的依据，从而也是考核劳动生产率水平的重要依据。因此，每一个工业企业，除了做好各单位的考勤记录，还应做好生产车间的产量记录。

在各种工业企业，甚至在同一企业的各个车间中，产量记录的内容和格式由于生产特点和劳动组织不同而不同。产量记录的内容包括：①产品、作业或订单的名称和编号；②生产车间、小组的名称；③操作工人的姓名和编号；④所用机器设备的名称和编号；⑤收到加工的材料、毛坯或零件的名称、编号和数量；⑥完成的合格品和废品的数量；⑦实用工时和定额工时等。此外，还应包括计件单价、合格品的计件工资，以及不是由于工人过失而产生的废品工资。

会计部门应该对产量记录进行审核。经过审核的产量记录，即可作为计算计件工资的依据。

会计部门应根据记录提供的每个工人或小组的合格产品产量和料废数量，按照计件单价计算每一工人或小组的计件工资。工废是因工人操作造成的，不计算计件工资。计件工资可以按产品产量和计件单价计算，也可以按工人或小组完成的定额工时和该等级工人的小时工资率计算。

会计部门应根据记录提供的各种产品的计件工资额，计算各种产品成本中的工资费用。

（二）工资的计算

计算工资并按其用途分配工资费用是工资费用核算的主要内容。工业企业可以根据具体情况采用不同的工资制度，其中，最基本的工资制度是计时工资制度和计件工资制度。

1. 计时工资的计算

计时工资是根据考勤记录登记的每一职工出勤或缺勤日数，按照规定的工资标准计算的。工资标准按其计算的时间不同，有按月计算的月薪、按日计算的日薪或按小时计算的小时工资。企业固定职工的计时工资一般按月薪计算；临时职工的计时工资大多按日薪计算，也有按小时工资计算的。采用月薪制，不论各月日历日数是多少，每月的标准工资相同。为了按照职工出勤或缺勤日数计算应付的月工资，还应根据月工资标准计算日工资率，即每日平均工资。采用日薪制，每日工作时数为 8 小时。如果有出勤不满 8 小时的情况，还应根据日标准工资计算小时工资率，即每小时平均工资。下面着重讲述月薪制计时工资的计算方法。

采用月薪制计算应付工资，由于各月日历日数不同，有的月份 30 日，有的月份 31 日，2 月份则只有 28 日或 29 日，因而同一职工各月的日工资率不尽相同。在实际工作中，为了简化日工资的计算工作，日工资率一般按以下两种方法之一计算：

（1）每月固定按 30 日计算，以月工资标准除以 30 日，算出每月的日工资率。

（2）每月固定按年日历日数 365 日减去 104 个双休日和 11 个法定节假日，再除以 12 个月算出的平均工作日数 20.83 日计算，以月工资标准除以 20.83 日算出每月的日工资率。此外，应付的月工资，可以按日工资率乘以出勤日数计算，也可以按月工资标准扣除缺勤工资（即日工资率乘以缺勤日数）计算。

综上所述，应付月工资一般有四种计算方法：按 30 日计算日工资率，按缺勤日数扣月工资；按 30 日计算日工资率，按出勤日数计算月工资；按 20.83 日计算日工资率，按缺勤日数扣月工资；按 20.83 日计算日工资率，按出勤日数计算月工资。究竟采用哪一种方法，由企业自行确定，确定以后，不应任意变动。

在按 30 日计算日工资率的企业中，由于节假日也算工资，因此出勤期间的节假日，也按出勤日算工资。事假、病假等缺勤期间的节假日，也按缺勤日扣工资。在按 20.83 日计算日工资率的企业中，节假日不算，不扣工资。

【技能操作】

【例 2-15】 某工人的月工资标准为 4 860 元。8 月份共 31 日，该工人当月病假 2 天，事假 3 天，双休假 9 天，出勤 17 天。根据该工人的工龄，其病假工资按工资标准的 90%计算。该工人的病假和事假期间没有节假日。按照上述四种方法分别计算该工人 8 月份的工资如下：

（1）按 30 天计算日工资率，按缺勤天数扣月工资：

$日工资率=\frac{4\ 860}{30}=162(元)$

应扣缺勤病假工资=162×2×(1－90%)=32.4(元)

应扣缺勤事假工资=162×3=486(元)

应付工资=4 860－32.4－486=4 341.6(元)

(2) 按30天计算日工资率,按出勤天数计算月工资:

出勤工资=162×(17+9)=4 212(元)

病假工资=162×2×90%=291.6(元)

应付工资=4 212+291.6=4 503.6(元)

(3) 按20.83天计算日工资率,按缺勤天数扣月工资:

$日工资率=\frac{4\ 860}{20.83}=233.32(元)$

应扣缺勤病假工资=233.32×2×(1－90%)=46.66(元)

应扣缺勤事假工资=233.32×3=699.96(元)

应付工资=4 860－46.66－699.96=4 113.38(元)

(4) 按20.83天计算日工资率,按出勤天数计算月工资:

出勤工资=233.32×17=3 966.44(元)

病假工资=233.32×2×90%=419.98(元)

应付工资=3 966.44+419.98=4 386.42(元)

从以上四种计算方法的举例中可以看出,在按30日计算日工资率的情况下,按出勤天数计算月工资比按缺勤天数扣月工资多计算162元(4 503.6－4 341.6),即多计算1日的工资。这是由于该月日历天数是31天,比作为日工资率计算依据的30天多1天。当日历天数为30天的月份,两种计算结果应相等。

上述四种计算计时工资的方法各有利弊。但按20.83天计算日工资率,因节假日不算工资,更能体现按劳分配的原则,而且职工缺勤天数比出勤天数少,计算缺勤工资也比计算出勤工资简便,因此,按20.83天计算日工资率,按缺勤天数扣月工资的方法相对来说比较好一些。

2. 计件工资的计算

职工的计件工资,应根据产量记录中登记的每一工人的产品产量,乘以规定的计件单价计算。这里的产量包括合格品产量和不是由于工人本人过失造成的不合格品产量(料废产品数量)。由于工人本人过失造成的不合格品(工废产品),不计算、支付工资,有的还应由工人赔偿损失。

同一工人在月份内可能从事计件工资单价不同的各种产品的生产,因而计件工资的计算公式如下:

应付计件工资=∑(月内每种产品的产量×该种产品的计件单价)

【技能操作】

【例2-16】 6月5日,车工李明加工甲零件5个,计件单价30元;乙零件11个,计件单价15元,验收时发现乙零件中不应支付工资的废品(工废)1个,应该支付工资的废品(料废)1个,合格品9个。应付工资计算如下:

应付工资=5×30+(9+1)×15=300(元)

有时，工人在月份内从事很多计件单价不同的产品的生产工作，为简化计算手续，可将月份内完成的各项工作折算成定额工时，然后乘以小时工资率求得应付计件工资。

【技能操作】

【例 2-17】 张利月份内完成甲零件 200 件，每件定额工时为 30 分钟；乙零件 300 件，每件定额工时为 20 分钟。该工人小时工资率为 24.55 元，应得的计件工资计算如下：

完成定额工时＝(200×30＋300×20)÷60＝200(小时)

应付计件工资＝24.55×200＝4 910(元)

如果采用集体计件工资制，由于每个工人的工资等级和实际工作时间不同，除按全体产量计算应付计件工资外，还应采取一定的方法，将集体计件工资分配给每个工人。

【技能操作】

【例 2-18】 甲、乙、丙三个工人集体完成某项工作，根据产量记录计算全月三个工人共得计件工资 17 617.5 元。计件工资分配表，如表 2-8 所示。

表 2-8 计件工资分配表

工人姓名 (1)	等级 (2)	实际工作时数(小时) (3)	小时工资率 (4)	计时工资(元) (5)	计件工资与计时工资比例 (6)	计件工资(元) (7)＝(5)×(6)
甲	2	200	24.5	4 900		6 615
乙	2	100	24.5	2 450	17 617.5÷13 050＝1.35	3 307.5
丙	4	200	28.5	5 700		7 695
合计				13 050		17 617.5

计时工资和计件工资以外的各种奖金、津贴、补贴、加班加点工资，以及特殊情况下支付的工资，按照国家和企业的有关规定计算，不再详述。

工资计算出来后，再根据有关部门转来的各种“扣款通知单”，减去各种代扣款项后的余额，就是每个职工当月的实际工资。其计算公式如下：

应发工资＝应付计时或计件工资＋应付奖金＋各项津贴和补贴＋加班加点工资＋特殊情况下的工资

实发工资＝应发工资－各项扣款

企业为了办理工资结算业务，一般要编制“职工工资单”(或称工资结算单)，它是由车间或财会部门根据工资原始记录按月编制的。

财会部门根据各单位报来经职工领取签章后的“职工工资单”，汇总编制“工资结算汇总表”。

三、职工薪酬费用的核算

企业职工的工资，应根据企业的考勤记录、工时记录、产量记录等原始凭证，按照规定的工资标准和工资形式以及有关奖励、津贴规定，计算每一个职工的应付工资。对于直接从事产品生产的职工工资，应作为“直接人工”项目直接计入产品生产成本；对于其他各类人员的工资，应按地点及用途分别归类，将车间管理人员的工资、企业行政管理人员的工资、销售机构人员的工资等分别记入“制造费用”“管理费用”“销售费用”等账户中。

对于直接工资，凡是能够直接认定为某种产品耗用的，应直接计入该产品成本中；如果不能直接认定，属于几种产品共同耗用的，则应采用合理的方法（如生产工时比例法、定额工时比例法等）分配计入各产品成本。如果实行计件工资制度，其中计件工资部分属于直接计入费用，应根据工资结算凭证直接计入有关产品成本。不能直接计入的奖金、津贴和补贴以及特殊情况下支付的工资等，应根据直接计入的工资比例或生产工时比例分配计入各有关产品成本。如果实行计时工资制度，而工人只生产一种产品，则生产工人工资及福利费可全部直接计入该产品成本；如果工人同时生产几种产品，则必须在各种产品之间分配工资费用及福利费。

按生产工时比例分配的计算公式如下：

$$\text{生产工人工资分配率}=\frac{\text{生产工人工资总额}}{\text{各种产品实际(定额)工时之和}}$$

$$\text{某种产品应分配工资额}=\text{该种产品生产工时}\times\text{生产工人工资分配率}$$

【技能操作】

【例 2-19】 假定前述企业生产 A、B 产品的生产工人的工资中，既有计件工资，也有计时工资。计件工资已分别直接计入 A 产品 9 600 元，B 产品 6 400 元。需要间接计入的计时工资 19 200 元，该企业采用按生产工时比例分配，A、B 产品的生产工时分别为 4 600 小时和 3 400小时。其余资料见工资费用分配表，如表 2-9 所示。分配计算结果如下：

$$\text{生产工人工资分配率}=\frac{19\ 200}{4\ 600+3\ 400}=2.4(\text{元/小时})$$

$$\text{A 产品应分配工资额}=4\ 600\times2.4=11\ 040(\text{元})$$

$$\text{B 产品应分配工资额}=3\ 400\times2.4=8\ 160(\text{元})$$

表 2-9 **工资费用分配表**

某企业 ××××年××月 金额单位：元

应借账户		成本项目	直接计入	分配计入		合　计
				生产工时（小时）	分配金额（分配率 2.4）	
生产成本——基本生产成本	A 产品	直接人工	9 600	4 600	11 040	20 640
	B 产品	直接人工	6 400	3 400	8 160	14 560
	小计		16 000	8 000	19 200	35 200
生产成本——辅助生产成本	运输		6 320			6 320
	供水		4 640			4 640
	小计		10 960			10 960
制造费用			6 880			6 880
管理费用			8 960			8 960
销售费用			8 000			8 000
合　计			50 800		19 200	70 000

根据工资费用分配表，编制会计分录如下：

借：生产成本——基本生产成本——A 产品　　20 640
　　　　　　　　　　　　　　——B 产品　　14 560
　　　　　——辅助生产成本——运输　　6 320
　　　　　　　　　　　　　——供水　　4 640
　　制造费用　　6 880
　　管理费用　　8 960
　　销售费用　　8 000
　　贷：应付职工薪酬——工资　　70 000

四、职工福利费、社会保险费、工会经费和职工教育经费的核算

职工福利费是指企业向职工提供的生活困难补助、丧葬补助费、抚恤费、职工异地安家费和防暑降温费等职工福利费。

企业发生的职工福利费，应当在实际发生时根据实际发生额计入当期损益或相关资产成本，职工福利为非货币性福利的，应当按照公允价值计量。

企业为职工缴纳的医疗保险费、工伤保险费、生育保险费等社会保险费和住房公积金，以及按规定提取的工会经费和职工教育经费，应当在职工为其提供服务的会计期间，根据规定的计提基础和计提比例计算确定相应的职工薪酬金额，并确认相应负债，计入当期损益或相关资产成本。

企业应编制会计分录如下：

借：生产成本
　　制造费用
　　管理费用
　　销售费用
　　在建工程
　　贷：应付职工薪酬——职工福利
　　　　　　　　　　——社会保险费
　　　　　　　　　　——住房公积金
　　　　　　　　　　——工会经费
　　　　　　　　　　——职工教育经费

第四讲　其他费用的核算

【知识要点】

一、保险费用的核算

在企业生产经营过程中，会发生一些与生产经营相关的保险费用，根据《企业会计准则》规定，这些保险费用应当在发生时直接计入当期成本费用，借记“生产成本”“制造费用”“管理费用”等账户。

【技能操作】

【例 2-20】 某企业本月初开出转账支票 3 680 元用于支付财产保险费。各车间、部门的摊销比例为：基本生产车间45%，两个辅助生产车间均为15%，行政管理部门25%。其保险费用分配表，如表2-10所示。

表2-10　　保险费用分配表

某企业　　××××年××月　　金额单位：元

费用种类	应借账户		分配比例	分配金额
保险费	制造费用		45%	1 656
保险费	生产成本——辅助生产成本	运输	15%	552
		供水	15%	552
保险费	管理费用		25%	920
合　计			100%	3 680

根据保险费用分配表，编制会计分录如下：

借：制造费用　　1 656

　　生产成本——辅助生产成本——运输　　552

　　　　　　　　　　　　　　——供水　　552

　　管理费用　　920

　　贷：银行存款　　3 680

二、折旧费用的核算

固定资产折旧费一般不单设成本项目反映，而应按固定资产的使用地点和保管部门分别借记“制造费用”或“管理费用”等账户，同时将固定资产折旧总额贷记“累计折旧”账户。

【技能操作】

【例2-21】 某企业采用年限法计提折旧。为了简化计算工作，其当月折旧额是在上月折旧额的基础上，加上上月增加固定资产的折旧额，再减去上月减少固定资产的折旧额来确定的。该企业规定，基本生产车间的制造费用通过“制造费用”账户核算，辅助生产车间的制造费用直接在“生产成本——辅助生产成本”账户核算。假定本月该企业的折旧费用分配表，如表2-11所示。

表2-11　　折旧费用分配表

某企业　　××××年××月　　金额单位：元

应借账户	车间或部门	上月固定资产折旧额	上月增加固定资产折旧额	上月减少固定资产折旧额	本月固定资产折旧额
制造费用	基本生产车间	2 900	760	480	3 180
生产成本——辅助生产成本	运输车间	2 160		360	1 800
	供水车间	1 920			1 920
	小　计	4 080		360	3 720
管理费用	行政管理部门	2 280	480	320	2 440
合　计		9 260	1 240	1 160	9 340

根据折旧费用分配表，编制会计分录如下：

借：制造费用　　3 180

　　生产成本——辅助生产成本——运输　　1 800

　　　　　　　　　　　　　　——供水　　1 920

　　管理费用　　2 440

　　贷：累计折旧　　9 340

三、长期待摊费用的核算

长期待摊费用是指企业已经发生但应由本期和以后各期负担的分摊期限在1年以上的各项费用，如企业以经营租赁方式购入的固定资产发生的改良支出等。其目的是正确划分各月份的费用界限，正确计算各月产品成本和期间费用。企业发生长期待摊费用时，借记“长期待摊费用”账户，贷记“银行存款”“原材料”等账户；摊销长期待摊费用时，借记“制造费用”“管理费用”“销售费用”等账户，贷记“长期待摊费用”账户。

四、利息费用的核算

要素费用中的利息费用，不是产品成本的组成部分，而是财务费用的一个费用项目。按照《企业会计准则——基本准则》第9条权责发生制原则的要求，要正确划分各个月份的费用界限。利息费用一般按季结算支付，因此，对于季内各月的利息费用，应分月进行核算，记入“应付利息”账户。企业应编制会计分录如下：

每月预提利息费用时：

借：财务费用

　　贷：应付利息

季末实际支付全季利息费用时：

借：应付利息

　　贷：银行存款

单元测试

一、单项选择题

(1) 每次收入、发出材料时，根据原始凭证将其数量记入材料明细账，以其发出数量作为材料消耗量的计算方法是(　　)。

A. 连续记录法　　B. 盘存计算法

C. 实地盘存制　　D. 以上均不正确

(2) 按实际成本计价进行材料核算的情况下，应设置(　　)账户。

A. “材料采购”　　B. “材料成本差异”

C. “在途物资”　　D. 以上均不正确

(3) “材料成本差异”账户的借方登记(　　)。

A. 节约差异额　　B. 结转超支差异额

C. 超支差异额　　D. 结转节约差异额(红字)

(4) 为了正确计算材料消耗,对于已领未用并且下月不再使用的材料,应填制(　　)将材料退回仓库。

A. 领料单　　B. 限额领料单

C. 退料单　　D. 领料登记表

(5) 下列各项支出中,不能列入工资费用内容的是(　　)。

A. 出差伙食补助费　　B. 津贴

C. 奖金　　D. 加班加点工资

(6) 固定资产的折旧费,按固定资产的使用地点和保管部门分别借记"制造费用"或"管理费用"等账户,同时贷记(　　)账户。

A. "固定资产"　　B. "固定资产清理"

C. "累计折旧"　　D. "固定资产减值准备"

(7) 领用低值易耗品时,若用一次摊销法,在借记相关成本费用的同时,应贷记(　　)账户。

A. "固定资产"　　B. "周转材料"

C. "原材料"　　D. "工程物资"

(8) 某工人本月加工完成的甲产品数量为 100 件,其中合格品为 95 件,料废产品为 2 件,由本人过失造成的工废产品为 3 件。计件单价为 10 元/件。据此计算的该工人本月计件工资为(　　)元。

A. 950　　B. 970　　C. 980　　D. 1 000

(9) 某生产车间采用五五摊销法进行低值易耗品摊销的核算。该生产车间 4 月份领用低值易耗品的实际成本为 10 000 元;报废低值易耗品的实际成本为 4 000 元,残料计价 100 元。4 月份应计入制造费用的低值易耗品摊销价值为(　　)元。

A. 1 900　　B. 3 900　　C. 4 900　　D. 6 900

(10) 下列账户中,不属于与"应付职工薪酬"账户贷方对应的是(　　)账户。

A. "制造费用"　　B. "生产成本"

C. "管理费用"　　D. "其他应付款"

(11) 甲、乙两种产品共同耗费的材料费用为 6 000 元,按燃料定额消耗量比例分配。甲、乙产品的定额消耗量分别为 400 千克和 600 千克。据此计算的原材料费用分配率为(　　)。

A. 6　　B. 10　　C. 15　　D. 30

(12) 下列各项费用中,不能直接借记"生产成本"账户的是(　　)。

A. 车间生产工人福利费　　B. 车间生产工人工资

C. 车间管理人员工资　　D. 构成产品实体的原料费用

(13) 如果支付外购动力的费用与本月耗用相差很大,在支付外购动力费款项时,可以借记(　　)账户,贷记"银行存款"账户。

A. "生产成本"　　B. "制造费用"　　C. "管理费用"　　D. "应付账款"

(14) 生产车间耗用的机物料费用应借记(　　)账户,贷记"原材料"账户。

A. "生产成本"　　B. "管理费用"　　C. "制造费用"　　D. "财务费用"

(15) 假退料是指(　　)。

A. 材料实物不动,填本月份退料单和下月份领料单

B. 材料实物不动，填本月份退料单和本月份领料单
C. 材料实物不动，填下月份退料单和下月份领料单
D. 材料退回仓库再领出，不填退料单和领料单

(16) 若企业不单设“动力费用”成本项目核算成本，那么直接生产产品耗用的动力费用可以记入(　　)账户的借方。

A. “制造费用”　　B. “生产成本”
C. “应付账款”　　D. “管理费用”

二、多项选择题

(1) 共同耗用材料的常用分配方法有(　　)。

A. 按产品数量比例分配法　　B. 按材料定额耗用量分配法
C. 按材料定额费用比例分配法　　D. 按生产工时比例分配法

(2) 低值易耗品的摊销方法有(　　)。

A. 综合摊销法　　B. 一次摊销法
C. 分次摊销法　　D. 五五摊销法

(3) 应付月工资的计算方法有(　　)。

A. 按30日计算日工资率，按缺勤日数扣月工资
B. 按21.17日计算日工资率，按缺勤日数扣月工资
C. 按30日计算日工资率，按出勤日数计算月工资
D. 按21.17日计算日工资率，按出勤日数计算月工资

(4) 下列费用分配表中，可以直接作为基本生产车间产品成本明细账登记依据的有(　　)。

A. 原材料费用分配表　　B. 工资费用分配表
C. 折旧费用分配表　　D. 制造费用分配表

(5) 企业基本生产所发生的各项费用，在记入该账户的借方时，对应贷方账户可能有(　　)账户。

A. “原材料”　　B. “应付职工薪酬”
C. “制造费用”　　D. “管理费用”

(6) 按现行会计准则规定，在按实际成本进行材料日常核算的企业中，计算发出材料单位成本的方法有(　　)。

A. 个别计价法　　B. 先进先出法
C. 计划成本法　　D. 后进先出法

(7) 下列说法中，正确的有(　　)。

A. “材料采购”账户的借方发生额反映采购材料的实际成本
B. “材料采购”账户期末无余额
C. “材料成本差异”账户的贷方发生额反映材料采购成本的节约差异
D. “材料成本差异”账户的期末余额可能在借方，也可能在贷方

(8) 工资总额由(　　)部分组成。

A. 计件工资　　B. 计时工资
C. 奖金　　D. 加班加点工资

三、判断题

(1) 出现料废废品,不应给工人支付该废品工资。 (　　)

(2) 工废废品应照发相应工资。 (　　)

(3) 超支差异是指实际成本大于计划成本的差异额。 (　　)

(4) 假退料是指对于已领未用但下月仍继续使用的材料不退回仓库,不作任何手续处理。 (　　)

(5) 限额领料单是多次使用有效的凭证。 (　　)

(6)"材料成本差异"账户是资产类账户。 (　　)

(7) 在对燃料费用进行分配时,若企业没有自行设置"燃料"账户,可以通过贷记"原材料"账户进行处理。 (　　)

(8) 计时工资,无论采用什么样的计算方法,结果都是一样的。 (　　)

(9) 外购动力费用在支付和分配时可这样处理:付款时,借记"应付账款"账户,贷记"银行存款"账户,待月末再按照外购动力的用途分配,借记各成本费用类账户,贷记"应付账款"账户。 (　　)

(10) 在按30日计算日工资率的企业中,事假、病假等缺勤期间的节假日不扣工资。 (　　)

(11) 材料按计划成本核算的企业,其计入产品成本中的材料费用也应是计划成本。(　　)

(12) 凡是费用发生时间和企业受益时间不一致的费用,均通过"长期待摊费用"账户进行核算。 (　　)

(13) 在采用加权平均法核算发出材料成本时,要在材料明细账中逐笔登记每批材料的收发情况。 (　　)

(14) 燃料实际上也是材料,因此燃料在"直接材料"成本项目中核算。 (　　)

(15) 不单设"燃料和动力"成本项目的,发生的动力费用并入"制造费用"项目核算。 (　　)

四、简答题

(1) 各项要素费用分配的会计处理方法有哪些相同之处?

(2) 说明材料的连续记录法和盘存计算法的区别。

(3) 发出材料的计价方法有哪些?

(4) 工资总额的具体内容包括哪些? 说明计时工资和计件工资的计算方法。

(5) 说明低值易耗品的分摊方法。

实务训练

训练一

目的:练习原材料费用的分配。

资料:

(1) 某企业生产甲、乙两种产品,共同耗用原材料5 000千克,每千克2.4元,共计

12 000 元。生产甲产品 800 件，单件产品原材料消耗定额为 2 千克；生产乙产品 600 件，单件产品原材料消耗定额为 1. 5 千克。

(2) 某企业生产甲、乙两种产品，共同领用 A、B 两种主要材料，共计 31 437 元。本月投产甲产品 120 件，乙产品 150 件。甲产品材料消耗定额：A 材料 4 千克，B 材料 6 千克；乙产品材料消耗定额：A 材料 12 千克，B 材料 8 千克。A 材料单价 8.5 元，B 材料单价 5.5 元。

(3) 某企业本月生产甲、乙两种产品，共同耗用 A 材料 600 千克。本月实际产量为：甲产品 100 件，乙产品 200 件。单件产品材料消耗定额为：甲产品 3 千克，乙产品 2 千克。本月 A 材料明细账中的有关资料，如表 2-12 所示。

表 2-12　　A 材料明细账的有关资料

日　期	项　目	数量(千克)	单价(元)
5 月 1 日	月初库存	150	90
5 月 2 日	领用材料	100	
5 月 5 日	购入材料	200	95
5 月 9 日	购入材料	100	100
5 月 15 日	领用材料	300	
5 月 20 日	购入材料	500	85
5 月 25 日	领用材料	200	
5 月 31 日	月末结存	350	

要求：

(1) 根据资料(1)(2)，按照定额消耗量比例分配法，计算甲、乙产品实际耗用的原材料费用。

(2) 根据资料(3)，采用月末一次加权平均法计算本月生产领用原材料的实际成本，并采用定额消耗量比例法分配 A 材料费用，根据分配计算的结果编制必要的会计分录。

训练二

目的：练习工资及职工福利费、社会保险费等的核算。

资料：某企业 2023 年 9 月应发工资 800 万元，其中：生产部门直接人员工资 400 万元，生产部门管理人员工资 80 万元，公司管理部门人员工资 144 万元，销售人员工资 40 万元，建筑厂房人员工资 88 万元，产品研发人员工资 48 万元。

按照工资总额提取 9%、16%、0.7%、10%的医疗保险、养老保险、失业保险和住房公积金，提取 2%的工会经费和 1.5%的职工教育经费。当期实际发生福利费 20 万元，福利费按工资比例进行分配。

要求：对该企业当月发生的工资及职工福利费、社会保险费等进行核算。

训练三

目的：练习动力费用的分配。

资料：某企业生产甲、乙、丙三种产品。该企业 4 月发生的外购电力费用、产品生产工时、各部门用电量，如表 2-13 所示。假定：

(1) 各部门的电力费用按用电度数分配。

(2) 各产品的电力费用按生产工时分配。

要求：计算填列表外购动力(电力)费用分配表，如2-13所示。

表2-13　　**外购动力(电力)费用分配表**

应借账户		成本或费用项目	动力费用分配		电费分配	
			生产工时（小时）	分配金额（元）	用电度数（度）	分配金额（元）
生产成本——基本生产成本	甲产品	燃料及动力	8 400			
	乙产品	燃料及动力	9 100			
	丙产品	燃料及动力	10 500			
	小　计		28 000		26 000	
制造费用	基本生产车间	水电费			9 100	
生产成本——辅助生产成本	运输车间	水电费			7 100	
管理费用		水电费			2 800	
合　计					45 000	40 500

训练四

目的：练习低值易耗品的核算。

资料：

(1) 某企业基本生产车间领用的低值易耗品采用一次摊销法。某月该车间领用一批生产工具，成本为840元；以前月份领用的另一批生产工具在本月报废，成本1 000元，残料验收入库，价值30元。

(2) 某企业低值易耗品采用分次摊销法，本月基本生产车间领用专用工具一批，成本为54 000元，该批低值易耗品在15个月内按月平均摊销，每月摊销额为3 600元。

要求：

(1) 根据资料(1)，编制领用和报废低值易耗品的会计分录。

(2) 根据资料(2)，编制领用和摊销低值易耗品的会计分录。

第三单元　综合费用的核算

导学目标

1. 了解辅助生产费用、制造费用、生产损失的含义及相关内容。
2. 掌握辅助生产费用的核算。
3. 掌握制造费用的核算。
4. 掌握生产损失的核算。

导学案例

小李是某大学会计专业的毕业生，已在企业做过多年的会计工作，有一定的工作经验。最近，他应聘到齐鲁机械有限责任公司（简称齐鲁公司），负责组织和开展成本会计工作。齐鲁公司主要生产 H150、H180 两种型号的车床。公司的生产部门设有一个基本生产车间和两个辅助生产车间。基本生产车间对零部件和原材料进行加工、装配，组装成车床，两个辅助生产车间是运输部和供汽车间，运输部负责公司内部各车间、部门的运输；供汽车间从事蒸汽生产，以满足公司内部各车间、部门对动力和采暖的需要。

由于齐鲁公司刚刚筹建，成本核算工作需要逐步完善。小李在对公司的成本会计基础任务和要素费用核算岗位工作设计完成后，便考虑如何进行各车间、部门所发生综合费用的核算工作。他依据各车间、部门发生综合费用的实际情况，列出了目前进行综合费用核算需要解决的几个基本问题：①对运输、供汽两个辅助生产车间、部门发生的辅助生产费用，如何进行归集？采用什么方法进行分配？②对基本生产车间发生的、在生产成本明细账中未专设成本项目的各项生产费用，如何计入产品成本？③对发生的废品损失、停工损失等损失性费用，如何进行核算？

思考：如果你是这些岗位的会计人员，怎么进行相应的会计核算工作？

第一讲　辅助生产费用的核算

【知识要点】

一、辅助生产费用的内容

辅助生产是指为本企业基本生产和行政管理部门服务而进行的产品生产和劳务供应。这种生产在不同的企业提供的产品和劳务是不相同的，有的是生产一种产品或供应一种劳务、作业的辅助生产，如供电、供水、供气、提供运输服务等；有的则是生产多种产品或供应多种劳务、作业的辅助生产，如工模具制造等。在工业企业中，进行辅助生产的车间，称为辅助生产车间。辅助生产车间在生产产品和劳务供应过程中发生的各种耗费，就是这些产品和劳务的成本。但对于耗用这些产品或劳务的基本生产部门来说，这又是一种费用。因此，工业企业为进行辅助生产所发生的生产费用称为辅助生产费用，主要包括辅助生产车间为生产产品、提供劳务、作业所耗用的材料、燃料、动力、工资及福利费、固定资产折旧和维修费，以及为管理和组织辅助生产所发生的费用等。辅助生产产品、劳务和作业成本会影响产品成本的水平，并且只有辅助生产产品、劳务和作业的成本确定以后，才能计算企业的产品生产成本。因此，应正确、及时地组织辅助生产费用的归集和分配。

辅助生产的产品、劳务、作业一般为本企业基本生产服务，但有时也对外销售。

二、辅助生产费用的账户设置

辅助生产费用的归集和分配是通过“生产成本——辅助生产成本”二级账户及其所属明细账户进行的。为进行辅助生产而发生的一切费用，通过各种要素费用分配表分配后，记入“生产成本——辅助生产成本”二级账户及其所属明细账户的借方。同时，贷记“原材料”“应付职工薪酬”“累计折旧”“银行存款”等有关账户。为基本生产车间、管理部门、其他辅助生产车间、外单位等所提供的产品、劳务、作业以及自制材料、工具、模具的成本，记入“生产成本——辅助生产成本”二级账户及其明细账户的贷方。月终，“生产成本——辅助生产成本”账户一般无余额；如有余额，一般在借方，反映辅助生产在产品的成本。“生产成本——辅助生产成本”二级账户的明细分类核算，一般按辅助生产车间或产品、劳务、作业的种类、批别和规定的成本项目进行。

对于提供一种产品、劳务或作业的辅助生产，只需按车间分别设置明细账户进行核算。对于生产两种或两种以上产品、劳务和作业的辅助生产，要按各种产品、劳务或作业设置成本明细账户进行登记。

对于辅助生产车间的制造费用，可根据辅助生产部门规模的大小、制造费用的多少等情况来确定采用什么样的核算方式。一般来说，如果企业规模较大、制造费用较多，或对外提供产品和劳务，则可以在“制造费用”账户下单设“辅助生产成本”明细账户单独核算。该账户借方登记辅助生产车间为组织和管理生产而发生的制造费用，贷方登记直接转入或分配转入“生产成本——辅助生产成本”账户及所属明细账的费用。如果辅助生产车间规模不大、制造费用不多，又不对外提供产品和劳务，为简化核算，也可以不单设“制造费用——辅助生产成本”账户核算，而直接通过“生产成本——辅助生产成本”账户核算。辅助生产的明细核算一般应分车间、按产品或劳务名称设置，明细账内再按成本项目设专栏。

三、辅助生产费用的核算方法

归集在“生产成本——辅助生产成本”账户借方的辅助生产费用，构成辅助生产产品、劳务或作业的成本。由于辅助生产提供的产品、劳务和作业的种类不同，其转出分配的程序也不相同。对于生产工具、模具的辅助生产车间，工具、模具及备件的生产过程同基本生产过程相似，其成本确定方法可比照基本生产产品成本计算方法。将计算得出的完工产品成本随完工入库的产品从“生产成本——辅助生产成本”账户的贷方分别转入“周转材料”“原材料”等账户的借方。各车间、各部门领用工具、模具及备件时，再从“周转材料”“原材料”等账户中转出，记入有关的“制造费用”“管理费用”等账户的借方。对于提供动力机修、运输等产品或劳务的辅助生产车间，这些产品或劳务不具备物资形态，没有在产品，因此，归集在“生产成本——辅助生产成本”账户借方的生产费用就是企业向外提供这些产品或劳务的成本，应在各受益单位之间按受益数量或其他比例进行分配，从“生产成本——辅助生产成本”账户的贷方转入有关的“制造费用”“管理费用”等账户的借方。

辅助生产提供的产品、劳务和作业，主要是为基本生产车间和行政管理部门服务的。但在某些辅助生产车间之间，也存在相互提供产品和劳务的情况。例如，供水车间耗用了供电车间提供的电力，而供电车间又耗用了供水车间提供的水。这样，为计算电的成本，必须先确定其耗用的水的成本，而要计算水的成本，又需要事先确定电的成本。因此，为了正确计算这种不具实物形态的辅助生产产品和劳务的成本，以便能正确确定基本生产产品和各部门所耗用的数量和金额，在分配辅助生产费用时，应在各辅助生产车间之间进行费用的交互分配。

辅助生产费用的分配方法很多，主要有直接分配法、顺序分配法、代数分配法、交互分配法和计划成本分配法等。

(一) 直接分配法

直接分配法是指将各辅助生产车间本身发生的生产费用直接分配给辅助生产车间以外的各受益单位的一种方法。它的特点是：辅助生产部门之间相互提供的产品或劳务成本不在辅助生产车间内部进行交互分配。这种分配方法计算简便，但由于各辅助生产车间包括的费用不全，分配结果不够准确，一般适用于各辅助生产车间相互提供产品或劳务数量不多的情况。其计算公式如下：

$$\text{某辅助车间费用分配率}=\frac{\text{该辅助车间费用总额}}{\text{该车间提供的产品或劳务总量}-\text{其他辅助车间耗用量}}$$

$$\text{某受益单位应分配的辅助生产费用}=\text{该受益单位耗用量}\times\text{分配率}$$

【技能操作】

【例 3-1】 假定 A 工厂设有供热和供电两个辅助生产车间。2023 年 8 月在分配辅助生产费用以前，供热车间发生生产费用 1 352 万元，按供热吨数分配费用，供热合计 5 600 吨。供电车间发生生产费用 2 856 万元，按耗电度数分配费用，提供供电度数 2 200 万度。该企业辅助生产车间的所有费用全部通过“生产成本——辅助生产成本”账户来核算。两个车间提供的劳务或产品情况，如表 3-1 所示。

表 3-1　两个车间提供的劳务或产品情况

受益单位(部门)	供热吨数(吨)	供电度数(万度)
供热车间		500
供电车间	400	
第一车间基本生产耗用	3 000	1 000
第二车间基本生产耗用	1 600	400
行政管理部门耗用	400	200
销售部门耗用	200	100
合　计	5 600	2 200

要求：根据表 3-1 的资料，采用直接分配法分配辅助生产费用。

供热车间的分配率＝1 352÷(5 600－400)＝0.26(万元/吨)

供电车间的分配率＝2 856÷(2 200－500)＝1.68(万元/万度)

根据计算结果编制辅助生产费用分配表，如表 3-2 所示。

表 3-2　**辅助生产费用分配表**

(直接分配法)

2023 年 8 月 31 日

数量单位：吨、万度

金额单位：万元

辅助生产车间		供热车间		供电车间		合计
		供热吨数	供热费用	供电度数	供电费用	
待分配辅助生产费用及劳务数量		5 200	1 352	1 700	2 856	4 208
费用分配率			0.26		1.68	
基本生产耗用(记入“制造费用”账户)	第一车间	3 000	780	1 000	1 680	2 460
	第二车间	1 600	416	400	672	1 088
	小计	4 600	1 196	1 400	2 352	3 548
行政管理部门耗用(记入“管理费用”账户)		400	104	200	336	440
销售部门耗用(记入“销售费用”账户)		200	52	100	168	220
合计		5 200	1 352	1 700	2 856	4 208

根据表 3-2，编制会计分录如下：

借：制造费用——第一车间　　2 460

　　　　　——第二车间　　1 088

　　管理费用　　440

　　销售费用　　220

　　贷：生产成本——辅助生产成本——供热车间　　1 352

　　　　　　　　　　　　　　　——供电车间　　2 856

(二) 顺序分配法

在顺序分配法下，按辅助生产车间相互受益从少到多的顺序排列，先将受益较少的辅助生产车间的生产费用分配给各受益对象，然后将受益较多以及更多的辅助生产车间的生产费用分配给除前面已分配完的辅助生产车间以外的各受益单位，直至辅助生产费用分配完毕。其分配特点是：排在前面的分给排在后面的，排在后面的不分给排在前面的，后者的分配额等于其直接发生的费用加上前者分配来的费用之和。

在顺序分配法下，各辅助生产费用只分配给排列在后面的其他辅助生产车间和其他受益单位，不分配给排列在前面的辅助生产车间，因此计算工作较为简便，但分配结果的正确性会受到一定影响。只有在各辅助生产车间相互受益程度有着明显顺序，并且这一顺序在一定期间内比较固定的企业中采用，才可保证其结果的相对正确性。

【技能操作】

【例 3-2】 承[例 3-1],要求采用顺序分配法分配其辅助生产费用。

从表 3-1 可以计算出:供热单位成本约为 0.241 4 万元/吨,供热车间为供电车间提供劳务 400 吨,金额 96.56 万元;供电单位成本约为 1.298 2 元/度,供电车间为供热车间提供劳务 500 万度,金额约为 649.1 万元。显然,供电车间的受益量少,供热车间的受益量多,因此,供电车间应排列在前,供热车间排列在后。两个车间的费用分配率计算结果如下:

供电车间费用分配率=2 856÷2 200=1.298 2(元/度)

供热车间费用分配率=(1 352+649.1)÷(5 600−400)=0.384 8(万元/吨)

根据计算结果编制辅助生产费用分配表,如表 3-3 所示。

表 3-3 **辅助生产费用分配表**

(顺序分配法)

2023 年 8 月 31 日

数量单位:吨、万度

金额单位:万元

辅助生产车间		供电车间		供热车间		合计
		供电度数	供电费用	供热吨数	供热费用	
费用分配率		2 200	1.298 2	5 200	0.384 8	
辅助生产车间	供电车间					
	供热车间	500	649.1			649.1
基本生产耗用(记入“制造费用”账户)	第一车间	1 000	1 298.2	3 000	1 154.4	2 452.6
	第二车间	400	519.28	1 600	615.68	1 134.96
	小计	1 400	1 817.48	4 600	1 770.08	3 587.56
行政管理部门耗用(记入“管理费用”账户)		200	259.6	400	154.06	413.66
销售部门耗用(记入“销售费用”账户)		100	129.82	200	76.96	206.78
合计		2 200	2 856	5 200	2 001.1	4 857.1

根据表 3-3,编制会计分录如下:

借:生产成本——辅助生产成本——供热车间　649.10
　　制造费用——第一车间　2 452.60
　　　　　　——第二车间　1 134.96
　　管理费用　413.66
　　销售费用　206.78
　　贷:生产成本——辅助生产成本——供热车间　2 001.10
　　　　　　　　　　　　　　　——供电车间　2 856

需要注意的是,各分配对象负担的费用之和必须与间接费用总额相等。在费用分配率不能除尽的时候,分配率应尽可能多保留几位,一般保留 4 位小数,以保证计算结果的准确性。尽管如此,为了核算方便,各受益单位分配金额也只能保留两位。在这种情况下,按上述公式计算的费用分配总额与费用发生额可能不完全相符，一般处理方法是将分配尾差记入“管理费用”账户。也就是说，在这种情况下，管理费用不再按消耗量与分配率相乘的方法求出，而是倒轧求出。

如表 3-3 中行政管理部门应分配的电费为 259.6 元(2 856－649.1－1 817.48－129.82)。

在其他分配方法中，存在类似情况时，处理方法相同。

(三) 代数分配法

代数分配法是指通过建立辅助生产费用代数方程式，求解各个辅助生产车间产品或劳务的单位成本，然后再按各受益对象接受辅助生产产品和劳务的数量，分配各受益对象应负担的辅助生产费用的方法。

【技能操作】

【例 3-3】 承[例 3-1]，采用代数分配法分配其辅助生产费用。

假设 x 为每吨热量的单位成本，y 为每万度电的单位成本。可建立二元一次方程如下：

$$\begin{cases}5\ 600x=1\ 352+500y\\2\ 200y=2\ 856+400x\end{cases}$$

解得：

$$\begin{cases}x=0.363\ 2\\y=1.364\ 2\end{cases}$$

根据上述计算结果，编制代数分配法的辅助生产费用分配表，如表 3-4 所示。

表 3-4　　辅助生产费用分配表

(代数分配法)

2023 年 8 月 31 日

数量单位：吨、万度

金额单位：万元

辅助生产车间		供电车间		供热车间		合计
		供电度数	供电费用	供热吨数	供热费用	
劳务供应量/待分配费用		2 200	2 856	5 600	1 352	4 208
实际单位成本(费用分配率)			1.364 2		0.363 2	
辅助生产车间	供电车间			400	145.28	145.28
	供热车间	500	682.1			682.1
基本生产耗用(记入“制造费用”账户)	第一车间	1 000	1 364.2	3 000	1 089.6	2 453.8
	第二车间	400	545.68	1 600	581.12	1 126.8
	小计	1 400	1 909.88	4 600	1 670.72	3 580.6
行政管理部门耗用(记入“管理费用”账户)		200	272.84	400	145.28	418.12
销售部门耗用(记入“销售费用”账户)		100	136.42	200	72.64	209.06
合计		2 200	3 001.24	5 600	2 033.92	5 035.16

根据表 3-4，编制会计分录如下：

借：生产成本——辅助生产成本——供电车间　145.28
　　　　　　　　　　　　　　——供热车间　682.10
　　制造费用——第一车间　2 453.80
　　　　　　——第二车间　1 126.80
　　管理费用　418.12
　　销售费用　209.06
　　贷：生产成本——辅助生产成本——供电车间　3 001.24
　　　　　　　　　　　　　　　　——供热车间　2 033.92

采用代数分配法分配费用，其结果最准确。但在分配之前要解联立方程，如果辅助生产部门较多，则未知数较多，计算工作就比较复杂。因此，在成本核算工作中已经实行电算化的单位比较适宜采用这种方法。

(四) 交互分配法

交互分配法的特点是辅助生产费用通过两次分配完成，首先将辅助生产明细账上的合计数根据各辅助生产车间相互提供的劳务或产品数量计算分配率，在辅助生产车间进行交互分配；然后将各辅助生产车间交互分配后的实际费用(即交互前的费用加上交互分配转入的费用，减去交互分配转出的费用)，再按提供的劳务量或产品量在辅助生产车间以外的各受益单位之间进行分配。其计算公式如下：

(1) 辅助生产交互分配：

$$\text{某辅助生产车间交互分配率}=\frac{\text{该辅助生产车间待分配费用总额}}{\text{该辅助生产车间提供的产品或劳务总量}}$$

$$\text{某辅助生产车间交互分配额}=\begin{matrix}\text{该辅助生产车间耗用对方}\\\text{辅助生产车间的劳务量}\end{matrix}\times\begin{matrix}\text{对方辅助生产车间的}\\\text{交互分配率}\end{matrix}$$

(2) 辅助生产对外分配：

$$\text{某辅助生产车间对外分配率}=\frac{\text{该辅助生产车间待分配费用}+\text{转入的费用}-\text{转出的费用}}{\text{该辅助生产车间对外提供产品或劳务总量}}$$

某受益单位应负担费用＝该受益单位耗用量×对外分配率

【技能操作】

【例 3-4】 承[例 3-1]，采用交互分配法分配其辅助生产费用。

第一步，计算供热车间和供电车间的交互分配率。

供热车间的交互分配率＝1 352÷5 600＝0.241 4(万元/吨)

供电车间的交互分配率＝2 856÷2 200＝1.298 2(元/度)

第二步，实现供热车间、供电车间相互分配费用。

供热车间应分配的供电车间的电费＝500×1.298 2＝649.1(万元)

供电车间应分配的供热车间的供热费＝400×0.241 4＝96.56(万元)

第三步，计算交互分配后供热车间、供电车间待分配的费用总额。

供热车间待分配费用总额＝1 352＋649.1－96.56＝1 904.54(万元)

供电车间待分配费用总额＝2 856＋96.56－649.1＝2 303.46(万元)

第四步，计算供热车间、供电车间对外分配率。

供热车间对外分配率＝1 904.54÷5 200＝0.366 3

供电车间对外分配率＝2 303.46÷1 700＝1.355 0

根据计算结果编制辅助生产车间费用分配表如表 3-5 所示。

表 3-5 **辅助生产费用分配表**

（交互分配法） 数量单位：吨、万度

2023 年 8 月 31 日 金额单位：万元

辅助生产车间名称			交互分配			对外分配		
			供热	供电	合计	供热	供电	合计
待分配辅助生产费用			1 352	2 856	4 208	1 904.54	2 303.46	4 208
供应劳务数量			5 600	2 200		5 200	1 700	
费用分配率			0.241 4	1.298 2		0.366 3	1.355 0	
辅助生产车间耗用（记入“辅助生产成本”账户）	供热车间	耗用量		500				
		分配金额		649.1	649.1			
	供电车间	耗用量	400					
		分配金额	96.56		96.56			
	分配金额小计		96.56	649.1	745.66			
基本生产耗用（记入“制造费用”账户）	第一车间	耗用量				3 000	1 000	
		分配金额				1 098.9	1 355	2 453.9
	第二车间	耗用量				1 600	400	
		分配金额				586.08	542	1 128.08
	小计					1 684.98	1 897	3 581.98
行政管理部门耗用（记入“管理费用”账户）	耗用量					400	200	
	分配金额					146.3	270.96	417.26
销售部门耗用（记入“销售费用”账户）	耗用量					200	100	
	分配金额					73.26	135.5	208.76
合计						1 904.54	2 303.46	4 208

根据表 3-5，编制会计分录如下：

（1）交互分配：

借：生产成本——辅助生产成本——供热车间 649.10

——供电车间 96.56

贷：生产成本——辅助生产成本——供热车间 96.56

——供电车间 649.10

（2）对外分配：

借：制造费用——第一车间 2 453.90

——第二车间 1 128.08

管理费用 417.26

制造费用 208.76

贷：生产成本——辅助生产成本——供热车间 1 904.54

——供电车间 2 303.46

从以上可见，这种方法对辅助生产内部相互提供劳务进行了交互分配，因此分配结果比较准确。但是，由于分配过程要计算两个费用分配率，进行两次费用分配，这又增加了计算工作量。交互分配法一般适用于各个辅助生产车间相互提供劳务量大，且受益程度无明显顺序的企业。

（五）计划成本分配法

计划成本分配法是指采用计划单位成本和实际耗用量分配辅助生产费用，并按照一定程序将计划成本调整为实际成本的方法。采用这种方法一般要按以下步骤进行：

（1）按辅助生产的计划成本对各受益单位进行分配。这里的受益单位既包括辅助生产车间以外的各车间、部门，也包括辅助生产车间相互提供劳务或产品的受益车间。

（2）将实际辅助生产费用与计划成本之间的成本差异，在辅助生产车间之外的各受益对象之间进行分配。其计算公式如下：

① 按计划成本分配：

某受益单位应分配费用＝该受益单位的受益数量×计划单位成本

② 分配成本差异：

成本差异＝各辅助生产部门发生的费用＋按计划成本分配转入的费用－按计划成本分配转出的费用

$$\text{成本差异分配率}=\frac{\text{成本差异额}}{\text{辅助生产部门以外的受益单位受益数量(或分配的计划成本)}}$$

某受益单位应分成本差异＝该受益单位受益数量（或分配的计划成本）×成本差异分配率

【技能操作】

【例 3-5】 承[例 3-1]，采用计划成本分配法分配其辅助生产费用。假定供热车间的计划成本为 0.3 万元/吨，供电车间的计划成本为 1.4 万元/万度。编制按计划成本分配的辅助生产费用分配表，如表 3-6 所示。

表 3-6 **辅助生产费用分配表**

（交互分配法）

2023 年 8 月 31 日

数量单位：吨、万度

金额单位：万元

辅助生产车间名称			供热车间	供电车间	合计
待分配辅助生产费用			1 352	2 856	4 208
计划单位成本（万元/吨、万元/万度）			0.3	1.4	
辅助生产车间耗用（记入“辅助生产成本”账户）	供热车间	耗用量		500	
		分配金额		700	700
	供电车间	耗用量	400		
		分配金额	120		120
	分配金额小计		120	700	
基本生产耗用（记入“制造费用”账户）	第一车间	耗用量	3 000	1 000	
		分配金额	900	1 400	2 300
	第二车间	耗用量	1 600	400	
		分配金额	480	560	1 040
	小计		1 380	1 960	3 340

（续表）

辅助生产车间名称			供热车间	供电车间	合计
行政管理部门耗用（记入“管理费用”账户）	耗用量		400	200	
	分配金额		120	280	400
销售部门耗用（记入“销售费用”账户）	耗用量		200	100	
	分配金额		60	140	200
按计划成本分配金额合计			1 680	3 080	4 760
辅助生产实际成本			2 052	2 976	5 028
辅助生产成本差异			372	−104	268
成本差异率			7.15%	−6.12%	
基本生产耗用（记入“制造费用”账户）	第一车间	耗用量	3 000	1 000	
		分配金额	214.5	−61.2	153.3
	第二车间	耗用量	1 600	400	
		分配金额	114.4	−24.48	89.92
	小计		328.9	−85.68	243.22
行政管理部门（记入“管理费用”账户）	耗用量		400	200	
	分配金额		28.8	−12.2	16.6
销售部门耗用（记入“销售费用”账户）	耗用量		200	100	
	分配金额		14.3	−6.12	8.18
成本差异分配合计			372	−104	268

根据表 3-6，编制会计分录如下：

（1）按辅助生产的计划成本对各受益对象进行分配时：

借：生产成本——辅助生产成本——供热车间　　700
　　　　　　　　　　　　　——供电车间　　120
　　制造费用——第一车间　　2 300
　　　　　　——第二车间　　1 040
　　管理费用　　400
　　销售费用　　200
　　贷：生产成本——辅助生产成本——供热车间　　1 680
　　　　　　　　　　　　　　　——供电车间　　3 080

（2）将成本差异在辅助生产车间以外的受益对象之间进行分配时：

借：制造费用——第一车间　　153.30
　　　　　　——第二车间　　89.92
　　管理费用　　16.60
　　制造费用　　8.18
　　贷：生产成本——辅助生产成本——供热车间　　372.00
　　　　　　　　　　　　　　　——供电车间　　104.00

在实际工作中，为了简化分配工作，辅助生产成本差异也可以一次记入“管理费用”账户。

在辅助生产费用分配表中，辅助生产成本的计算如下：

供热车间的实际成本＝1 352＋700＝2 052(元)

供电车间的实际成本＝2 856＋120＝2 976(元)

以上实际成本，分配转入的辅助生产费用 700 元和 120 元均为按计划成本转入的，因此它们并不是完全的实际成本。

辅助生产成本采用计划成本分配法，便于考核和分析各受益单位的成本，有利于分清各单位的经济责任，但成本分配不够准确。这种分配方法适用于辅助生产劳务或产品计划单位成本比较准确的企业。

第二讲　制造费用的核算

【知识要点】

一、制造费用的内容

企业在生产过程中，除了发生的各种直接费用，还会发生与产品制造有关的其他费用。其他费用也是为了产品的顺利生产而发生的，但大多没有专设成本项目。对于工业企业在生产产品(或提供劳务)过程中发生的应计入产品成本的各项间接费用，称为制造费用。

制造费用的内容比较复杂，主要包括：

(1) 人工费用是指各生产单位的管理人员、工程技术人员和除了生产工人的其他生产人员的工资，以及社会保险费、住房公积金、工会费用、职工教育费、非货币性福利等。

(2) 折旧费是指各生产单位的机器设备、房屋、建筑物等固定资产的折旧费用。

(3) 租赁费是指各生产单位支付租入固定资产的租金，但不包括融资租赁费。

(4) 低值易耗品摊销是指各生产单位因使用低值易耗品而产生的低值易耗品摊销费用。

(5) 办公费是指各生产单位办理公务耗用的文具、邮电、宣传和其他办公用品等费用。

(6) 水电费是指各生产单位在组织、管理生产中耗用的自制或外购的水电费，但不包括直接用于生产的水电费用。

(7) 差旅费是指各生产单位职工因公外出发生的交通、住宿及出差补助等费用。

(8) 劳动保护费是指各生产单位为保护职工劳动安全而发生的劳动用品费，包括工作服、工作帽、工作鞋、劳保眼镜、手套等用品费。

(9) 保险费是指各生产单位应负担的财产物资保险费。

(10) 设计制图费是指各生产单位应负担的图纸、委托设计部门设计制图而发生的费用。

(11) 试验检验费是指各生产单位对材料、半成品、产品进行试验和检验而发生的费用。

(12) 停工损失是指各生产单位因季节性停工或修理期间停工而发生的损失费用，但不包括因意外事故停工发生的损失费用。

(13) 其他制造费用是指除以上各项的应计入制造费用的其他费用。

二、账户设置

制造费用应该通过“制造费用”账户进行归集。制造费用发生时，记入该账户的借方，进行分配结转时，记入该账户的贷方，该账户月末一般无余额。该账户应按不同的车间、部门设立明细账，账内按照费用项目设立专栏或专户，分别反映各车间、部门各项制造费用的发生情况和分配转出情况。该账户应根据有关的付款凭证、转账凭证和前述各种费用分配表进行登记。

在进行具体核算时，基本生产车间和辅助生产车间关于制造费用的处理，可以根据企业的具体情况选择两种不同的处理方法：

(1) 基本生产车间和辅助生产车间发生的制造费用均通过“制造费用”账户核算，在这个总账账户下按不同的车间或部门设立明细账，账内再设立专栏或专户进行反映。

(2) 基本生产车间的制造费用通过“制造费用”账户核算，辅助生产车间的制造费用在“生产成本——辅助生产成本”账户核算。

对于制造费用的分配，一般应先分配辅助生产的制造费用，将其计入辅助生产成本，然后分配辅助生产费用，将其中应由基本生产负担的制造费用计入基本生产的制造费用，最后分配基本生产的制造费用。制造费用应当按照车间分别进行，不应将各车间的制造费用汇总，在企业范围内统一分配。制造业企业发生的制造费用，应当按照合理的分配标准按月分配计入各成本核算对象的生产成本。制造业企业可以根据自身经营管理特点和条件，利用现代信息技术，采用作业成本法对不能直接归属于成本核算对象的成本进行归集和分配。

制造费用明细账的格式，如表 3-7 所示。

表 3-7　　制造费用明细账

车间名称：　　　　单位：元

202×年		凭证号	摘要	借方										贷方	余额
月	日			职工薪酬	折旧费	办公费	水电费	差旅费	机物料消耗	低值易耗品摊销	保险费	其他	小计		

由表 3-7 可以看出，制造费用的费用项目一般包括机物料消耗、职工薪酬、折旧费、租赁费、保险费、低值易耗品摊销、水电费、运输费、劳动保护费、试验检验费、差旅费、办公费、在产品盘亏、在产品毁损和报废以及季节性及修理期间停工损失等。企业可以根据费用比例的大小和管理要求，对上列某些费用项目进行合并或进一步细分，也可以另行设立制造费用项目。但是，为了使各期成本费用资料可比，制造费用项目一经确定，不应随意变更。

三、制造费用的核算与账务处理

（一）制造费用核算的程序

生产一种产品的车间中，制造费用是直接计入费用的，因此，应直接计入该种产品的成本。在生产多种产品的车间中，在各生产小组按产品品种分工的情况下，各小组本身发生的制造费用也是直接计入费用的，因此也应直接计入各种产品的成本；各小组共同发生的制造费用是间接计入费用，应采用适当的分配方法分配计入各种产品的成本。在各小组按生产工艺分工的情况下，车间的全部制造费用都间接计入费用，应采用适当的分配方法，分配计入该车间各种产品的成本。

在企业的组织机构分为车间、分厂和总厂若干层次的情况下，分厂发生的制造费用，应比照车间发生的制造费用进行分配；在生产一种产品的情况下，直接计入该种产品的成本；在生产多种产品的情况下，应采用适当的分配方法分配计入该分厂各种产品的成本。

制造费用的绝大部分是由企业的生产单位（车间或分厂）发生的，应按照不同的车间或分厂进行归集和分配。另外，也可能有一部分是由企业的行政管理部门（厂部或总厂）发生的。例如，设计制图费和试验检验费等，这一部分制造费用应由厂部或总厂进行归集，并在全厂或整个总厂的各种产品之间进行分配，计入各种产品的成本。

（二）制造费用分配的方法

企业应当根据制造费用的性质，合理选择分配方法。也就是说，企业所选择的制造费用分配方法，必须与制造费用的发生具有比较密切的相关性，并且使分配到每种产品上的制造费用金额基本合理，同时还应适当考虑计算手续的简便。制造费用分配方法很多，通常采用生产工人工时比例法（或生产工时比例法）、生产工人工资比例法（或生产工资比例法）、机器工时比例分配法和年度计划分配率分配法等。企业具体选用哪种分配方法，由企业自行决定。分配方法一经确定，不得随意变更。如需变更，应当在附注中予以说明。

1. 生产工时比例分配法

生产工时比例分配法是指按照各种产品所用生产工人实际工时的比例分配费用的方法。按照生产工时比例分配制造费用，同分配工资费用一样，也能将劳动生产率与产品负担的费用水平联系起来，使分配结果比较合理。生产工时是分配间接费用常用的分配标准之一，因此，必须正确组织产品生产工时的核算。做好生产工时的记录和核算工作，不仅是计算产品成本的一项重要的基础工作，而且对于分析和考核劳动生产率水平、加强生产管理和劳动管理也有着重要意义。

生产工时比例分配法的计算公式如下：

$$\text{制造费用分配率}=\frac{\text{制造费用总额}}{\text{各种产品生产工时总额}}$$

$$\text{某产品应分配的制造费用}=\text{该产品所耗生产工时}\times\text{制造费用分配率}$$

【技能操作】

【例 3-6】 假定某企业基本生产车间本月实际制造费用发生额为 21 434.19 元，该企业采用生产工时比例法分配，本月生产总工时为 12 853 小时，其中：A 产品为 8 000 小时，B 产品为 4 853 小时。按照生产工时比例分配法分配制造费用。

制造费用分配率＝21 434.19÷12 853＝1.667 6（元/小时）

A 产品应分配的制造费用＝8 000×1.667 6＝13 340.8(元)

B 产品应分配的制造费用＝21 434.19－13 340.8＝8 093.39(元)

根据计算结果，编制制造费用分配表如 3-8 所示。

表 3-8　　**制造费用分配表**

车间：基本生产车间　　金额单位：元

应借账户		生产工时（小时）	分配率	分配金额
生产成本——基本生产成本	A 产品	8 000		13 340.80
	B 产品	4 853		8 093.39
合　计		12 853	1.667 6	21 434.19

根据制造费用分配表，编制会计分录如下：

借：生产成本——基本生产成本——A 产品　　13 340.80

　　　　　　　　　　　　　　——B 产品　　8 093.39

　贷：制造费用　　21 434.19

生产工时比例分配法所需的工时资料，在实际工作中比较容易取得，因此，采用得比较普遍。采用生产工时比例分配法时，可以用实际工时，也可以用定额工时。一般来说，用实际工时更合适，它更能反映劳动生产率的提高或降低对成本中制造费用水平的影响。

2. 生产工人工资比例分配法

生产工人工资比例分配法是指按照各种产品的生产工人工资为标准分配费用的方法。这种方法主要适用于生产工人工资可以直接计入产品成本的企业。如这种产品成本中的工资是采用生产工时分配时，应用这种方法实质上同按生产工时比例分配法是一样的，可以直接采用生产工时比例法分配。同时，还应注意，采用这种方法分配时，必须是各种产品的机械化水平大致相同。否则，机械化水平低、用工多的产品，其工资费用多，从而分配的制造费用就多，但制造费用中所占比重较大的费用是与使用机械设备有关的维护、修理和折旧费，这样就造成了机械化水平低的产品反而多负担费用的不合理现象。

生产工人工资比例分配法的计算公式如下：

$$\text{制造费用分配率}=\frac{\text{制造费用总额}}{\text{各种产品生产工人工资总额}}$$

$$\text{某产品应分配的制造费用}=\text{该产品生产工人工资}\times\text{制造费用分配率}$$

3. 机器工时比例分配法

机器工时比例分配法是指按照各种产品生产时所用机器设备运转时间的比例分配制造费用的方法。这种方法适用于产品生产的机械化程度较高的车间。因为在这种车间的制造费用中，与机器设备使用有关的费用比重较大，而这一部分费用与机器设备运转的时间有着密切的联系。采用这种方法，必须具备各种产品所用机器工时的原始记录。

由于制造费用包括各种性质和用途的费用，为了提高分配结果的合理性，在增加核算工作量不多的情况下，也可以将制造费用加以分类。例如，分为与机器设备使用有关的费用和由于管理、组织生产而发生的费用两类，分别采用适当的分配方法进行分配。前者可按机器工时比例分配，后者可按生产工时比例分配。

机器工时比例分配法的计算公式如下：

$$制造费用分配率=\frac{制造费用总额}{各种产品耗用机器工时总数}$$

某产品应分配的制造费用＝该产品耗用机器工时数×制造费用分配率

4. 年度计划分配率分配法

年度计划分配率分配法是指按照年度开始前确定的全年度适用的计划分配率分配费用的方法。这种方法主要适用于季节性生产企业。因为在这种企业中，全年产品生产具有明显的季节差异，而制造费用的发生相对比较均匀，差异不大。根据受益原则，制造费用应该由全年生产的产品平均负担。假定以定额工时作为分配标准，其计算公式如下：

$$年度计划分配率=\frac{年度制造费用计划总额}{年度各产品计划产量的定额工时总数}$$

某月某产品应分配的制造费用＝该月该种产品实际产量的定额工时数×年度计划分配率

这一分配方法要以定额工时为分配标准，即分配率计算公式的分母要按定额工时计算，因为各种产品的产量不能直接相加。

采用这种分配方法，不管各月实际发生的制造费用是多少，每月各种产品的制造费用都按年度计划分配率分配。但在年度内如果发现全年的制造费用实际数及产量实际数与计划数可能发生较大差额，应及时调整计划分配率。

【技能操作】

【例 3-7】 假定兴隆公司全年制造费用计划总额为 85 000 元，全年 A、B 产品产量分别为 700 件和 300 件，单位产品的工时定额分别为 10 小时和 5 小时。则：

$$制造费用年度计划分配率=\frac{85\ 000}{700\times10+300\times5}=10(元/小时)$$

假定该企业 10 月份实际产量为 A 产品 60 件，B 产品 30 件，该月实际制造费用为 7 700 元。则：

A 产品应分配的制造费用＝60×10×10＝6 000(元)

B 产品应分配的制造费用＝30×5×10＝1 500(元)

如果“制造费用”账户 10 月初贷方余额为 300 元，则该月制造费用的实际发生额和分配转出额登记情况，如图 3-1 所示。

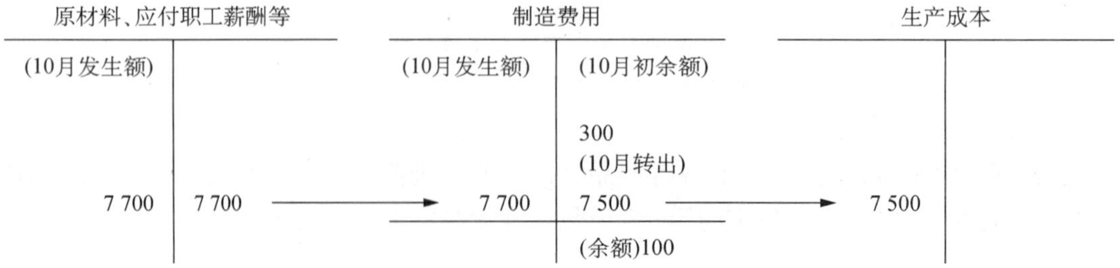

图 3-1　该月制造费用的实际发生额和分配转出额登记情况

采用年度计划分配率分配法时，每月实际发生的制造费用与分配转出的制造费用金额不相等，因此，“制造费用”账户一般有月末余额。如为借方余额，表明年度内实际发生的制造费用大于累计的分配转出额，属于待摊费用，为资产；如为贷方余额，则表明年度内实际发生的制造费用小于累计的分配转出额，属于预提费用，为负债。“制造费用”账户如果年末还有余额，一般应在年末调整进入 12 月的产品成本。对其处理的方法是，年末将其余额(差异)按已分配的比例进行再一次分配，计入各生产单位所生产的各产品成本中。实际数大于已分配数的，用蓝字补记；实际数小于已分配数的，用红字冲销。

采用年度计划分配率分配法分配制造费用，由于年度内各个月份并不进行差异的再分配，相对来说可简化分配手续，并能及时计算产品成本。这种方法特别适合季节性生产的企业。因为这种企业每月发生的制造费用相差不多，但产量相差悬殊，如果按实际费用分配，各月产品成本中的制造费用将随之或高或低，不便于对成本进行分析。而采用年度计划分配率法，则可较好地避免这个问题。

(三) 制造费用的账务处理

制造费用的分配方法一经确定，不应任意变更。无论采用哪种分配方法，都应根据分配计算结果编制制造费用分配表，根据制造费用分配表进行制造费用分配的总分类核算和明细核算。相关会计分录为借记“生产成本”账户，贷记“制造费用”账户。

然后将归集在辅助生产成本的费用按照辅助生产费用的方法进行分配，其中，分配给基本生产的制造费用在归集了全部基本生产车间的制造费用后，转入“生产成本——基本生产成本”账户。

通过上述制造费用的归集和分配，除了采用按年度计划分配率分配法的企业，“制造费用”总账账户和所属明细账户应无月末余额。

至此，在不单独核算废品损失和停工损失的企业中，应计入本月产品成本的生产费用，都已归集在“生产成本——基本生产成本”总账账户的借方，并已在所属产品成本明细账的本月发生额中按照成本项目分别反映。在不单独核算上述两种损失的企业中，生产费用在各种产品之间横向的分配和归集已经完毕。

第三讲　生产损失的核算

【知识要点】

一、生产损失的内容

生产损失是指在生产过程中，由于原材料质量不符合要求，或者由于生产工人不严格遵守技术操作规程，以及其他由于生产组织上的缺陷等原因所引起的损失。通常情况下，将其归为四类：①生产损耗，即投入原材料的跑、冒、滴、漏及自然损耗等；②生产废料，即生产过程中产生的边角废料；③废品损失；④停工损失。由于前两类在核算时已经进行了考虑，有的被列入了产品成本，有的被变卖或作价入库成为收入，因此，真正属于成本核算的生产损失是指废品损失和停工损失。

废品损失是指由于生产过程中出现废品而造成的损失，包括各种不可修复废品的报废损失和可修复废品的修复费用。

停工损失是指生产车间或班组在停工期间发生的各项费用，包括停工期间发生的原材料费用、工资费用、福利费和制造费用等。

二、废品损失的核算

在管理上要求单独反映和控制废品损失的工业企业中，在成本核算时，应进行废品损失的核算。生产中的废品是指不符合规定的技术标准、不能按照原定用途使用，或者需要加工修理才能使用的在产品、半成品或产成品。不论是在生产过程中发现的废品，还是在入库后发现的废品，都应包括在内。

废品分为可修复废品和不可修复废品。可修复废品是指经过修理可以使用，而且所花费的修复费用在经济上合算的废品(必须同时具备两个条件)；不可修复的废品则是指不能修复，或者所花费的修复费用在经济上不合算的废品(只需具备一个条件)。

正确组织废品损失的核算，对于改进生产技术、提高产品质量、降低产品成本，都有重要的意义。

废品损失包括在生产过程中发现的和在入库后发现的不可修复废品的生产成本、可修复废品的修复费用、扣除回收的废品残料价值和应由过失单位或个人赔款以后的损失。经过质量检验部门鉴定不需要返修、可以降价出售的不合格品的成本与合格品的成本相同，其降价损失，应在计算销售损益时体现，不应作为废品损失处理。产成品入库后，由于保管不善等原因而损坏变质的损失，属于管理上的问题，应作为管理费用处理，不作为废品损失处理。实行“三包”(包退、包修、包换)的企业，在产品出售后发现的废品所发生的一切损失，应计入销售费用，不包括在废品损失内。

质量检验部门发现废品时，应该填制废品通知单，列明废品的种类和数量、产生废品的原因和过失人等。废品分工废和料废两类。工废是由于工人操作上的原因造成的废品，属于操作工人的责任；料废是由于送来的原材料或半成品的质量不符合要求所造成的废品，不属于操作工人的责任。成本会计人员应该会同检验人员对废品通知单所列废品产生的原因和过失人等项目加强审核。只有经过审核的废品通知单，才能作为废品损失核算的依据。

为了单独核算废品损失，可以在“基本生产成本”明细账户下设置“废品损失”明细账户，在成本项目中增设“废品损失”项目。

“废品损失”明细账户是为了归集和分配废品损失而设立的。该明细账户应按车间设立明细账，账内按产品品种分设专户，并按成本项目分设专栏或专行进行明细核算。不可修复废品的生产成本和可修复废品的修复费用都应在“废品损失”明细账户的借方进行归集。其中，不可修复废品的生产成本，应根据不可修复废品损失计算表(后面述及)，借记“废品损失”明细账户，贷记“生产成本——基本生产成本”账户；可修复废品的修复费用，应根据前述各种费用分配表，借记“废品损失”明细账户，贷记“原材料”“应付职工薪酬”“制造费用”等账户。因此，在单独核算废品损失的企业中，在编制各种费用分配表时，应该为修复废品而发生的费用，加填借记“废品损失”明细账户的行次。废品残料的回收价值和应收的赔款，应从“废品损失”明细账户的贷方转出，借记“原材料”和“其他应收款”等账户，贷记“废品损失”明细账户。“废品损失”明细账户的借方发生额大于贷方发生额的差额就是废品损失，应分配转由本月同种产品的成本负担，借记“生产成本——基本生产成本”账户，贷记“废品损失”明细账户。通过上述归集和分配，“废品损失”明细账户月末没有余额。

(一) 不可修复废品损失的核算

进行不可修复废品损失的核算时，首先，应计算截至报废时已经发生的废品生产成本；然后，扣除残值和应收赔款，计算出废品损失。废品报废前发生的各项费用是与合格品一起计算的，因此，要将废品报废前与合格品计算在一起的各项费用，采用适当的分配方法，在合格品与废品之间进行分配，计算出废品的实际成本。不可修复废品的生产成本，可按废品所耗实际费用计算，也可按废品所耗定额费用计算。

1. 按废品所耗实际费用计算废品损失的核算

这种方法是指在废品报废时，根据废品和合格品发生的全部实际费用，采用一定的分配标准，在合格品与废品之间进行分配，计算出废品的实际成本。其计算公式如下：

$$\text{废品负担的直接材料费用}=\frac{\text{某产品直接材料总额}}{\text{合格品数量}+\text{废品数量(或约当产量)}}\times\text{废品数量(或约当产量)}$$

$$\text{废品负担的直接人工费用}=\frac{\text{某产品直接人工总额}}{\text{合格品数量}+\text{废品数量(或约当产量)}}\times\text{废品数量(或约当产量)}$$

$$\text{废品负担的制造费用}=\frac{\text{某产品制造费用总额}}{\text{合格品数量}+\text{废品数量(或约当产量)}}\times\text{废品数量(或约当产量)}$$

废品损失的计算一般通过编制废品损失计算表进行。

【技能操作】

【例 3-8】 某工业企业某车间生产 A 产品 400 件，生产过程中发现其中 4 件为不可修复废品。A 产品成本明细账所记合格品和废品共同发生的生产费用为：原材料费用 500 000 元，工资及福利费 20 150 元，制造费用 98 800 元，合计 618 950 元。原材料是在生产开始时一次投入的，因此，原材料费用应按合格品数量 396 件(400—4)和废品数量 4 件的比例进行分配；其他费用按生产工时比例分配，生产工时为：合格品 6 020 小时，废品 480 小时，合计 6 500 小时。废品回收的残料计价 600 元。根据上述资料，编制不可修复废品损失计算表，如表 3-9 所示。

表 3-9　　不可修复废品损失计算表

（按实际成本计算）

车间：基本生产车间　　产品：A　　××××年××月　　金额单位：元

项　目	数量(件)	原材料	生产工时(小时)	人工费用	制造费用	成本合计
合格品和废品生产费用	400	500 000	6 500	20 150	98 800	618 950
费用分配率		1 250		3.1	15.2	
废品生产成本	4	5 000	480	1 488	7 296	13 784
减：残料价值		600				600
废品损失		4 400		1 488	7 296	13 184

在表 3-9 中，原材料费用分配率应根据原材料费用总数 500 000 元除以合格品和废品数量 400 件计算；工资及福利费和制造费用分配率应根据这两项费用总数分别除以生产工时总数计算。

表 3-9 所列废品损失，尚未扣除应收赔款，这种废品损失也称废品报废损失；扣除赔款后的废品损失，也称废品净损失。

根据表 3-9，编制会计分录如下：

(1) 将废品生产成本从其所记的“生产成本——基本生产成本”账户和所属明细账户的贷方转出：

借：生产成本——基本生产成本——废品损失(A 产品)　　13 784
　　贷：生产成本——基本生产成本——A 产品(原材料)　　5 000
　　　　　　　　　　　　　　　　——A 产品(工资及福利费)　　1 488
　　　　　　　　　　　　　　　　——A 产品(制造费用)　　7 296

(2) 回收废品残料价值：

借：原材料　　600

　　贷：生产成本——基本生产成本——废品损失(A 产品)　　600

(3) 假定应收过失单位赔款为 1 000 元，根据索赔凭证，登记应收赔款：

借：其他应收款　　1 000

　　贷：生产成本——基本生产成本——废品损失(A 产品)　　1 000

(4) 将废品净损失 12 184 元(13 784－600－1 000)，分配计入同种合格品的成本，计入 A 产品成本明细账“废品损失”成本项目：

借：生产成本——基本生产成本——A 产品(废品损失)　　12 184

　　贷：生产成本——基本生产成本——废品损失(A 产品)　　12 184

如果废品是在完工后发现的，这时，单位废品负担的各项生产费用应与单位合格产品完全相同，可按合格品产量和废品的数量比例分配各项生产费用。计算废品的实际成本时，按废品的实际费用计算、分配废品损失，符合实际，但核算工作量较大。

2. 按废品所耗定额费用计算废品损失的核算

这种方法是指按废品的数量和各项费用定额计算废品的定额成本，再将废品定额成本扣除废品残值或应收赔款后即为损失，而不考虑废品实际发生的生产费用。

【技能操作】

【例 3-9】 假定某工业企业某车间在生产 B 产品的过程中，产生不可修复废品 50 件，按其所耗定额费用计算废品的生产成本。其原材料费用定额为 420 元，已完成的定额工时共计 360 小时，每小时的费用定额为：工资及福利费 5.60 元，制造费用 27 元。回收废品残料计价 2 400 元。根据上述资料，编制不可修复废品损失计算表，如表 3-10 所示。

表 3-10　不可修复废品损失计算表

(按定额成本计算)

车间：基本生产车间　　产品：B　　××××年××月　　废品数量：50 件　　金额单位：元

项　目	原材料	生产工时(小时)	人工费用	制造费用	成本合计
每件或每小时费用定额	420		5.6	27	
废品定额成本	21 000		2 016	9 720	32 736
减：残料价值	2 400	360			2 400
废品报废损失	18 600		2 016	9 720	30 336

在所列不可修复废品损失计算表中，废品的定额原材料费用应根据原材料费用定额乘以废品数量计算，定额工资及福利费和定额制造费用应根据各费用定额乘以定额工时计算。根据该表所应编制的会计分录的账户对应关系，与按实际费用计算废品生产成本的方法相同。

按产品的定额费用计算废品的定额成本，由于费用定额事先规定，不仅计算工作比较简便，而且还可以使计入产品成本的废品损失数额不受废品实际费用水平高低和成本差异(价差)的影响，从而有利于损失和产品成本的分析和考核。但是，采用这一方法计算生产成本，必须具备准确的消耗定额和费用定额资料。

(二) 可修复废品损失的核算

可修复废品损失是指在修复过程中发生的各项费用，即废品的修复费用。因此，修复后的产品成本应该由修复前发生的生产费用和修复过程中发生的各项修复费用共同构成。如果有回收残值或应收赔款，也应从废品损失中扣除。返修发生的各种费用，应根据前述各种费用分配表，记入“废品损失”明细账户的借方；其回收的残料价值和应收的赔款，应从“废品损失”明细账户的贷方，转入“原材料”和“其他应收款”账户的借方。废品修复费用减去残值和赔款后的废品净损失，也应从“废品损失”明细账户的贷方转入“生产成本——基本生产成本”账户的借方，在所属有关的产品成本明细账中，计入“废品损失”成本项目。

在不单独核算废品损失的企业中，不设立“废品损失”明细账户和成本项目，只在回收废品残料时，借记“原材料”账户，贷记“生产成本——基本生产成本”账户，并从所属有关产品成本明细账的“原材料”成本项目中扣除残料价值。“生产成本——基本生产成本”和所属有关产品成本明细账归集的完工产品总成本，除以扣除废品数量后的合格品数量，就是合格产品的单位成本。这样核算很简便，但是合格产品的各成本项目中都包括不可修复废品的生产成本和可修复废品的修复费用，没有对废品损失进行单独的反映，因此不便于对废品损失进行分析和控制。

以上所述的废品损失是指基本生产的废品损失。辅助生产的规模一般不大，为了简化核算工作，都不单独核算废品损失。

三、停工损失的核算

在管理上要求单独反映和控制停工损失的工业企业中，在进行成本核算时，还应进行停工损失的核算。

停工损失是指生产车间或车间内某个班组在停工期间发生的各项费用，包括停工期间发生的原材料费用、工资及福利费和制造费用等。其中，应由过失单位或保险公司负担的赔款，应从停工损失中扣除。为了简化核算工作，停工不满1个工作日的，一般不计算停工损失。计算停工损失的时间起点，由企业或主管企业的上级机构规定。

企业的停工可以分为正常停工和非正常停工。正常停工包括季节性停工、正常生产周期内的修理期间的停工、计划内减产停工等；非正常停工包括原材料或工具等短缺停工、设备故障停工、电力中断停工、自然灾害停工等。季节性停工、修理期间的正常停工费用在产品成本核算范围内，应计入产品成本。非正常停工费用应计入企业当期损益。

在停工时，车间应该填列停工报告单，并在考勤记录中进行登记。会计部门和车间核算人员应对停工报告单所列停工范围、时数及其原因和过失单位等事项进行审核。只有经过审核的停工报告单，才能作为停工损失核算的依据。

为了单独核算停工损失，可以在“基本生产成本”明细账户下设置“停工损失”明细账户，在成本项目中应增设“停工损失”项目。

“停工损失”明细账户是为了归集和分配停工损失而设立的。该明细账户应按车间设立明细账，账内按成本项目分设专栏或专行进行明细核算。停工期间发生的、应该计入停工损失的各种费用，都应在该账户的借方归集，借记“停工损失”明细账户，贷记“原材料”“应付职工薪酬”和“制造费用”等账户。因此，在单独核算停工损失的企业中，编制各种费用分配表时，应该将属于停工损失的费用，加填借记“停工损失”明细账户的行次；而在“制造费用”的费用项目中，则可不再设立“季节性和修理期间停工损失”费用项目。在“停工损失”明细账户借方归集的停工损失中，应取得赔偿的损失，以及应计入营业外支出的损失，应从该明细账户的贷方分别转入“其他应收款”和“营业外支出”账户的借方；应计入产品成本的损失，则应从该账户的贷方转入"生产成本——基本生产成本"账户的借方。应计入产品成本的停工损失,如果停工的车间只生产一种产品,应直接计入该种产品成本明细账的"停工损失"成本项目;如果停工的车间生产多种产品,则应采用适当的分配方法(一般采用分配制造费用的方法),分配计入该车间各种产品成本明细账的"停工损失"成本项目。通过上述归集和分配,"停工损失"明细账户月末应无余额。

在不单独核算停工损失的企业中,不设立"停工损失"明细账户和成本项目。停工期间发生的属于停工损失的各种费用,直接记入"制造费用"或"营业外支出"等账户。这样核算很简便,但不便于对停工损失进行分析和控制。

以上所述的停工损失,都是指基本生产的停工损失。辅助生产由于规模一般不大,为简化核算工作,都不单独核算停工损失。

季节性生产企业在停工期间发生的制造费用,应当在开工期间进行合理分摊,连同开工期间发生的制造费用,一并计入产品的生产成本。

至此,在单独核算废品损失和停工损失的企业中,也已将应计入本月产品成本的生产费用全部归集在"生产成本"账户的借方,并在各产品成本明细账的本月发生额中按"原材料""人工费用""制造费用""废品损失"和"停工损失"等成本项目分别反映。生产费用在各种产品之间横向的归集和分配已经完毕。

单元测试

一、单项选择题

(1) 下列制造费用的分配法中,采用(　　)分配时,必须是各种产品的机械化水平大致相同才行。

A. 生产工时比例分配法　　B. 生产工人工资比例分配法

C. 机器工时比例分配法　　D. 年度计划分配率分配法

(2) 在辅助生产费用的分配中,若用分配率计算出的费用分配总额与费用发生额不完全相符,一般的处理方法是将分配尾差记入(　　)账户。

A. "管理费用"　　B. "销售费用"

C. "生产成本"　　D. "制造费用"

(3) 在辅助生产费用的分配方法中,结果最准确的分配方法是(　　)。

A. 直接分配法　　B. 顺序分配法

C. 代数分配法　　D. 一次交互分配法

(4) 在辅助生产费用的计划成本分配法下,辅助生产成本按比例分配的差异在实际工作中可全部计入(　　)。

A. 销售费用　　B. 生产成本　　C. 制造费用　　D. 管理费用

(5) 在制造费用的分配方法中,(　　)可能会导致"制造费用"账户1～11月份月末出现余额。

A. 生产工时比例分配法　　B. 生产工人工资比例分配法

C. 机器工时比例分配法　　D. 年度计划分配率分配法

(6) 产成品入库后,由于保管不善等原因而损坏变质的损失,应作为(　　)处理。

A. 废品损失　　B. 销售费用　　C. 管理费用　　D. 制造费用

(7) 在实行“三包”的企业,在产品出售后发现的废品所发生的一切损失,应作为(　　)处理。

A. 废品损失　　B. 销售费用　　C. 管理费用　　D. 制造费用

(8) 由于自然灾害而引起的非正常停工损失,应计入(　　)。

A. 营业外支出　　B. 生产成本　　C. 管理费用　　D. 销售费用

(9) 季节性和固定资产修理期间的停工损失,应计入(　　)。

A. 营业外支出　　B. 生产成本　　C. 管理费用　　D. 销售费用

(10) 不可修复废品的成本,应借记“废品损失”账户,贷记(　　)账户。

A. “库存商品”　　B. “生产成本”　　C. “制造费用”　　D. “原材料”

(11) 某企业有供水和供电两个辅助生产车间,供水车间待分配的费用为 5 260 元,供水车间耗电 1 128 元,供电车间耗水 656 元。如果该企业的辅助生产费用采用交互分配法,则供水车间对外分配的费用是(　　)元。

A. 5 260　　B. 5 732　　C. 6 388　　D. 4 604

(12) 采用交互分配法,各种辅助生产费用(　　)。

A. 都要计算一个费用分配率　　B. 都要计算两个费用分配率

C. 不需要计算费用分配率　　D. 均按相同的费用分配率计算

(13) 某企业的辅助生产费用按计划成本分配法进行分配,按计划成本分配的费用为 18 230 元,辅助生产实际成本为 18 320 元,其差额应(　　)。

A. 借记“管理费用”账户　　B. 红字借记“管理费用”账户

C. 借记“生产成本——辅助生产成本”账户　　D. 借记“生产成本”账户

(14) 采用交互分配法分配辅助生产费用时,交互分配之后的费用要在(　　)之间进行分配。

A. 辅助生产以外的各受益单位　　B. 各受益单位

C. 辅助生产部门　　D. 各基本生产部门

(15) 辅助生产费用直接分配法的特点是辅助生产费用(　　)。

A. 记入“生产成本——辅助生产成本”账户

B. 分配给所有受益单位

C. 直接分配给辅助生产以外的各受益单位

D. 计入辅助生产提供的劳务成本

(16) 在辅助生产车间相互提供产品或劳务的情况下,分配辅助生产费用最为准确的方法是(　　)。

A. 按计划成本分配法　　B. 交互分配法

C. 直接分配法　　D. 代数分配法

(17) 为了简化辅助生产费用的分配,辅助生产成本差异一般全部记入(　　)账户。

A. “制造费用”　　B. “管理费用”

C. “营业外支出”　　D. “生产成本——基本生产成本”

(18) 辅助生产的顺序分配法,其基本要求是(　　)。

A. 受益多的分配在前,受益少的分配在后

B. 受益少的分配在前,受益多的分配在后

C. 费用多的分配在前，费用少的分配在后
D. 费用少的分配在前，费用多的分配在后
(19) 在季节性企业，制造费用的分配方法通常采用（　　）。
A. 生产工时比例分配法　　B. 直接费用比例分配法
C. 机器工时比例分配法　　D. 年度计划分配率分配法
(20) 制造费用采用年度计划分配率分配法，其制造费用账户如有余额，一般应（　　）调整计入产品成本。
A. 在分配制造费用的当月　　B. 在分配制造费用的次月
C. 在每年12月　　D. 在每年1月份
(21) 下列各项中，不应计入废品损失的是（　　）。
A. 不可修复废品的生产成本　　B. 可修复废品的生产成本
C. 用于修复废品的人工费用　　D. 用于修复废品的材料费用
(22) 生产车间固定资产修理期间发生的停工损失应计入（　　）。
A. 产品成本　　B. 营业外支出
C. 管理费用　　D. 废品损失
(23) 可修复废品的废品损失是指（　　）。
A. 返修前发生的原材料费用
B. 返修前发生的制造费用
C. 返修后发生的修理费用
D. 返修前发生的生产费用加上返修后发生的修理费用

二、多项选择题

(1) 下列项目中，不应记入“制造费用”账户的有（　　）。
A. 由于自然灾害而引起的停工损失　　B. 业务招待费
C. 行政部门职工教育经费　　D. 车间管理人员工资
(2) 辅助生产费用的计划成本分配法，是采用（　　）分配辅助生产费用，并按一定程序将计划成本调整为实际成本的方法。
A. 计划单位成本　　B. 实际单位成本
C. 计划耗用量　　D. 实际耗用量
(3) 废品损失包括（　　）。
A. 降价出售不合格品而造成的降价损失　　B. 不可修复废品的报废损失
C. 可修复废品的修复费用　　D. 以上均不正确
(4) 下列有关顺序分配法的说法中，正确的有（　　）。
A. 排在前面的分给排在后面的　　B. 排在前面的不分给排在后面的
C. 排在后面的分给排在前面的　　D. 排在后面的不分给排在前面的
(5) 在辅助生产车间完工产品入库或劳务分配时，可能借记（　　）账户。
A. “生产成本”　　B. “原材料”
C. “周转材料”　　D. “在建工程”
(6) 下列有关辅助生产费用的归集与分配说法中，正确的有（　　）。
A. 辅助生产成本账中应按成本项目设立专栏或专行，进行明细核算

B. 专设成本项目的间接计入费用,应单独地分配记入该账户和所属有关明细账的借方
C. 辅助生产车间发生的制造费用,必须记入“制造费用”下的“辅助生产车间”明细账
D. “制造费用——辅助生产车间”当月的借方发生额应直接转入或分配转入“辅助生产成本”总账账户和所属明细账的借方

(7) 辅助生产费用的交互分配法,具有的特点有(　　)。
A. 核算工作十分简便　　B. 核算工作量较大
C. 分配结果的正确性较直接分配法高　　D. 辅助生产费用不必对外分配

(8) 辅助生产费用的分配方法有(　　)。
A. 代数分配法　　B. 约当产量比例法
C. 定额比例法　　D. 直接分配法

(9) 辅助生产费用分配转出时,可以借记(　　)账户。
A. “生产成本——基本生产成本”　　B. “制造费用”
C. “管理费用”　　D. “生产成本——辅助生产成本”

(10) “制造费用”账户核算的内容包括(　　)。
A. 直接用于产品生产但没有专设成本项目的费用
B. 车间用于组织和管理生产的费用
C. 车间废品发生的修复费用
D. 间接用于产品生产的费用

(11) 基本车间分配制造费用时,可能借记(　　)账户。
A. “生产成本——辅助生产成本”　　B. “累计折旧”
C. “生产成本——基本生产成本”　　D. “废品损失”

(12) “制造费用”账户月末(　　)。
A. 可能没有余额　　B. 可能有余额
C. 余额一定在借方　　D. 余额可能在贷方

(13) 废品损失不包括(　　)。
A. 不合格品的降价损失　　B. 不可修复废品的报废损失
C. 可修复废品的修复费用　　D. 产品保管不善的损坏变质损失

(14) 下列各项中,可以用于计算不可修复废品的生产成本的有(　　)。
A. 按所耗实际费用计算　　B. 按所耗定额费用计算
C. 按所耗实际费用扣除残值计算　　D. 按所耗定额费用扣除残值计算

(15) 废品按其报损程度和修复价值,可分为(　　)。
A. 料废品　　B. 工废品
C. 不可修复废品　　D. 可修复废品

(16) 可修复废品必须具备的条件包括(　　)。
A. 经过修理可以使用
B. 经过修理可以使用,但所花费的修复费用在经济上不合算
C. 所花费的修理费用在经济上合算
D. 具备上述A和C之一即可

(17) 企业如果收回废品残料,可以贷记(　　)账户。
A. “原材料”　　B. “废品损失”

C.“基本生产成本” D.“制造费用”

三、判断题

(1) 采用直接分配法分配辅助生产费用,既简单又准确。 (　)

(2)“生产成本——辅助生产成本”账户月末肯定没有余额。 (　)

(3) 如果企业的辅助生产车间规模不大、制造费用不多,又不对外提供产品和劳务,可不单设“制造费用——辅助生产成本”账户,而直接通过“生产成本——辅助生产成本”账户核算。 (　)

(4)“废品损失”账户月末一般无余额。 (　)

(5) 料废是由于工人操作上的原因造成的废品,属于操作工人的责任。 (　)

(6) 产品成本由于发生废品而降低。 (　)

(7)“停工损失”账户月末一般无余额。 (　)

(8) 企业无论在什么环节发现的废品,都应并入废品损失核算。 (　)

(9) 辅助生产费用的分配方法中,年度计划分配率分配法特别适合季节性生产的企业。 (　)

(10) 在年度计划分配率分配法中,年末将差额按已分配的比例进行再次分配,计入各生产单位所生产的各产品成本中,实际数大于已分配数的,用红字冲销;反之,用蓝字补记。 (　)

(11) 辅助生产车间发生的各种生产费用都直接记入“生产成本——辅助生产成本”账户。 (　)

(12) 在辅助生产费用分配的各种方法中,交互分配法的结果最正确。 (　)

(13) 在辅助生产车间、部门之间相互提供劳务,采用交互分配法时,交互分配前辅助生产车间的待分配费用总额等于交互后对外分配的待分配费用总额。 (　)

(14) 辅助生产产品和劳务成本的计算方法与基本生产一样,应该按照生产特点和管理要求确定。 (　)

(15) 辅助生产费用分配方法中,代数分配法分配最正确,计划成本分配法分配可分清内部经济责任。 (　)

(16) 按计划成本分配法分配辅助生产费用时,分配差额都记入“管理费用”账户。 (　)

(17) 如果企业辅助生产部门规模较大、制造费用较多,且对外提供产品和劳务,则可以在“制造费用”账户下单设“辅助生产成本”明细账核算。 (　)

(18) 当生产工人工资按照生产工时比例分配时,按生产工人工资分配制造费用,实际上就是按生产工时比例分配制造费用。 (　)

(19) 制造费用分配后,其总账账户如有月末余额,则一定是借方余额。 (　)

(20) 在生产多品种的车间,其制造费用经分配都计入各产品成本中。 (　)

(21) 在实际工作中,为简化核算,有关“三包”范围内的废品损失,发生时可直接记入“销售费用”账户。 (　)

(22) 可修复废品是指在技术上可以修复的废品,不可修复废品则反之。 (　)

(23) 不可修复废品的生产成本只能按废品所耗实际费用计算。 (　)

(24)“废品损失”账户月末应无余额。 (　)

四、简答题

(1) 什么是辅助生产费用？其分配的特点是什么？
(2) 辅助生产费用分配的方法有哪些？
(3) 对比分析直接分配法、顺序分配法、交互分配法的特点及优缺点是什么？
(4) 制造费用分配的方法有哪些？年度计划分配率分配法的特点和适用范围是什么？
(5) 什么是废品损失？如何进行不可修复废品损失和可修复废品损失的核算？

实务训练

训练一

目的：练习辅助生产费用的分配。

资料：某企业设置供水、供电两个辅助生产车间。该企业本月发生的辅助生产费用分别为供水车间 25 974 元，供电车间 23 800 元，其提供的产品劳务数量，如表 3-11 所示。

表 3-11　辅助生产车间供应产品劳务数量

受益单位	耗水(立方米)	耗电(度)
辅助生产车间——供电	1 000	
辅助生产车间——供水		6 000
小　计	1 000	6 000
基本生产车间——甲产品		6 000
基本生产车间——乙产品	3 300	2 000
专设销售机构	300	1 000
行政管理部门	800	2 000
合　计	5 400	17 000
辅助生产车间内部耗用比重	18.52%	35.29%

要求：

(1) 根据上述有关资料，采用直接分配法编制辅助生产费用分配表和相应的会计分录。
(2) 根据上述有关资料，采用交互分配法编制辅助生产费用分配表和相应的会计分录。
(3) 根据上述有关资料，采用代数分配法编制辅助生产费用分配表和相应的会计分录。
(4) 根据上述有关资料，假设每度电的计划成本为 1.5 元，每立方米水的计划成本为 5 元，采用计划成本分配法编制辅助生产费用分配表和相应的会计分录。

训练二

目的：练习年度计划分配率分配法。

资料：某车间全年制造费用计划为 180 560 元。全年各种产品的计划产量为：甲产品 560 件，乙产品 740 件；单件产品的工时定额为：甲产品 60 小时，乙产品 80 小时；本月实际产量为：甲产品 45 件，乙产品 60 件；本月实际发生的制造费用为 20 000 元。本月初“制造费用”账户贷方余额为 200 元。

要求:根据上述资料,采用年度计划分配率分配法分配制造费用,并设置、登记“制造费用”账户。

训练三

目的:练习废品损失的核算。

资料:

(1) 某企业的基本生产车间本月生产甲产品 500 件,其中有 50 件是不可修复废品;合格品的生产工时为 5 600 小时,废品的生产工时为 400 小时,全部生产工时为 6 000 小时。甲产品生产明细账所列合格品和废品的全部生产成本为:原材料 4 800 元,燃料及动力 660 元,工资及福利费 720 元,制造费用 2 400 元,共计 8 580 元。废品残料回收价值为 50 元,原材料是生产开工时一次投入,故原材料费用按合格品数量与废品数量比例分配;其他费用按生产工时比例分配。

(2) 某企业基本生产车间生产的产品完工验收入库时发现甲产品有 10 件为不可修复废品,单件费用定额为 260 元,回收残料价值 180 元。

要求:

(1) 根据资料(1),按实际费用计算法编制废品损失计算表及会计分录。

(2) 根据资料(2),按定额费用计算法编制废品损失计算表及会计分录。

训练四

目的:练习年度计划分配率分配法。

资料:某工业企业只有一个生产车间,全年制造费用计划为 88 704 元。全年的计划产量为:甲产品 1 200 件,乙产品 960 件,丙产品 400 件;单件产品的工时定额为:甲产品 8 小时,乙产品 5 小时,丙产品 6 小时;11 月的实际产量为:甲产品 100 件,乙产品 90 件,丙产品 50 件;该月实际制造费用为 8 100 元;该月“制造费用”账户月初有借方余额 80 元。

要求:

(1) 计算制造费用的年度计划分配率。

(2) 计算、结转 11 月应分配转出的制造费用,并确定 11 月制造费用的月末余额。

(3) 若 12 月的实际产量为:甲产品 90 件,乙产品 100 件,丙产品 60 件;该月实际制造费用为 8 388 元,请计算结转 12 月应分配转出的制造费用,并作出相应的调整分录(甲、乙、丙产品分别按 5∶3∶2 的比例调整)。

训练五

目的:练习废品损失的核算。

资料:某工业企业甲产品可修复废品的修复费用为:原材料 2 000 元,工资及福利费 860 元,制造费用 1 640 元。另有不可修复废品 30 件,按定额成本计价:每件原材料费用定额 50 元,废品的定额工时共为 120 小时,每小时的工资及福利费 3 元,每小时制造费用 4 元。不可修复废品的残料作为辅助材料入库,共计 200 元,应由过失人赔款 300 元。

要求:

(1) 计算可修复废品和不可修复废品的净损失。

(2) 编制相应的会计分录。

第四单元　计算月末在产品成本

导学目标

1. 了解在产品收发结存的日常核算。
2. 掌握在产品盘盈盘亏的核算。
3. 掌握在产品完工程度的计算。
4. 运用约当产量法计算完工产品与月末在产品的成本。
5. 运用定额成本计价法和定额比例法分配本月生产费用。
6. 掌握结转完工产品成本的方法。

导学案例

小刘是某大学会计专业大三学生，2023 年利用假期到某公司实习。某日，他随同成本核算员到生产车间进行盘点工作时发现，除了对原材料、低值易耗品、产成品进行盘点，还要盘点在产品的数量以及完工程度。

思考：盘点原材料、低值易耗品、产成品是为了计算材料的各项消耗，盘点在产品及其完工程度有何作用？

第一讲　在产品的核算

【知识要点】

一、在产品的含义及其特点

（一）在产品的含义

企业的在产品是指没有完成全部生产过程，不能作为商品销售的产品。它包括正在车间加工中的在产品和需要继续加工的半成品；已经完成一个或几个生产步骤，但有待继续加工的零件、部件和半成品，以及尚未验收入库的产成品、正在返修和等待返修的废品等。以上在产品的划分是从广义或者就整个企业来说的。从狭义的或者只就某一车间或某一生产步骤来说，在产品只包括正在车间或生产步骤加工中的那部分在产品和尚未验收入库的自制半成品，正在生产车间返修或等待返修的废品等。该车间或生产步骤已经完工交出的自制半成品不包括在内。

（二）在产品的特点

一般情况下，零件、部件和半成品的管理是由中间仓库负责，正在加工和装配中的在产品由车间进行管理。工业企业的在产品具有如下特点：

（1）处于不断的流动中。工业生产中，从原材料投入生产到制成产成品，中间往往经过若干道生产工序。减少在产品在各道工序的停留时间与毁损，是减少在产品资金占用、降低生产损耗的重要环节。

（2）成本计算的复杂性。期末停留在各个工序的在产品往往呈现出不同的加工程度，所包含的物化劳动与活劳动的量不同，因此其成本计算较为复杂。

（3）品种规格多。一般情况下，在产品的品种规格繁多，在装配式生产的企业尤为突出。合理组织零部件生产、提高生产配套性，也是减少资金占用、降低生产耗费的重要环节。

二、在产品和完工产品的关系

企业在生产过程中发生的生产费用，经过一定的程序在各种产品之间进行分配和归集以后，本月应计入各种产品成本的生产费用，都已集中在按产品开设的产品生产成本明细账中。为了计算产品生产成本，还需要加上期初在产品成本，月末如果产品已经全部完工，那么生产成本明细账中归集的生产费用就是完工产品的生产成本；如果本月没有完工产品，生产成本明细账中归集的生产费用就是期末在产品的生产成本；如果既有完工产品，又有在产品，该种产品本月发生的生产费用加上月初在产品的成本，需要采用适当的分配方法，在本月完工产品和期末在产品之间进行分配，分别计算出完工产品的成本和月末在产品的成本。

月初在产品生产成本、本月生产费用、本月完工产品生产成本和月末在产品生产成本四者之间的关系用公式表示如下：

月初在产品成本＋本月生产费用＝本月完工产品成本＋月末在产品成本

公式前两项是已知数，公式后两项是未知数。公式前两项费用之和，应在完工产品和期末在产品之间采用一定的方法进行分配。完工产品和月末在产品分配费用的方法一般有两类：一类是先确定月末在产品成本，然后计算完工产品的成本；另一类是将月初在产品的成本加上本月的生产费用，采用一定的标准在完工产品和在产品之间进行分配，同时计算出完工产品的成本和月末在产品的成本。无论采用哪一种方法，都必须正确组织在产品的数量核算，取得在产品收发存的数量资料，这是正确计算完工产品成本的前提。

三、在产品收发存的日常核算

核算在产品数量时，应同时具备账面核算资料和实际盘点资料。做好在产品收发存的日常核算工作和在产品的清查工作，既可以从账面上随时掌握在产品的动态，又可以查清在产品的实存数量。应该根据在产品实际盘存数量，计算在产品成本。但对于在产品品种多、数量大，每月都要组织实地盘点确有困难的企业，可根据在产品业务核算资料的期末结存量来计算在产品成本。车间在产品收发存的日常核算，通常是通过在产品收发存账进行的，该账分别车间，并按照产品品种和在产品的名称（零部件名称）设置，提供车间各种在产品收发存动态的业务核算资料。它根据领料凭证、在产品内部转移凭证、产品检验凭证和产品交库凭证及时登记，最后由车间核算人员审核汇总。在产品收发存账，如表 4-1 所示。

表 4-1　　在产品收发存账

车间名称：第一车间

零部件名称：　　　　单位：

日　期	摘　要	收　入		转　出			结　存	
		凭证号	数量	凭证号	合格品	废品	完工	未完工
合　计								

对在产品的管理与固定资产及其他存货一样，应该定期或不定期地进行清查，达到在产品账实相符，保护在产品的安全完整。根据实际盘点数和账面资料编制在产品盘存表，列明在产品的账面数、实有数、盘盈或盘亏数，以及盘盈或盘亏的原因和处理意见等，对于报废和毁损的在产品还要登记残值。成本核算人员应对在产品的盘存表进行认真审核，并报有关部门审批，同时对在产品的盘盈或盘亏进行会计处理。

（1）盘盈的会计处理如下：

① 在产品发生盘盈，按盘盈在产品成本（一般按定额成本计算）：

借：生产成本——基本生产成本——×产品

　　贷：待处理财产损溢——待处理流动资产损溢

② 经批准后转入“制造费用”账户：

借：待处理财产损溢——待处理流动资产损溢

　　贷：制造费用

（2）盘亏或毁损的会计处理如下：

① 在产品发生盘亏或毁损时：

借：待处理财产损溢——待处理流动资产损溢

　　贷：生产成本——基本生产成本——×产品

② 批准转销，按不同情况处理时：

借：原材料（取得的残料）

　　其他应收款（过失人、过失单位或保险公司赔偿）

　　营业外支出（非正常损失）

　　制造费用（车间管理不善造成的损失）

　　贷：待处理财产损溢——待处理流动资产损溢

为了正确地归集和分配制造费用，在产品盘盈、盘亏处理的核算，应该在“制造费用”账户结账之前进行。

第二讲　在产品成本的计价方法

【知识要点】

在产品成本计价，即生产费用在完工产品与在产品之间的分配是成本核算工作中的一个重要环节。由于在产品具有品种规格多、流动性大、完工程度不同等特点，在产品的成本计算较为复杂。企业应该根据在产品数量的多少、各月在产品数量变化的大小、各项费用比重的大小，以及定额管理基础的好坏等具体条件，选择适当的分配方法。实务中常用的方法有不计算在产品成本法、在产品按固定数额计价法、在产品按所耗原材料费用计价法、约当产量比例法、在产品按定额成本计价法、定额比例法和在产品按完工产品计价法。

一、不计算在产品成本法

采用该方法，月末虽然有在产品，但不计算在产品成本。该方法适用于各月月末在产品数量很少的产品。各月在产品数量很少，那么月初和月末在产品的成本就很小，月初在产品成本和月末在产品成本差额就更小，算不算各月在产品成本对于完工产品成本的影响也就很小。所以，期末在产品成本可以忽略不计。例如，食品行业生产周期短，月末即使有在产品，数量也很少，为简化核算，月末一般不计算在产品成本。

二、在产品按固定数额计价法

采用该方法，各月月末在产品成本固定不变。该方法适用于各月月末在产品数量较小，或者在产品数量虽大，但各月之间变化不大的产品。例如，炼铁企业和化工企业的产品，由于高炉和化学反应装置的容积固定，采用该方法，可以大大简化期末成本计算的工作量，这些企业本月发生的各项费用，均是本月完工产品成本。

但是，年末应根据实际盘点的在产品数量，计算年末在产品实际成本，以免由于间隔时间太长、在产品的固定数额与实际出入太大，影响产品成本计算的准确性，同时也可将其作为下一年度各个月份的固定在产品成本。

【技能操作】

【例 4-1】 某企业甲产品月末在产品数量各月之间变化不大，采用在产品按固定数额计价法分配生产费用。202×年年初在产品 10 件，成本为：直接材料 500 元，直接人工 300 元，制造费用 100 元。11 月份发生直接材料费用 9 000 元，直接人工费用 4 000 元，制造费用 1 500 元。11 月份完工产品 150 件，在产品 10 件。12 月份发生直接材料费用 10 000 元，直接人工费用 6 000 元，制造费用 3 000 元。12 月份完工产品 191 件，在产品 9 件(假定在产品视同完工产品分配生产费用)。

本例中，在产品成本按年初数固定计算，因此 11 月末在产品成本应为直接材料 500 元，直接人工 300 元，制造费用 100 元。11 月份在产品成本和完工产品成本计算如下：

月末在产品成本＝500＋300＋100＝900(元)

完工产品成本＝9 000＋4 000＋1 500＝14 500(元)

12 月末应根据实际盘点的在产品数量重新确定计算在产品成本。12 月份在产品成本和完工产品成本计算如下：

$$直接材料费用分配率=\frac{500+10\ 000}{191+9}=52.5(元/件)$$

$$直接人工费用分配率=\frac{300+6\ 000}{191+9}=31.5(元/件)$$

$$制造费用分配率=\frac{100+3\ 000}{191+9}=15.5(元/件)$$

月末在产品成本＝52.5×9＋31.5×9＋15.5×9＝895.5(元)

完工产品成本＝52.5×191＋31.5×191＋15.5×191＝19 004.5(元)

三、在产品按所耗原材料费用计价法

采用该方法，月末在产品只计算其所耗原材料费用，不计算工资等加工费用。该方法适用于原材料费用在产品成本中占有很大比重的产品。例如，纺织、造纸、酿酒等行业，其原材料费用占产品成本比重较大，为了简化核算，对这些行业期末在产品成本一般只计算原材料费用。其具体计算公式如下(假定原材料在生产开始时一次投入)：

$$单位产品原材料成本=\frac{原材料费用总额}{完工产品数量+月末在产品数量}$$

月末在产品成本＝月末在产品数量×单位产品原材料成本

完工产品成本＝月初在产品成本＋本月生产费用－月末在产品成本

【技能操作】

【例 4-2】 C产品的原材料费用占成本的80%，月末在产品的成本只计算原材料费用。C产品本月完工1 000件，200件未完工。原材料在生产开始时一次投入。有关成本资料，如表4-2所示。

表 4-2 成本资料 金额单位：元

项目	直接材料	直接人工	制造费用	合　计
期初余额	5 678			
本月发生额	90 322	2 450	20 130.5	112 902.5

$$原材料费用分配率=\frac{5\ 678+90\ 322}{1\ 000+200}=80(元/件)$$

月末在产品成本＝200×80＝16 000(元)

完工产品成本＝5 678＋112 902.5－16 000＝102 580.5(元)

四、约当产量比例法

采用约当产量比例法，应将月末在产品数量按其完工程度或投料程度折算为相当于完工产品的产量，即约当产量，然后将产品应负担的全部费用按照完工产品产量与月末在产品约当产量的比例分配计算完工产品成本和月末在产品成本。这种方法适用于产品数量较多，各月在产品数量变化也较大，且生产成本中直接材料成本和直接人工等加工成本的比重相差不大的产品。其计算公式如下：

$$某项费用分配率=\frac{月初在产品成本+本月发生的生产费用}{本月完工产品数量+月末在产品约当产量}$$

月末在产品约当产量＝在产品数量×投料程度(或完工程度)

完工产品成本＝完工产品数量×费用分配率

月末在产品成本＝在产品约当产量×费用分配率

或＝月初在产品成本＋本月发生的生产费用－完工产品成本

在产品各项费用的投入程度不同，因此，要分别成本项目计算在产品的约当产量。一般来说，原材料按投料程度计算约当产量，工资和其他费用按加工程度计算约当产量。

（1）按投料程度计算约当产量。其计算公式如下：

$$月末在产品约当产量=各道工序在产品数量\times各道工序在产品投料程度$$

$$原材料费用分配率=\frac{月初在产品材料成本+本月投入材料成本}{本月完工产品数量+月末在产品约当产量}$$

$$在产品应负担的材料费=月末在产品约当产量\times原材料费用分配率$$

在产品的投料程度是在产品已投材料占完工产品应投材料的百分比。在生产过程中，材料投入方式通常有三种：在生产开始时一次投入、在生产过程中陆续投入及在每道生产工序开始时一次投入。由于投料方式不同，在产品的投料程度也就不一样，从而计算的在产品约当产量也就不一样。

第一，如果原材料在生产开始时一次投入，则在产品和完工产品所耗原材料数量相同，在产品投料程度为100%。这样，无论在产品完工程度如何，在分配原材料费用时，直接按完工产品数量和在产品数量的比例分配。

第二，如果原材料在生产过程中陆续投入，且投料程度与生产工时的投入进度一致，分配材料费用的在产品约当产量按在产品的完工程度折算。如果原材料在生产过程中陆续投入，且陆续程度与生产工时的投入进度不一致，其投料程度的计算公式如下：

$$某工序投料程度=\frac{\begin{matrix}在产品上道工序累计\\投入原材料费用(或数量)\end{matrix}+\begin{matrix}在产品在本工序投入\\材料费用(或数量)\end{matrix}\times50\%}{完工产品应投入材料费用(或数量)}\times100\%$$

上式公式中的材料费用或数量可以是实际数也可以是定额数。

【技能操作】

【例4-3】 某产品经两道工序加工完成，原材料消耗定额为第一工序50千克，第二工序150千克。各工序在产品数量为第一工序200件，第二工序220件。原材料在生产开始后逐步投入。分配原材料费用的约当产量计算表及材料费用分配表，如表4-3和表4-4所示。

表4-3　　约当产量计算表

工序	在产品数量（件）	材料消耗定额（千克）	投料率计算	在产品约当产量（件）
1	200	50	(50×50%)÷200×100%=12.5%	200×12.5%=25
2	220	150	(50+150×50%)÷200×100%=62.5%	220×62.5%=137.5
合计		200		162.5

表4-4　　材料费用分配表

项目	产量（件）	分配率（元/件）	原材料成本（元）
完工产品	2 000		90 000
在产品	162.5		7 312.5
合　计	2 162.5	45	97 312.5

第三，如果原材料是在每道生产工序开始时一次投入，则投料程度的计算公式如下：

$$某工序投料程度=\frac{\begin{matrix}在产品上道工序累计\\投入原材料费用(或数量)\end{matrix}+\begin{matrix}在产品在本工序投入\\材料费用(或数量)\end{matrix}}{完工产品应投入材料费用(或数量)}\times100\%$$

【技能操作】

【例 4-4】 假定[例 4-3]原材料是在每道工序开始时一次投入的,分配原材料费用的约当产量计算表及材料费用分配表,如表 4-5 和表 4-6 所示。

表 4-5 约当产量计算表

工序	在产品数量(件)	材料消耗定额(千克)	投料率计算	在产品约当产量(件)
1 2	200 220	50 150	50÷200×100%=25% (50+150)÷200×100%=100%	200×25%=50 220×100%=220
合计		200		270

表 4-6 材料费用分配表

项目	产量(件)	分配率(元/件)	原材料成本(元)
完工产品 在产品	2 000 270		85 737.8 11 574.7
合 计	2 270	42.868 9	97 312.5

(2) 按加工程度计算约当产量。其计算公式如下:

月末在产品约当产量=各道工序在产品数量×各道工序在产品完工程度

$$\text{加工费用分配率}=\frac{\text{月初在产品加工费用}+\text{本月投入加工费用}}{\text{本月完工产品数量}+\text{月末在产品约当产量}}$$

在产品应负担的加工费用=月末在产品约当产量×加工费用分配率

对于直接材料以外的其他成本项目的在产品约当产量,通常按完工程度计算。因为这些费用的发生与完工程度关系密切,它们随工艺过程的进行而逐渐投入,产品完工程度越高,在产品的耗费越多。完工程度可以按各工序分别计算,也可以确定一个平均完工程度。

第一,分工序计算在产品完工程度。分工序计算在产品完工程度是指根据截至某工序为止的在产品实耗工时(或定额工时)占完工产品实耗工时(或定额工时)的百分比。完工程度的计算公式如下:

$$\text{某工序在产品完工程度}=\frac{\text{单位在产品上道工序累计工时定额}+\text{单位在产品本道工序工时定额}\times 50\%}{\text{单位完工产品工时定额}}\times 100\%$$

【技能操作】

【例 4-5】 某产品的工时定额为 50 小时,经三道工序制成。各道工序的工时定额分别为 20 小时、15 小时、15 小时。各工序完工率及月末加工费用分配表,如表 4-7 和表 4-8 所示。

表 4-7 各工序完工率

工序	在产品数量(件)	工时定额(小时)	完工率计算	在产品约当量(件)
1	150	20	(20×50%)÷50×100%=20%	30
2	180	15	(20+15×50%)÷50×100%=55%	99
3	200	15	(20+15+15×50%)÷50×100%=85%	170
合计		50		299

表 4-8　　月末加工费用分配表

项目	数量(件)	分配率(元/件)	加工成本(元)
完工产品	2 000		46 000
在产品	299		6 877
合　计	2 299	23	52 877

第二,不分工序计算在产品完工程度。不分工序计算在产品完工程度是指企业对在产品确定一个平均完工程度(一般是 50%)作为各工序产品完工程度的一种方法。这种方法比较简单,适用于各工序在产品数量和单位产品在各工序的加工量相差不多的情况。

上例按此方法计算的约当产量=150×50%+180×50%+200×50%=265(件)

下面举一综合例子。

【技能操作】

【例 4-6】 某车间生产 D 产品,本月完工 1 500 件,尚有 150 件未完工,月末在产品完工程度平均为 50%,原材料在生产开始时一次投入。本月有关 D 产品的成本资料,如表 4-9 所示。

表 4-9　　D 产品的成本资料　　金额单位:元

项目	直接材料	直接人工	制造费用	合　计
期初余额	21 000	9 865	4 670	35 535
本期发生额	69 750	29 510	11 080	110 340
合　计	90 750	39 375	15 750	145 875

材料费用分配率=(21 000+69 750)÷(1 500+150)=55(元)

在产品应负担材料成本=150×55=8 250(元)

直接人工分配率=(9 865+29 510)÷(1 500+150×50%)=25(元)

在产品应负担直接人工成本=75×25=1 875(元)

制造费用分配率=(4 670+11 080)÷(1 500+150×50%)=10(元)

在产品应负担制造费用=75×10=750(元)

月末在产品成本=8 250+1 875+750=10 875(元)

本月完工产品成本=145 875−10 875=135 000(元)

五、在产品按定额成本计价法

采用该方法,月末在产品的各项费用按各自的费用定额计算,即按月末在产品的数量乘以定额成本求出在产品成本。该方法适用于定额管理基础较好、各项消耗定额或费用定额比较准确稳定、定额资料比较完整且各月月末在产品数量比较稳定的产品。

【技能操作】

【例 4-7】 某车间生产 E 产品,原材料在生产开始时一次投入。月末在产品数量 250 件,在产品的定额工时总计 2 500 小时。E 产品车间完工产品与在产品的成本计算表,如

表 4-10 所示。

表 4-10 E 产品车间完工产品与在产品的成本计算表 金额单位：元

摘 要	产量	定额工时	直接材料	直接人工	制造费用	合 计
生产费用累计			59 760	17 200	15 000	91 960
在产品定额			25	1.6	1.5	
在产品定额成本	250	2 500	6 250	4 000	3 750	14 000
完工产品成本			53 510	13 200	11 250	77 960

从上述计算中可以看出，月末在产品成本的定额差异全部计入完工产品成本。若是定额制定得比较接近实际，该方法既简便又合理。因此，采用这种方法的企业，在定额资料中的某些因素发生变化时，要及时加以修订，否则会影响产品成本的正确性。

六、定额比例法

采用该方法，生产费用按完工产品与月末在产品的定额消耗量或定额费用的比例进行分配。其中，原材料费用按照原材料定额消耗量或原材料定额费用比例分配；工资和福利费、制造费用等费用可按定额工时比例分配。该方法可以避免在按定额成本法计算时，在产品成本的定额差异全部由完工产品成本负担的不足，但要逐项计算费用定额比例，再根据比例分配完工产品成本与在产品成本，计算工作量较大。定额比例法适用于定额管理基础较好，各项消耗定额或费用定额比较准确、稳定，月末在产品数量变动较大的产品。

定额比例法的计算公式如下：

$$\text{耗用量分配率}=\frac{\text{月初在产品实际耗用量}+\text{本月实际耗用量}}{\text{完工产品定额耗用量}+\text{月末在产品定额耗用量}}$$

完工产品实际耗用量＝完工产品定额耗用量×耗用量分配率

完工产品费用＝完工产品实际耗用量×原材料单价(或单位工时工资、费用)

月末在产品实际耗用量＝月末在产品定额耗用量×耗用量分配率

月末在产品费用＝月末在产品实际耗用量×原材料单价(或单位工时工资、费用)

按照上述公式分配，不仅可以提供完工产品和月末在产品的实际费用资料，还可以提供实际耗用量的资料，便于考核和分析各项消耗定额的执行情况。但是，在各种产品所耗原材料品种较多的情况下，采用这种分配方法工作量较大。为了简化核算工作，也可以采用下列公式分配：

$$\text{原材料费用分配率}=\frac{\text{月初在产品实际原材料费用}+\text{本月实际原材料费用}}{\text{完工产品定额原材料费用}+\text{月末在产品定额原材料费用}}$$

完工产品原材料费用＝完工产品定额原材料费用×原材料费用分配率

月末在产品原材料费用＝月末在产品定额原材料费用×原材料费用分配率

＝月初在产品实际原材料费用＋本月实际原材料费用－完工产品原材料费用

$$\text{工资(制造费用)分配}=\frac{\text{月初在产品实际工资(制造费用)}+\text{本月实际工资(制造费用)}}{\text{完工产品定额工时}+\text{月末在产品定额工时}}$$

完工产品实际工资(制造费用)＝完工产品定额工时×工资(制造费用)分配率

月末在产品实际工资(制造费用)＝月末在产品定额工时×工资(制造费用)分配率

＝月初在产品实际工资(制造费用)＋本月实际工资(制造费用)

－完工产品实际工资(制造费用)

按照上述公式计算分配费用，必须取得完工产品和月末在产品的定额耗用量或定额费用资料。完工产品和月末在产品的原材料、工时定额耗用量，是根据完工产品和月末在产品的实际数量乘以单件原材料、工时消耗定额计算求得的。完工产品和月末在产品的定额费用，是根据完工产品和月末在产品的原材料、工时定额耗用量，乘以原材料计划单价或单位小时计划工资、费用计算求得的。采用这种方法，在在产品的种类和工序繁多的情况下，核算工作量繁重。因此，月末在产品定额耗用量及其分配率可采用简化的方法(倒轧)计算。其计算公式如下：

月末在产品定额耗用量＝月初在产品定额耗用量＋本月投入的定额耗用量－本月完工产品定额耗用量

上式中，月初在产品的定额耗用量，是根据上月成本资料取得的；本月投入定额耗用量中的原材料定额耗用量，是根据领料凭证所列原材料定额耗用量等数据计算求得的；本月投入的定额工时，是根据有关工时定额的原始记录计算求得的。用这种方法计算月末在产品的定额数据，虽然可以简化计算工作，但在发生在产品盘盈或盘亏的情况下，计算求得的成本资料就不能如实反映产品的成本水平。

在具备了月初在产品的定额耗用量(或定额费用)和定额工时、本月投入的定额耗用量(或定额费用)和定额工时，以及本月完工产品定额耗用量(或定额费用)和定额工时资料的情况下，倒轧出月末在产品的定额资料。可以按下列公式分配费用：

$$\text{费用分配率}=\frac{\text{月初在产品实际费用}+\text{本月实际费用}}{\text{月初在产品定额费用(定额工时)}+\text{本月投入定额费用(定额工时)}}$$

完工产品和月末在产品费用的计算公式同前。

定额比例法的计算公式还可以归纳为：

$$\text{费用分配率}=\frac{\text{月初在产品某项费用额}+\text{本月某项费用实际发生额}}{\begin{matrix}\text{完工产品某项费用}\\\text{定额耗用量(定额费用)}\end{matrix}+\begin{matrix}\text{月末在产品某项费用}\\\text{定额耗用量(定额费用)}\end{matrix}}$$

完工产品某项费用实际成本＝完工产品某项费用定额耗用量(定额费用)×费用分配率

【技能操作】

【例4-8】 某车间生产F产品，月初在产品直接材料费用2万元，直接人工费用2 000元，制造费用1 000元；本月实际发生的材料费用16万元，直接人工费用2万元，制造费用1万元。完工产品材料定额成本14万元，定额工时18 000小时，月末在产品材料定额成本1万元，定额工时2 000小时。完工产品和月末在产品之间，原材料费用按原材料定额成本比例分配，其他加工费用按定额工时比例分配。其计算分配结果如下：

(1) 用原材料定额成本比例分配原材料费用：

原材料费用分配率＝(20 000＋160 000)÷(140 000＋10 000)＝1.2

完工产品成本应分配的材料费用＝140 000×1.2＝168 000(元)

月末在产品应分配的材料费用＝10 000×1.2＝12 000(元)

(2) 用定额工时比例分配直接人工费用：

直接人工费用分配率＝(2 000＋20 000)÷(18 000＋2 000)＝1.1(元/小时)

完工产品成本应分配的直接人工费＝18 000×1.1＝19 800(元)

月末在产品应分配的直接人工费＝2 000×1.1＝2 200(元)

(3) 用定额工时比例分配制造费用：

制造费用分配率＝(1 000＋10 000)÷(18 000＋2 000)＝0.55(元/小时)

完工产品成本应分配的直接人工费＝18 000×0.55＝9 900(元)

月末在产品应分配的直接人工费＝2 000×0.55＝1 100(元)

月末完工产品与在产品成本计算表，如表 4-11 所示。

表 4-11　**月末完工产品与在产品成本计算表**　金额单位：元

项目	工时	直接材料	直接人工	制造费用	合　计
月初在产品费用		20 000	2 000	1 000	23 000
本月实际发生费用		160 000	20 000	10 000	190 000
本月累计		180 000	22 000	11 000	213 000
月末在产品定额	2 000	10 000			
完工产品定额	18 000	140 000			
定额合计	20 000	150 000			
定额比例		1.2	1.1	0.55	
完工产品成本		168 000	19 800	9 900	197 700
月末在产品成本		12 000	2 200	1 100	15 300

七、在产品按完工产品计价法

采用该方法，是将在产品视同完工产品分配生产费用。它适用于在产品已接近完工，只是尚未包装或尚未验收入库的产品。因为，此时的在产品成本也就基本等于完工产品成本，为了简化计算，可按两者的数量比例分配各项生产费用。

第三讲　完工产品成本的结转

【知识要点】

企业生产产品发生的各项生产费用，在各种产品之间进行了分配，在此基础上通过以上各种方法，又在同种产品的完工产品和月末在产品之间进行了分配，计算出完工产品的成本和月末在产品的成本。

月末完工产品成本应从“生产成本”账户中转出，记入“库存商品”账户，并在产品成本明细账中结转本月完工产品的成本。

【技能操作】

【例 4-9】 以前例 F 产品完工产品成本转出为依据，编制会计分录如下：

借：库存商品——F 产品　197 700

　　贷：生产成本——基本生产成本　197 700

F 产品成本明细账中月末结转情况，如表 4-12 所示。

表 4-12 **产品成本明细账**

产品名称:F 产品 金额单位:元

××××年		摘　要	直接材料	直接人工	制造费用	合　计
月	日					
		月初余额	20 000	2 000	1 000	23 000
		本月发生额	160 000	20 000	10 000	190 000
		本月累计	180 000	22 000	11 000	213 000
		结转本月完工产品成本	168 000	19 800	9 900	197 700
		月末在产品成本	12 000	2 200	1 100	15 300

单元测试

一、单项选择题

(1) 下列各项中,属于狭义在产品范围的是(　　)。

A. 该产品已加工完工但尚未验收入库的自制半成品

B. 该车间已加工完工但转入下一车间继续加工的某一部件

C. 该产品已加工完工并且验收入库的自制半成品

D. 已完成全部生产过程但尚未验收入库的产成品

(2) 在产品数通过(　　)获取。

A. 领料凭证　　B. 产品交库凭证

C. 产品内部转移凭证　　D. 在产品收发存账

(3) 在产品盘亏时,应借记“待处理财产损溢”账户,贷记(　　)账户。

A. “库存商品”　　B. “生产成本”　　C. “自制半成品”　　D. “管理费用”

(4) 原材料在产品成本中占有很大比重的企业里,为了简化核算工作,在产品成本可按(　　)计算。

A. 固定数额　　B. 定额成本　　C. 原材料费用　　D. 约当产量

(5) 若原材料在生产开始时一次投入,则在产品投料程度为(　　)。

A. 50%　　B. 100%　　C. 25%　　D. 不确定

(6) 采用约当产量法,当各工序在产品数量和单位产品在各工序的加工量都相差不多的情况下,全部在产品完工程度可按(　　)平均计算。

A. 50%　　B. 100%　　C. 25%　　D. 75%

(7) 假设某企业产品工时定额为 50 小时,经两道工序完成,每道工序的工时定额分别为 30 小时和 20 小时,则第二道工序的完工程度为(　　)。

A. 20%　　B. 100%　　C. 50%　　D. 80%

(8) 某产品所耗原材料在生产开始时一次投入,本月生产 100 件该产品,其中完工产品 80 件,在产品 20 件,本月应分配材料费用 10 000 元,则完工产品成本中材料费是(　　)元。

A. 2 000　　B. 8 000　　C. 9 000　　D. 1 000

(9) 在产品成本按定额成本法计算，适用于(　　)的企业。

A. 各月在产品数量很少

B. 原材料费用在产品成本中占有很大比重

C. 定额管理基础较好，定额资料比较完整且各月末在产品数量比较稳定

D. 定额管理基础较好，各项消耗定额比较准确、稳定，但各月末在产品数量变动较大

(10) 计算月末在产品约当产量的依据是(　　)。

A. 本月完工产品数量　　B. 本月末在产品数量

C. 本月末在产品数量和完工程度　　D. 本月末在产品定额成本和定额工时

(11) 约当产量是指将月末在产品数量按照(　　)折算为相当于完工产品的数量。

A. 新旧程度　　B. 完工程度

C. 预计完工率　　D. 预计废品率

(12) 假定某工业企业某种产品本月完工 250 件，月末在产品 160 件，在产品完工程度测定为 40%，月初和本月发生的原材料费用共 56 520 元，原材料随着加工进度陆续投入，则完工产品和月末在产品的原材料费用分别为(　　)。

A. 45 000 元和 11 250 元　　B. 40 000 元和 16 250 元

C. 34 298 元和 21 952 元　　D. 45 000 元和 11 520 元

(13) 某种产品经两道工序加工完成，各道工序的工时定额分别为 24 小时、16 小时。各道工序的在产品在每道工序的加工程度按工时定额的 50%计算。据此计算的第二道工序在产品累计工时定额为(　　)小时。

A. 16　　B. 20　　C. 32　　D. 40

(14) 某种产品各月月末在产品数量较大，但各月之间变化很小，为了简化成本计算工作，其生产费用在完工产品与在产品之间进行分配时，适宜采用的方法是(　　)。

A. 不计算在产品成本法　　B. 在产品按年初固定成本计价法

C. 在产品按完工产品计价法　　D. 在产品按定额成本计价法

(15) 某种产品经两道工序加工完成。第一道工序的月末在产品数量为 100 件，完工程度为 20%；第二道工序的月末在产品数量为 200 件，完工程度为 70%。据此计算的月末在产品约当产量为(　　)件。

A. 20　　B. 135　　C. 140　　D. 160

(16) 对于月末在产品数量较大，各月末在产品数量变化也较大，产品成本中原材料费用和工资及福利费等加工费用的比重相差不多的产品，应采用(　　)。

A. 在产品按固定成本计价法　　B. 在产品按定额成本计价法

C. 约当产量法　　D. 在产品按所耗原材料费用计价法

(17) 分配加工费用时所采用的在产品完工率，是指产品(　　)与完工产品工时定额的比率。

A. 所在工序的工时定额

B. 前面各工序工时定额之和与所在工序工时定额之半的合计数

C. 所在工序的累计工时定额

D. 所在工序的工时定额之半

(18) 如果产品的消耗定额准确、稳定，各月末在产品数量变化不大，产品成本中原材料费用所占比重较大，为了简化成本计算，月末在产品可以(　　)。

A. 按定额原材料费用计价　　B. 按定额成本计价
C. 按所耗原材料费用计价　　D. 按定额加工费用计价

(19) 某企业产品经过两道工序，各工序的工时定额分别为 30 小时和 40 小时，则第二道工序的完工率为(　　)。

A. 68%　　B. 69%　　C. 70%　　D. 71%

(20) 约当产量法适用于(　　)的产品。

A. 月末在产品数量较大
B. 各月之间在产品数量变化较大
C. 产品成本中各项费用比重相差不多
D. 以上三项条件同时具备

(21) 如果企业定额管理基础较好，能够制定比较准确、稳定的消耗定额，各月末在产品数量变化较大，应采用(　　)计算在产品成本。

A. 定额比例法　　B. 在产品按定额成本计价法
C. 在产品按所耗原材料费用计价法　　D. 在产品按固定成本计价法

二、多项选择题

(1) 广义在产品包括(　　)。

A. 正在车间中加工的在产品
B. 已经完成一个或几个生产步骤，但有待继续加工的半成品
C. 已完工但尚未验收入库的产成品
D. 正在返修和等待返修的废品

(2) 计算本月完工产品成本时，需依据的成本资料主要有(　　)。

A. 月初在产品费用　　B. 本月生产费用
C. 本月末在产品成本　　D. 上月完工产品成本

(3) 在产品盘亏，批准转销时，在贷记“待处理财产损溢——待处理流动资产损溢”账户的同时，有可能借记(　　)账户。

A. “原材料”　　B. “其他应收款”　　C. “营业外支出”　　D. “管理费用”

(4) 在生产过程中，材料投入方式通常有(　　)。

A. 在生产开始时一次投入　　B. 在生产过程中陆续投入
C. 在每道工序开始时一次投入　　D. 以上皆有可能

(5) 在计算约当产量时，可按(　　)计算。

A. 定额　　B. 投料程度　　C. 月末在产品数量　　D. 加工程度

(6) 约当产量法适用于分配(　　)。

A. 直接材料　　B. 直接人工　　C. 制造费用　　D. 管理费用

(7) 在确定生产费用在完工产品与在产品之间分配的方法时，应考虑的因素有(　　)。

A. 各月在产品数量变化的大小　　B. 在产品数量的多少
C. 定额管理基础的好坏　　D. 各项费用比重的大小

(8) 分配计算完工产品和月末在产品的费用时，采用在产品按定额成本计价法所应具备的条件有(　　)。

A. 各月月末在产品数量变化较大　　B. 产品的消耗定额比较稳定

C. 各月月末在产品数量变化较小　　　　D. 产品的消耗定额比较准确

(9) 采用约当产量比例法，计算在产品完工程度的方法有(　　)。

A. 按50%平均计算各工序完工率　　　　B. 分工序分别计算完工率

C. 按定额比例法计算　　　　D. 按定额工时计算

(10) 在产品按年初数固定计算法，适用于(　　)的产品。

A. 各月月末在产品结存数量较小

B. 各月月末在产品结存数量很大

C. 各月月末在产品结存数量虽大，但各月之间变化不大

D. 各月月末在产品数量变化较大

(11) 生产费用在完工产品和月末在产品之间分配的方法有(　　)。

A. 定额比例法　　　　B. 按定额成本计价法

C. 约当产量法　　　　D. 计划成本分配法

(12) 采用约当产量比例法分配完工产品和在产品费用，适用于(　　)的产品。

A. 月末在产品数量不大　　　　B. 月末在产品数量较大

C. 产品成本中各项费用所占比重相差不多　D. 各月在产品数量变动较大

(13) 各月份在产品数量较多且变化也较大，在完工产品与月末在产品之间分配生产费用时，不宜采用的方法有(　　)。

A. 在产品不计算成本法　　　　B. 在产品按固定成本计价法

C. 约当产量法　　　　D. 在产品按定额成本计价法

三、判断题

(1) 在定额成本法下，月末在产品成本的定额差异全部计入完工产品成本。　(　　)

(2) 原材料在生产过程中分次投入时，应当根据各工序在产品累计已投入的材料费用占完工产品应投入的材料费用的比重计算确定在产品的投料程度。　(　　)

(3) 企业的在产品已接近完工时，可采用在产品按固定数额计价法。　(　　)

(4) 定额成本法和定额比例法下，定额差异均是由完工产品成本负担的。　(　　)

(5) 在产品的数量按照其完工程度折算为相当于完工产品的数量，称为约当产量。　(　　)

(6) 在计算约当产量时，不用区分材料、人工和其他费用，而用一个标准来处理。　(　　)

(7) 在在产品按固定数额计价法中，各月末在产品成本固定不变，到年末也不需调整。　(　　)

(8) 本月完工产品成本＝月初在产品费用＋本月生产费用－月末在产品成本。　(　　)

(9) 在“在产品按所耗原材料费用计价法”中，月末在产品只有材料费用，没有直接人工费和制造费用。　(　　)

(10) 某产品生产需三道工序，共需投料100千克，其中第一、第二、第三道工序分别投入50千克、30千克、20千克，若原材料是在每道生产工序开始时一次投入，则处于第三道工序的在产品投料程度是90%。　(　　)

四、简答题

(1) 什么是在产品？如何理解在产品的含义？

(2) 生产费用在完工产品和在产品之间分配的意义是什么？如何根据企业的具体情况选择适当的分配方法？

(3) 生产费用在完工产品和在产品之间分配的分配方法有哪几种？其适用范围分别是什么？

(4) 试说明定额比例法和定额成本法的区别。

(5) 在约当产量法下，如何测定在产品生产过程中的投料程度和加工程度？

(6) 简述在产品清查结果的账务处理。

实务训练

训练一

目的：练习投料程度的计算。

资料：某产品经两道工序制成，第一道工序的原材料消耗定额为 200 千克，第二道工序的原材料消耗定额为 50 千克。

要求：

(1) 计算原材料于每道工序开始时一次投入情况下各工序的投料程度。

(2) 计算原材料陆续投入情况下各工序的投料程度。

训练二

目的：练习在产品按所耗原材料成本计价法。

资料：某企业只生产甲产品一种产品，所耗原材料在生产开始时一次投入，产品成本中原材料费用所占比例较大，月末在产品按所耗原材料成本计价。5 月初在产品成本为 10 000 元，5 月发生生产费用如下：原材料 150 000 元，燃料动力费用 20 000 元，工资福利费 15 000 元，制造费用 16 000 元，本月完工产品 600 件，月末在产品 200 件。

要求：分别计算甲完工产品成本和月末在产品成本。

训练三

目的：练习约当产量比例法。

资料：某产品经过两道工序完工，完工产品工时定额为 50 小时，第一道工序为 30 小时，第二道工序为 20 小时。每道工序在产品工时定额按本工序工时定额的 50%计算，该产品本月完工产品 500 件，第一道工序在产品为 200 件，第二道工序在产品为 100 件，期初在产品和本月发生的制造费用共为 64 000 元。

要求：

(1) 计算该产品第一、第二道工序在产品的加工程度。

(2) 分别计算该产品完工产品和月末在产品的制造费用。

训练四

目的：练习在产品按定额成本计价法及定额比例法。

资料：某企业生产 A 产品，经过两道工序连续加工制成，本月完工 450 件，原材料在生产开始时一次投入。单件产品原材料费用定额为 90 元，工时定额 10 小时，每小时直接人工费用定额 45 元，制造费用定额 1.5 元，各工序工时定额及在产品数量，如表 4-13 所示。

表 4-13　　各工序工时定额及在产品数量

工　序	工时定额(小时)	月末在产品数量(件)
1	6	150
2	4	100
合　计	10	250

各工序月末在产品平均加工程度为 50%。A 产品月初及本月生产费用的合计数为：原材料 63 000 元，工资及福利费 11 500 元，制造费用 8 625 元。

要求：

(1) 分别采用在产品按定额成本计价法及定额比例法分配计算完工产品成本和在产品成本。

(2) 试分析两种方法的计算结果为何不同。

训练五

目的：练习约当产量比例法。

资料：某产品由两道工序完成，原材料随着加工程序陆续投入。原材料消耗定额为第一道工序 60%，第二道工序 40%。在产品在本工序的消耗定额按 50%计算，月末在产品数量为第一道工序 2 500 件，第二道工序 1 500 件，该月月初在产品原材料费用和本月原材料费用合计为 48 000 元，该月完工产品为 2 250 件。

要求：按约当产量比例法分配计算完工产品和月末在产品的原材料费用。

第五单元　品种法计算产品成本

导学目标

1. 了解品种法的含义、特点和适用范围。
2. 掌握品种法的成本计算程序。
3. 熟练运用品种法计算产品成本并进行相应的账务处理。

导学案例

某火力发电厂只生产一种产品。该厂属于大量单步骤生产，其工艺过程是热能→机械能→电能的转换，即以煤为燃料，对锅炉中的水加热，使其变成高温高压的蒸汽，推动汽轮机迅速旋转，借以带动发电机转动，产生电力。该厂生产的电力产品除了本厂使用，全部对外供应。该厂设有燃料、锅炉、汽机、电机四个基本生产车间，另设一个供水辅助生产车间和若干管理科室。

思考：该厂应采用什么方法计算电力产品的成本？依据是什么？计算电力产品成本时应设置哪些账户？如何计算电力产品的成本？

第一讲　品种法概述

【知识要点】

一、品种法的含义及其适用范围

产品成本计算的品种法又称简单法，是指以产品品种作为成本核算对象，归集和分配生产费用、计算产品成本的一种方法。品种法是成本计算方法中最基本的方法，不论什么特点的企业，不论什么类型的产品生产，也不论管理要求如何，最终都必须按照产品品种计算产品成本。这种方法在实际工作中应用比较广泛，其适用范围主要包括：

（1）大量大批单步骤生产的企业，如发电、采掘、供水等企业。在这种类型的生产中，产品的生产过程不可能或者不需要划分为几个生产步骤，只由一个企业单独完成，所以也就不可能或者不需要按照生产步骤计算产品成本，只能以最终产品作为成本计算对象，归集生产费用，计算产品成本。

(2) 大量大批多步骤生产且管理上不要求分步计算的企业，如小型水泥厂、织布厂、铸件熔铸等企业。这类企业或车间规模较小，或车间是封闭式的，从原材料投入到产品完工都在一个车间进行，或生产是按流水线组织的，管理上不要求按照生产步骤计算产品成本。

(3) 大中型企业中的辅助生产车间，如为基本生产车间提供产品和劳务的供电、供水、供气车间等。

二、品种法的特点

品种法的主要特点包括：

(1) 以产品品种作为成本核算对象。这一特点对成本会计工作最直接的影响是，应根据产品品种设置生产成本明细账归集生产费用，计算产品成本。

在采用品种法计算产品成本的企业或车间里，如果只生产一种产品，则该种产品就是成本核算对象，并为这种产品设置产品成本明细账，按成本项目设专栏。在这种情况下，所发生的全部费用都是直接费用，可以直接计入该产品成本明细账的有关成本项目中，而不存在各成本计算对象之间费用分配的问题。

如果生产多种产品，应按产品品种分别设置产品成本明细账，以每种产品为成本计算对象，归集生产费用，计算产品成本。生产多种产品的直接费用，可以根据有关凭证或费用分配表，直接记入有关成本明细账；应由几种产品共同负担的间接费用，应采用一定的分配方法，并编制费用分配表，在有关产品之间进行分配，然后记入成本明细账。

(2) 品种法下一般定期(每月月末)计算产品成本。成本计算期与会计报告期一致，即按日历月份，每月定期计算产品成本。

采用品种法计算产品成本，无论是大量大批生产一种产品，还是大量大批生产多种产品，产品成本都要每月定期计算一次。因此，产品成本的计算期与会计报告期一致，而与产品的生产周期不一致。

(3) 期末如有在产品，要采用适当的方法在完工产品与在产品之间分配生产费用，以计算完工产品和期末在产品成本。

第一，不计算在产品成本。单步骤生产中，月末计算成本时，一般不存在尚未完工的在产品，或者在产品数量很少，因而可以不计算在产品成本。在这种情况下，产品成本明细账中按成本项目归集的生产费用，就是该产品的总成本，除以该产品的产量，即可求得该产品的平均单位成本。

第二，月末计算在产品成本。在规模较小，且管理上又不要求按照生产步骤计算产品成本的大量大批多步骤生产中，月末一般都有在产品，而且数量较多，这就需要将产品成本明细账中归集的生产费用，选择适当的方法，在完工产品与月末在产品之间进行分配，以计算出完工产品成本和月末在产品成本。

第二讲 品种法计算产品成本的具体应用

【知识要点】

一、品种法的成本计算程序

品种法的成本计算程序，如图 5-1 所示。

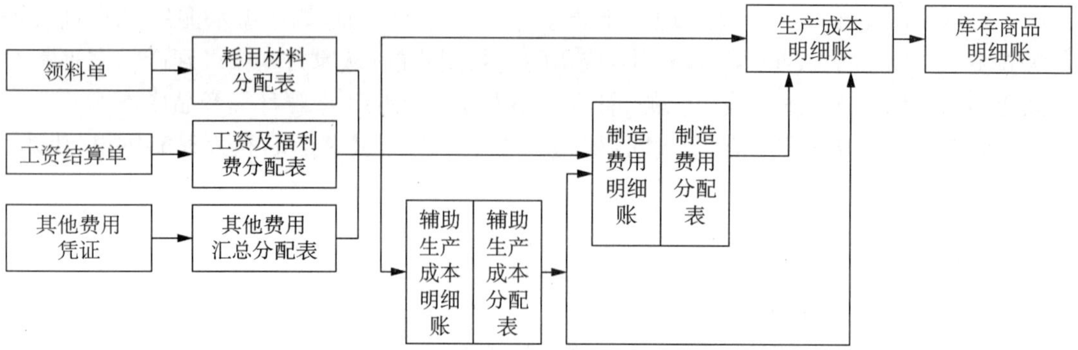

图 5-1　品种法的成本计算程序

(1) 按产品品种设立成本明细账,根据各项费用的原始凭证及相关资料编制有关记账凭证并登记有关明细账,并编制各种费用分配表分配各要素费用。

(2) 根据上述各种费用分配表和其他有关资料,登记辅助生产明细账、基本生产明细账和制造费用明细账等。

(3) 根据辅助生产明细账编制辅助生产成本分配表,分配辅助生产成本。

(4) 根据制造费用明细账编制制造费用分配表,在各种产品之间分配制造费用,并据以登记基本生产成本明细账。

(5) 根据各产品基本生产明细账编制产品成本计算单,分配完工产品成本和在产品成本。

(6) 编制产成品的成本汇总表,结转产成品成本。

二、品种法的应用

(一) 生产单一品种,且月末不计算在产品成本

产品生产周期较短,产品品种单一,月末没有在产品,或有少量在产品但不予计算,按成本计算对象归集起来的费用,就是完工产品的总成本,除以数量就是单位成本。这种品种法的计算方法简单,所以称为简单法。它是品种法的简单形式。现以火力发电厂为例,说明成本计算的简单法。

火力发电厂利用燃料燃烧产生的热力,使锅炉中的水变成蒸汽,推动汽轮机迅速旋转,带动发电机运转,从而发出电力。有的火力发电厂只生产电力一种产品,有的生产电力和蒸汽两种产品。这里介绍只生产电力一种产品的成本计算的简单法。

【技能操作】

【例 5-1】 某火力发电厂的燃料是电力制造成本的 75%,该厂某年 4 月生产电力 50 000 千度,该月电力成本明细账归集的生产费用,如表 5-1 所示。

表 5-1　　电力成本明细账

产品产量:50 000 千度　　××××年 4 月　　金额单位:元

摘　要	直接材料	直接人工	制造费用	合　计
耗用燃料	15 000 000			15 000 000
耗用辅助材料	600 000			600 000

（续表）

摘　要	直接材料	直接人工	制造费用	合　计
耗用水	60 000			60 000
支付职工薪酬		1 140 000		1 140 000
支付间接费用			3 200 000	3 200 000
合　计	15 660 000	1 140 000	3 200 000	20 000 000

根据上述电力成本明细账归集的生产费用编制电力成本计算表，如表 5-2 所示。

表 5-2　**电力成本计算表**

产品产量：50 000 千度　××××年 4 月　金额单位：元

成本项目	总成本	单位成本
直接材料	15 660 000	313.2
直接人工	1 140 000	22.8
制造费用	3 200 000	64
制造成本	20 000 000	400

该厂电力总成本 2 000 万元，每千度电的成本为 400 元。

（二）生产多品种，且月末计算在产品成本

【技能操作】

【例 5-2】 某工厂是大量生产的企业，由于半成品对外不销售，管理上不要求计算成本，因此，用品种法计算产品成本。企业设有一个基本生产车间，生产甲、乙两种产品，生产工艺过程为单步骤生产，另外还设有一个辅助的机修车间，为基本生产车间和管理部门提供修理服务。根据生产特点和管理要求，采用品种法计算产品成本。该厂 2023 年 10 月有关成本核算资料如下：

（1）产品实际产量资料，如表 5-3 所示。

表 5-3　**产品实际产量**　单位：件

产品名称	月初在产品	本月投产	本月完工	月末在产品
甲产品 乙产品	120 40	280 110	300 100	100 50
合　计	160	390	400	150

甲产品月末在产品完工程度为 80%，乙产品月末在产品完工程度为 60%。

（2）月初在产品成本资料，如表 5-4 所示。

表 5-4 **月初在产品成本** 金额单位：元

产品名称	直接材料	直接人工	制造费用	合计
甲产品	150 000	20 000	5 000	175 000
乙产品	120 000	15 000	3 000	138 000

(3) 其他有关资料：本月甲、乙产品的机器工时分别为 3 000 工时和 2 000 工时，工人工时分别为 8 000 工时和 5 000 工时；本月机修车间提供修理工时 1 000 工时，其中：车间和管理部门受益 800 工时，对外提供劳务 200 工时。

三、品种法的应用举例

【技能操作】

【例 5-3】 1. 归集和分配生产费用

(1) 各种要素费用的归集和分配。某厂 2023 年 10 月发生的生产费用资料如下：

① 材料费用。根据领料单等领料凭证，本月共发出材料 600 000 元，其中：甲、乙产品分别耗用 300 000 元和 215 000 元，甲、乙产品共同耗用辅助材料 20 000 元，基本生产车间一般耗用 50 000 元，机修车间耗用 10 000 元，企业管理部门耗用 5 000 元。原材料在生产开始时一次投入。编制的材料费用分配表，如表 5-5 所示。

表 5-5 **材料费用分配表**

2023 年 10 月 金额单位：元

应借账户		共同耗用			直接领用	合　计
		定额	分配率	金额		
基本生产成本	甲产品	14 000		11 200	300 000	311 200
	乙产品	11 000		8 800	215 000	223 800
	小计	25 000	0.8	20 000	515 000	535 000
辅助生产成本	机修车间				10 000	10 000
制造费用					50 000	50 000
管理费用					5 000	5 000
合　计					580 000	600 000

注：共同耗用材料分配率=20 000÷25 000=0.8

根据材料费用分配表，编制会计分录如下：

借：生产成本——基本生产成本——甲产品　　311 200
　　　　　　　　　　　　　——乙产品　　223 800
　　　　　——辅助生产成本——机修车间　　10 000
　　制造费用——基本生产车间　　50 000
　　管理费用　　5 000
　　贷：原材料　　600 000

② 职工薪酬。根据工资结算汇总表，本月应付工资总额 110 000 元，其中：基本生产车间工人工资 78 000 元，车间管理人员工资 8 000 元，机修车间工人工资 9 000 元，厂部管理人员

工资 15 000 元。基本生产车间工人工资按工人工时比例分配。同时按工资总额的 20% 提取社会保险费。编制的职工薪酬分配表，如表 5-6 所示。

表 5-6　　**职工薪酬分配表**

2023 年 10 月　　金额单位：元

应借账户		工资			社会保险费	合计
		生产工时	分配率	金额		
基本生产成本	甲产品	8 000		48 000	9 600	57 600
	乙产品	5 000		30 000	6 000	36 000
	小计	13 000	6	78 000	15 600	93 600
辅助生产成本	机修车间			9 000	1 800	10 800
制造费用				8 000	1 600	9 600
管理费用				15 000	3 000	18 000
合计				110 000	22 000	132 000

注：甲、乙产品共同耗用人工费分配率 $=\frac{78\,000}{8\,000+5\,000}=6$（元/工时）

根据职工薪酬分配表，编制会计分录如下：

借：生产成本——基本生产成本——甲产品　　57 600
　　　　　　　　　　　　　——乙产品　　36 000
　　　　　　——辅助生产成本——机修车间　　10 800
　　制造费用——基本生产车间　　9 600
　　管理费用　　18 000
　　贷：应付职工薪酬——工资　　110 000
　　　　　　　　　　——社会保险费　　22 000

③ 电费。本月共支付电费 11 000 元，其中：甲、乙两种产品动力用电 8 500 元，基本生产车间照明用电 1 000 元，机修车间用电 1 000 元，厂部用电 500 元。产品动力用电按机器工时比例分配。编制的用电费用分配表，如表 5-7 所示。

表 5-7　　**用电费用分配表**

2023 年 10 月　　金额单位：元

应借账户		电力费用		
		机器工时	分配率	金额
基本生产成本	甲产品	3 000		5 100
	乙产品	2 000		3 400
	小计	5 000	1.7	8 500
辅助生产成本	机修车间			1 000
制造费用				1 000
管理费用				500
合计				11 000

注：甲、乙产品共同耗用电费分配率 $=\frac{8\,500}{3\,000+2\,000}=1.7$（元/工时）

根据电力费用分配表,编制会计分录如下:

借:生产成本——基本生产成本——甲产品　5 100
　　　　　　　　　　　　　——乙产品　3 400
　　　　　——辅助生产成本——机修车间　1 000
　制造费用——基本生产车间　1 000
　管理费用　500
　贷:银行存款　11 000

④ 计提固定资产折旧费用。编制的折旧费分配表,如表5-8所示。

表5-8　折旧费分配表

2023年10月　金额单位:元

分配对象	分配金额
基本生产车间	8 000
辅助生产车间	2 000
管理部门	2 000
合　计	12 000

根据折旧费分配表,编制会计分录如下:

借:制造费用——基本生产车间　8 000
　生产成本——辅助生产成本——机修车间　2 000
　管理费用　2 000
　贷:累计折旧　12 000

⑤ 其他费用。根据付款凭证汇总本月以银行存款支付的其他各种费用,编制其他费用分配表,如表5-9所示。

表5-9　其他费用分配表

2023年10月　金额单位:元

分配对象	办公费	差旅费	劳动保护费	运输费	合　计
基本生产车间	300	6 000	800	14 780	21 880
辅助生产车间	100	500	200	—	800
管理部门	800	1 300	100	—	2 200
合　计	1 200	7 800	1 100	14 780	24 880

根据其他费用分配表,编制会计分录如下:

借:生产成本——辅助生产成本——机修车间　800
　制造费用——基本生产车间　21 880
　管理费用　2 200
　贷:银行存款　24 880

在实际工作中,支付各项货币资金的业务应逐笔编制会计分录,这里是为了简化而汇总编制的会计分录。

(2) 分配辅助生产成本。企业对辅助生产成本,应设置辅助生产成本明细账,月末,根据辅助生产成本明细账归集的费用,采用一定的分配方法(这里采用直接分配法)将辅助生产成本分配给各受益对象,作为各受益对象的成本费用。辅助生产成本明细账、编制的辅助生产费用分配表,如表 5-10 和表 5-11 所示。

表 5-10　　辅助生产成本明细账

车间名称:机修车间　　金额单位:元

2023 年		凭证号数	摘　要	材料费	薪　酬	电　费	折旧费	其　他	合　计
月	日								
10		5-5	耗用材料	10 000					10 000
		5-6	分配薪酬		10 800				10 800
		5-7	分配电力费			1 000			1 000
		5-8	分配折旧费				2 000		2 000
		5-9	支付其他费用					800	800
			本月合计	10 000	10 800	1 000	2 000	800	24 600
			本月分配转出	10 000	10 800	1 000	2 000	800	24 600

表 5-11　　辅助生产费用分配表

2023 年 10 月　　金额单位:元

待分配费用	修理总工时(小时)	分配率	车间、管理部门		对外提供修理劳务	
			工时(小时)	金额	工时(小时)	金额
24 600	1 000	24.60	800	19 680	200	4 920

根据辅助生产费用分配表,编制会计分录如下:

借:管理费用　　19 680

　其他业务成本　　4 920

　贷:生产成本——辅助生产成本——机修车间　　24 600

(3) 分配制造费用。月末,根据制造费用明细账,将归集的费用按生产工人工时比例进行分配。制造费用明细账、编制的制造费用分配表,如表 5-12 和表 5-13 所示。

表 5-12　　制造费用明细账

车间名称:基本生产车间　　金额单位:元

2023 年		凭证号数	摘　要	材料费	薪　酬	电　费	折旧费	其　他	合　计
月	日								
10		5-5	耗用材料	50 000					50 000
		5-6	分配薪酬		9 600				9 600
		5-7	分配电力费			1 000			1 000
		5-8	分配折旧费				8 000		8 000
		5-9	支付其他费用					21 880	21 880
			本月合计	50 000	9 600	1 000	8 000	21 880	90 480
			本月分配转出	50 000	9 600	1 000	8 000	21 880	90 480

表 5-13 **制造费用分配表**

车间名称:基本生产车间 2023 年 10 月 金额单位:元

产品名称	生产工时(小时)	分配率	分配金额
甲产品 乙产品	8 000 5 000		55 680 34 800
合 计	13 000	6.96	90 480

注:制造费用分配率$=\frac{90\ 480}{8\ 000+5\ 000}=6.96$(元/小时)

根据表 5-13,将基本生产车间的制造费用分配到甲、乙两产品的生产成本中,编制会计分录如下:

借:生产成本——基本生产成本——甲产品 55 680

——乙产品 34 800

贷:制造费用——基本生产车间 90 480

2. 计算完工产品和在产品成本

根据上述成本费用的归集和分配资料,采用约当产量法计算本月完工产品和在产品成本,编制甲、乙产品成本计算表,如表 5-14 和表 5-15 所示。

表 5-14 **甲产品成本计算表**

产品名称:甲产品 2023 年 10 月

本月完工:300 台

月末在产品:100 台 金额单位:元

摘 要	直接材料	直接人工	制造费用	合 计
月初在产品成本	150 000	20 000	5 000	175 000
本月生产费用	311 200	57 600	60 780	429 580
生产费用合计	461 200	77 600	65 780	604 580
完工产品数量(台)	300	300	300	
月末在产品约当产量(台)	100	80	80	
约当总产量	400	380	380	
单位成本(分配率)	1 153	204.21	173.11	1 530.32
完工产品总成本	345 900	61 263	51 933	459 096
在产品总成本	115 300	16 337	13 847	145 484

注:月末在产品约当产量的计算:直接材料按 100%计算,直接人工和制造费用按 80%计算。

表 5-15 **乙产品成本计算表**

产品名称:乙产品 2023 年 10 月

本月完工:100 台

月末在产品:50 台 金额单位:元

摘 要	直接材料	直接人工	制造费用	合 计
月初在产品成本	120 000	15 000	3 000	138 000
本月生产费用	223 800	36 000	38 200	298 000
生产费用合计	343 800	51 000	41 200	436 000

（续表）

摘　要	直接材料	直接人工	制造费用	合　计
完工产品数量(台)	100	100	100	
月末在产品约当产量(台)	50	30	30	
约当总产量	150	130	130	
单位成本(分配率)	2 292	392.31	316.92	3 001.23
完工产品总成本	229 200	39 231	31 692	300 123
在产品总成本	114 600	11 769	9 508	135 877

注：月末在产品约当产量的计算：直接材料按100%计算，直接人工和制造费用按60%计算。

3. 编制完工产品成本汇总表并结转完工产品成本

根据甲、乙产品成本计算表，编制完工产品成本汇总表，如表5-16所示。

表5-16　　完工产品成本汇总表

2023年10月　　金额单位：元

成本项目	甲产品(完工300台)		乙产品(完工100台)	
	总成本	单位成本	总成本	单位成本
直接材料	345 900	1 153	229 200	2 292
直接人工	61 263	204.21	39 231	392.31
制造费用	51 933	173.11	31 692	316.92
合　计	459 096	1 530.32	300 123	3 001.23

4. 根据完工产品成本汇总表填制转账凭证，将完工产品成本转入“库存商品”账户，并分别登记甲、乙两种产品的库存商品明细账

根据表5-16，编制会计分录如下：

借：库存商品——甲产品　　459 096

　　　　　　——乙产品　　300 123

　　贷：生产成本——基本生产成本——甲产品　　459 096

　　　　　　　　　　　　　　　　——乙产品　　300 123

单元测试

一、单项选择题

(1) 品种法以产品(　　)为成本计算对象。

A. 批别　　B. 生产步骤　　C. 品种　　D. 类别

(2) 产品成本计算的品种法是(　　)。

A. 一种成本计算的辅助方法

B. 单一法

C. 按照产品品种计算产品成本的方法

D. 按照产品品种和生产步骤计算产品成本的方法

(3) 品种法适用于(　　)。

A. 单件生产　　B. 大量大批生产　　C. 小批生产　　D. 任何情况

(4) 品种法的特点是(　　)。

A. 不分批计算产品成本　　B. 不分步计算产品成本

C. 既分品种又分步计算产品成本　　D. 只分品种计算产品成本

(5) 品种法的成本计算期与(　　)是不一致的。

A. 生产周期　　B. 会计核算期　　C. 会计分期　　D. 产品完工日期

(6) 成本计算最基本的方法是(　　)。

A. 品种法　　B. 分批法　　C. 分类法　　D. 分步法

(7) 如果企业只生产一种产品,那么发生的费用(　　)。

A. 全部直接计入费用　　B. 全部间接计入费用

C. 需要将生产费用进行分配后计入　　D. 部分是直接费用,部分是间接费用

(8) 在大量大批多步骤生产的情况下,如果管理上不要求分步骤计算产品成本,其所采用的成本计算方法应是(　　)。

A. 分批法　　B. 分步法　　C. 分类法　　D. 品种法

(9) 在应用品种法的情况下,(　　)。

A. 如果只生产一种产品,全部生产经营费用(包括管理费用、财务费用、销售费用)直接计入该产品成本明细账的有关成本项目

B. 如果只生产一种产品,也要将费用进行分配

C. 如果是生产多种产品,发生的直接费用可以直接计入各产品成本明细账的有关成本项目

D. 如果生产多种产品,间接费用要在各品种之间平均分配

二、多项选择题

(1) 品种法适用于(　　)。

A. 大量大批生产

B. 单件小批生产

C. 简单生产

D. 复杂生产,且管理上不要求分步骤计算产品成本

E. 以上都正确

(2) 品种法的特点有(　　)。

A. 以品种作为成本计算对象

B. 成本计算期与生产周期一致

C. 成本计算期与生产周期不一致

D. 月末不需要将生产费用在完工产品和在产品之间进行分配

E. 以上都正确

(3) 下列企业中,适合运用品种法计算产品成本的有(　　)。

A. 发电厂　　B. 小型水泥厂　　C. 拖拉机厂

D. 造船厂　　E. 纺织厂

(4) 下列对品种法的表述中，正确的有(　　)。

A. 以产品品种作为成本计算对象

B. 成本计算程序较为复杂

C. 成本计算期与会计报告期一致

D. 可用于大量单步骤生产产品的企业

E. 大量大批多步骤企业必须采用的成本计算方法

(5) 品种法的成本核算程序包括(　　)。

A. 按品种开设的成本计算单归集直接费用

B. 归集并分配辅助生产费用

C. 归集并分配制造费用

D. 将成本计算单归集的费用在完工产品与在产品之间分配

E. 计算出各种产品成本，编制完工产品成本汇总表并结转完工产品成本

三、判断题

(1) 采用品种法的企业，若只生产一种产品，则所发生的全部费用都是直接费用，可以直接计入该产品成本明细账的有关成本项目中，而不存在各成本计算对象之间的费用分配问题。(　　)

(2) 品种法是最基本的成本计算方法。(　　)

(3) 品种法的成本计算期与生产周期一致。(　　)

(4) 品种法不需要在各种产品之间分配费用，也不需要在完工产品和月末在产品之间分配费用，所以也称简单法。(　　)

(5) 从生产工艺过程看，品种法只适用于简单生产。(　　)

(6) 品种法一般适用于计算大量大批多步骤生产的产品成本。(　　)

(7) 不论什么制造企业，不论什么生产类型，也不论管理要求如何，最终都必须按照产品品种计算产品成本。(　　)

(8) 产品成本计算的品种法是以产品品种为成本计算对象，归集生产费用、计算产品成本的一种方法。(　　)

(9) 品种法是按月定期计算产品成本的。(　　)

四、简答题

(1) 为什么说品种法是成本计算的最基本方法?

(2) 简述品种法的特点和适用范围。

(3) 简述运用品种法计算产品成本的程序。

实务训练

训练一

目的：练习产品成本计算的品种法。

资料：某公司有一基本生产车间，大量生产甲、乙两种产品，另有一个机修车间。辅助生产

车间发生的各项费用均通过“辅助生产成本”明细账户核算。该公司采用品种法计算产品成本,设置“直接材料”“直接人工”“制造费用”三个成本项目。某年10月有关产品产量及有关资料,如表5-17至表5-19所示。

表5-17 **产量资料** 计量单位:千克

项目	甲产品	乙产品
期初在产品	340	280
本月投产	860	720
本月完工	800	600
月末在产品	400	400

表5-18 **工时记录、材料定额消耗量**

项目		生产工时(小时)	修理工时(小时)	定额消耗量(千克)
生产车间	甲产品	2 480		540
	乙产品	1 520		460
	一般耗用		6 000	
企业管理部门			4 000	

表5-19 **生产费用资料** 金额单位:元

费用要素 \ 用途	甲产品生产用	乙产品生产用	甲、乙产品共同用	基本生产一般用	辅助生产用	合计
原材料	24 800	18 000	8 000	2 000	1 000	53 800
工资			60 000	4 200	8 300	72 500
福利费			8 400	588	1 162	10 150
折旧费				12 000	3 000	15 000
外购动力费				14 200	12 800	27 000
待摊费用				9 600	2 400	12 000
办公费及其他				15 800	4 200	20 000

月初在产品成本:甲产品直接材料7 680元,直接人工6 592元,制造费用3 574.78元;乙产品直接材料8 320元,直接人工2 008元,制造费用2 320.02元。

材料在生产开始时一次投入,在产品的完工率为50%,甲、乙两种产品共同耗用的材料按定额消耗量比例分配,基本生产车间工人工资、制造费用按生产工时比例分配,辅助生产车间费用按修理工时比例分配,在产品成本按约当产量计算。

要求:计算甲、乙产品的总成本及单位成本,并编制相关会计分录。

训练二

目的:练习产品成本计算的品种法。

资料：某企业生产甲、乙两种产品，均是单步骤的大量生产，采用品种法计算产品成本，2023 年 7 月的生产费用资料如下：

(1) 各项货币资金支出。根据 7 月付款凭证汇总的各项货币资金支出为(为简化作业，各项货币资金均为全月汇总的金额，并假定均用银行存款支出)：

基本生产车间负担的费用：办公费 1 200 元，水费 460 元，差旅费 3 400 元，运输费 1 800 元，其他费用 2 600 元。

机修车间负担的费用：办公费 1 600 元，水费 380 元，其他费用 2 600 元。

支付 7 月的外购电费 37 290 元(该厂外购电费通过“应付账款”账户核算，其中：电价 33 000 元，增值税 4 290 元)。

(2) 材料费用。根据 7 月材料领用凭证汇总的材料费用(按实际成本计算)为甲产品原材料费用 68 000 元，乙产品原材料费用 58 600 元。

基本生产车间：消耗材料 3 100 元，修理费 1 900 元，劳动保护费 800 元。

机修车间：修理领用材料 2 850 元。

企业管理部门：修理费 2 260 元，其他费用 1 400 元。

(3) 外购电费。该厂规定，耗电按各部门所耗电的度数进行分配。基本生产车间动力用电 22 000 度，其中：甲产品 12 000 度，乙产品 10 000 度；机修车间 8 800 度；企业管理部门 1 200 度。

(4) 工资费用。根据 7 月工资结算凭证汇总的工资费用为：

基本生产车间：生产工人工资 86 000 元，管理人员工资 9 200 元。

机修车间：车间人员工资 14 400 元。

企业管理部门：管理人员工资 36 000 元。

该厂规定，基本生产车间生产工人工资在甲、乙两种产品之间按产品的实用工时比例分配。实用工时为：甲产品 9 000 小时，乙产品 8 200 小时。

(5) 折旧费用。7 月应计提的折旧额为：基本生产车间 4 050 元，机修车间 2 280 元，企业管理部门 2 600 元。

(6) 报刊费和利息费。该厂在 6 月初支付下半年度报刊费 1 200 元，每月应摊销 200 元。该厂季初预计全季的利息费用 4 500 元，每月预提 1 500 元。

(7) 辅助生产费用。该厂规定，辅助生产车间的制造费用不通过“制造费用”账户核算，辅助生产费用按直接分配法计算分配。机修车间为全厂提供修理劳务工时 10 000 小时，其中：基本生产车间 8 100 小时，企业管理部门 1 900 小时。

(8) 制造费用。该厂规定，制造费用按产品的实用工时比例，在甲、乙产品之间进行分配。

(9) 完工产品和月末在产品。该厂甲产品、乙产品均为一次性投料，具体情况，如表 5-20 所示。

表 5-20　　**产品产量统计表**　　计量单位：件

产品名称	本月完工产品的产量	期末在产品数量	完工程度
甲	460	120	50%
乙	330	60	80%

(10) 甲、乙产品的月初在产品成本。甲产品 7 月初在产品成本为：直接材料 21 000 元，燃

料和动力 1 200 元，直接人工费 17 100 元，制造费用 4 100 元，合计 43 400 元。

乙产品 7 月初在产品成本为：直接材料 16 000 元，燃料和动力 900 元，直接人工费 9 600 元，制造费用 3 900 元，合计 30 400 元。

要求：

(1) 根据上述资料，编制各种生产费用汇总表和分配表，如表 5-21 至表 5-26 所示。

(2) 根据各种生产费用汇总表和分配表，登记制造费用明细账和生产成本明细账，如表 5-27至表 5-32 所示，采用约当产量法计算各种产品成本。

(3) 编制有关生产费用和产品成本的会计分录。

表 5-21 **原材料费用分配表**

年　月

应借账户		成本或费用项目	金　额
基本生产成本	甲产品	直接材料	
	乙产品	直接材料	
	小　计		
制造费用		消耗用材料	
		修理费	
		劳动保护费	
		小　计	
辅助生产成本		直接材料	
		小　计	
管理费用		修理费	
		其　他	
		小　计	
合　计			

表 5-22 **外购动力费用分配表**

年　月

应借账户		成本或费用项目	用电量(度)	分配率	应分配金额
基本生产成本	甲产品	燃料和动力			
	乙产品	燃料和动力			
	小　计				
辅助生产成本	机修车间	水电费			
管理费用		电费			
合　计					

表 5-23　　工资费用分配表

年　月

应借账户		工　资			
		生产工人		其他人员	合　计
		工时	分配金额（或分配率）		
基本生产成本	甲产品				
	乙产品				
	小　计				
辅助生产成本					
制造费用					
管理费用					
合　计					

表 5-24　　固定资产折旧费分配表

年　月

应借账户	制造费用	辅助生产成本	管理费用	合　计
	基本生产车间	辅助生产车间		
折旧费				

表 5-25　　报刊费用分配表

年　月

费用项目	对方账户	应摊金额
合　计		

表 5-26　　利息费用分配表

年　月

费用项目	对方账户	预提金额
合　计		

表 5-27　　辅助生产成本明细账

车间名称：机修车间

年		凭证号数	摘　要	费用项目						
月	日			材料费	工资及福利费	办公费	水电费	折旧费	其他	合计

（续表）

年		凭证号数	摘　要	费用项目						
月	日			材料费	工资及福利费	办公费	水电费	折旧费	其他	合计

表 5-28　　　　　　　　　　**辅助生产费用分配表**

（直接分配法）

辅助生产车间名称			机修车间	合　计
待分配费用				
供应劳务量(工时)				
单位成本(分配率)				
基本车间	修理	耗用数量		
		分配金额		
企业管理部门	修理	耗用数量		
		分配金额		

表 5-29　　　　　　　　　　**制造费用明细账**

车间名称:基本生产车间

摘要	办公费	水费	差旅费	工资	福利费	折旧费	消耗材料	劳动保护费	运输费	其他	合计

表 5-30　　　　　　　　　　**制造费用分配表**

年　月

应借账户		成本项目	实用工时	分配率	应分配金额
基本生产成本	甲产品				
	乙产品				
	小　计				

表 5-31　　　　基本生产成本明细账

车间名称：　　　产品名称：　　　完工数量：　　　在产品数量：　　　完工程度：

年		凭证		摘　要	直接材料	燃料和动力	直接人工	制造费用	合　计
月	日	种类	号数						

表 5-32　　　　基本生产成本明细账

车间名称：　　　产品名称：　　　完工数量：　　　在产品数量：　　　完工程度：

年		凭证		摘　要	直接材料	燃料和动力	直接人工	制造费用	合　计
月	日	种类	号数						

第六单元　分批法计算产品成本

导学目标

1. 了解分批法的含义、特点和适用范围。
2. 熟练运用分批法和简化分批法计算产品成本。
3. 区别分批法和简化分批法的不同。

导学案例

某办公家具有限公司属于单件小批量生产企业，按客户订单组织产品生产。2023 年 9 月继续加工上月投产的 8 批产品，本月投产 6 批产品，月末完工 4 批产品。

思考：公司应采用什么成本计算方法？应设置几个产品成本计算单？根据公司的特点，能否采用累计间接费用分配法计算产品成本？

品种法是产品成本计算的最基本方法，它以产品的品种为对象来归集和分配生产费用。但在单件小批生产企业中，一批产品往往同时完工，一般情况下，管理上不要求分步计算产品成本，却要求提供每批产品的成本，此时应按品种、批别计算产品成本。这一项目的主要任务就是学习成本计算的另一种基本方法——分批法。

第一讲　分批法概述

【知识要点】

一、分批法的含义及其适用范围

产品成本计算的分批法，是指以产品的批别作为成本核算对象，归集和分配生产费用，计算产品成本的一种方法。

分批法适用于单件小批装配式复杂生产的企业，如重型机械制造、船舶制造，企业中专用工具、模具和设备的制造，机械设备的大中修理和新产品试制等。对于某些生产性能比较特殊的简单生产，如果生产是按单件小批组织，管理上又要求分批计算成本，都可采用分批法计算产品成本。

一些企业每批产品的品种、规格、数量都不一定完全相同，每批产品的生产任务，可能由上级下达或者根据客户订货单，下达生产通知单组织生产，并组织成本核算，所以，这种产品的成本计算方法又称订单法。在按订单组织生产的企业，如果在一张订单中规定的不是一种产品，还可按产品品种划分批次组织生产，计算产品成本；如果一张订单只规定一种产品，但数量较大，不能集中一次投产或按客户要求分批交货，可分数批组织生产，计算产品成本；如果一张订单中只规定一种大型复杂、价值较大、生产周期较长的产品，也可以按产品的组成部分组织生产，计算产品成本；有时为合理、经济地组织生产，也可将相同产品合成一批组织生产，计算产品成本。

二、分批法的特点

分批法的主要特点包括：

（1）以产品批别或工作令号作为成本核算对象。采用分批法，以产品的批次（订单、生产通知单）组织生产，其日常成本核算就以产品的批次作为成本核算对象，财会部门按批次设置生产成本明细账，归集生产费用。凡能直接计入各成本核算对象的直接材料、直接人工、专属费用、废品损失，应根据原始凭证，直接记入该批次生产成本明细账；凡不能直接计入该批次的共同生产费用，如共用材料、制造费用等，应根据一定标准进行分配，然后记入各有关批次的生产成本明细账。

（2）成本计算不是定期进行的。采用分批法，每批产品的生产费用虽然也是按月归集，但由于各批产品生产的复杂程度、数量、要求不同，其生产周期也就不同，成本的计算期就因各批次产品的生产周期而异，其实际成本必须等到该批产品完工后才能计算出来。所以，采用分批法计算产品成本的计算期与产品的生产周期相同，但与会计的报告期不同。

（3）一般不存在生产费用在月末完工产品和在产品之间的分配问题。按批次组织生产，月末在该批产品未完工之前，全部产品都处于在产品状态，不需要计算完工产品成本，月末归集的生产费用都是在产品成本。而当该批产品完工之后，该批产品生产结束，不存在在产品，月末所归集的生产费用，就是该批完工产品的总成本，不需要计算在产品成本。

企业在有些情况下也会发生批内产品跨月陆续完工入库并销售的情况，如果数量不多，可按计划成本、定额成本或最近一批相同产品的实际成本结转完工入库产品成本，待该批产品全部完工入库后，再计算该批产品的实际总成本和单位成本，但对于已经转账的产成品成本，不再调整；如果跨月陆续完工入库数量较多，月末则要将产品成本明细账中归集的生产费用，在完工产品和在产品之间进行分配，计算完工产品和在产品成本。

第二讲　分批法计算产品成本的具体应用

【知识要点】

一、分批法的成本计算程序

（1）企业生产计划部门按订单或者产品批别签发生产通知单（也称工作令号），一方面，通知车间进行生产；另一方面，通知供应、会计部门。会计部门根据“生产通知单”设置成本明细账，并按成本项目分列，对于各批产品直接耗用的材料费用和其他直接费用，都要在有关的原始凭证上填明生产通知单的编号。

（2）月末根据各项费用要素分配表、辅助生产分配表、制造费用分配表分别登记各产品成本明细账。

(3) 当某批产品完工时,车间应对属于该完工批次所剩余的半成品和材料进行盘点计价,办理退库手续,并填制完工通知单通知会计部门。

(4) 会计部门收到完工通知单后,把该批产品成本明细账上已归集的生产费用加计总数,扣除退库材料、半成品及废料的价值,即该批产品的实际总成本。

二、分批法的应用举例

【技能操作】

【例 6-1】 某企业按购货单位要求生产甲产品一批 10 件,4 月投产,5 月全部完工,批号为 401;投产乙产品一批 60 件,5 月投产,批号为 501,当月完工 40 件并已交货,尚有 20 件没有完工。两批产品生产成本明细账,如表 6-1 和表 6-2 所示。

表 6-1　　产品生产成本明细账

批号:401　　开工日期:4 月 18 日

产品名称:甲产品　　完工日期:5 月 20 日

批量:10 件　　金额单位:元

项　目	直接材料	直接人工	制造费用	合　计
4 月末余额	120 000	9 000	34 000	163 000
5 月发生费用:				
材料费用分配表	46 000			46 000
人工费用分配表		17 000		17 000
制造费用分配表			8 000	80 000
合　计	166 000	26 000	114 000	306 000
结转产品(10 件)成本	166 000	26 000	114 000	306 000
单位成本	16 600	2 600	11 400	30 600

表 6-2　　产品生产成本明细账

批号:501　　开工日期:5 月 4 日

产品名称:乙产品　　完工日期:

批量:60 件　　金额单位:元

项　目	直接材料	直接人工	制造费用	合　计
5 月发生费用:				
材料费用分配表	180 000			180 000
人工费用分配表		16 500		16 500
制造费用分配表			48 000	48 000
合　计	180 000	16 500	48 000	244 500
结转产品(40 件)成本	120 000	13 200	38 400	171 600
单位成本	3 000	330	960	4 290
月末在产品成本	60 000	3 300	9 600	72 900

由于 501 批号产品部分完工,而且完工产品数量占总批量的比重较大,应采用适当的方法将产品的生产费用在完工产品与在产品之间进行分配。本例中,原材料是在生产开始时一次投入,因此,原材料费用按完工产品数量和在产品数量分配,其他费用按约当产量法分配。

原材料费用分配为：

$$产成品应负担原材料费用=\frac{180\ 000}{40+20}\times 40=120\ 000(元)$$

$$在产品应负担原材料费用=\frac{180\ 000}{40+20}\times 20=60\ 000(元)$$

其他费用按约当产量法在乙产品的产成品和在产品之间分配。

乙产品的约当产量计算表，如表6-3所示。

表6-3　　乙产品的约当产量计算表

工　序	完工程度①	在产品(件)		完工产品(件)④	产品合计(件) ⑤=③+④
		盘存数	约当产量		
		②	③=①×②		
1	15%	4	0.6		
2	25%	4	1		
3	70%	12	8.4		
合　计		20	10	40	50

直接人工在完工产品和在产品之间的分配如下：

$$产成品应负担人工费用=\frac{16\ 500}{40+10}\times 40=13\ 200(元)$$

$$在产品应负担人工费用=\frac{16\ 500}{40+10}\times 10=3\ 300(元)$$

制造费用在完工产品和在产品之间的分配如下：

$$产成品应负担人工费用=\frac{48\ 000}{40+10}\times 40=38\ 400(元)$$

$$在产品应负担制造费用=\frac{48\ 000}{40+10}\times 10=9\ 600(元)$$

根据各项费用分配表记入501批乙产品成本明细账，即可计算出乙产品的产成品成本和月末在产品成本。

第三讲　简化分批法计算产品成本的具体应用

【知识要点】

一、简化分批法的含义

在单件小批生产企业中，如果同一月份投产批数较多且月末未完工批数较多，采用前述分批法计算各批产品成本，各种间接计入费用在各批产品之间的分配和登记工作较为繁琐。为了简化核算工作，在这类企业中可采用一种简化的分批法。在简化分批法中，每月发生的各项间接费用，先在基本生产成本二级账中按成本项目分别累计起来，只有在有产品完工的月份，才对完工产品按照其累计工时的比例，分配间接计入费用，计算完工产品成本；而全部在产品应负担的间接费用，则以总数反映在基本生产成本二级账中，不进行分配，不分批计算。简化分批法也称不分批计算在产品成本的分批法。

二、简化分批法的特点

(1) 必须设立基本生产成本二级账。

基本生产成本二级账的作用在于：①按月提供企业或车间全部产品的累计生产费用和生产工时（实际生产工时或定额生产工时）资料；②在有完工产品的月份，计算登记全部产品累计间接计入费用分配率，以及完工产品总成本和月末在产品总成本，具体计算公式如下：

$$\text{全部产品累计间接计入费用分配率}=\frac{\text{全部产品累计间接计入费用}}{\text{全部产品累计工时}}$$

$$\text{某批完工产品应负担的间接计入费用}=\text{该批完工产品累计工时}\times\text{全部产品累计间接计入费用分配率}$$

(2) 每月发生的各项间接计入费用，不是按月在各批产品之间进行分配，而是先在基本生产成本二级账中累计起来，只有在有完工产品的月份，按照完工产品累计生产工时的比例，在各批完工产品之间进行分配；对未完工的在产品，则不分配间接计入费用，即不分配计算在产品成本。

简化分批法与一般分批法的不同之处在于：简化分批法下，各批产品之间分配间接计入费用的工作，以及完工产品与月末在产品之间分配费用的工作，即生产费用的横向分配工作和纵向分配工作，是利用累计间接计入费用分配率，到产品完工时合并在一起进行的。

简化分批法应按照产品的批次设立产品成本明细账，在各批产品完工前，账内只需按月登记直接费用和生产工时，而不必按月分配、登记各项间接计入费用，计算各批在产品成本；在有完工产品的月份，才对完工产品按照其累计工时的比例分配间接计入费用，计算完工产品成本；而全部在产品应负担的间接计入费用，仍以总数反映在基本生产成本二级账中，不进行分配，不具体到各个批次中。

三、简化分批法的应用条件

采用简化分批法，成本计算工作中的横向分配工作与纵向分配工作在有完工产品时，根据同一费用分配率一次分配完成，大大简化了费用的分配和登记工作。

在小批单件企业，如果同一月份投产批数繁多而完工批数较少，可以采用简化分批法。但是，这种方法在各月间接计入费用水平相差悬殊的情况下则不宜采用，不然就会影响各月产品成本计算的准确性。另外，如果月末未完工产品的批数不多，也不宜采用这种方法。因为在这种情况下，绝大多数批次的产品仍然要分配登记各项间接计入费用，核算工作量并没有减少太多，且计算的准确性会受到影响。

四、简化分批法的应用举例

【技能操作】

【例 6-2】 某厂属小批生产企业，该厂某年 4 月各批次生产资料，如表 6-4 所示；生产成本二级账，如表 6-5 所示；产品成本明细账，如表 6-6 至表 6-10 所示。

表 6-4 **本月各批次生产资料**

批　次	产　品	产量(件)	投产月份	完工月份
K204	A1	2 000	2	4
K206	A2	3 000	2	6
K307	A3	1 500	3	6
K401	A4	2 600	4	5(4 月完工 1 000 件)
K402	A5	1 000	4	6

表 6-5 **生产成本二级账** 金额单位:元

日期	摘　要	直接材料	生产工时	直接人工	制造费用	合　计
3 月 31 日	本月末累计余额	454 136	167 542	335 084	102 431	891 651
4 月 30 日	本月发生费用	121 463	47 351	112 794	41 353	275 610
	本月末累计余额	575 599	214 893	447 878	143 784	1 167 261
	累计分配率			2.08	0.67	
	完工产品成本	191 670	88 866	184 841.28	59 540.22	436 051.50
	结转后余额	383 929	126 027	263 036.72	84 243.78	731 209.50

表 6-6 **产品成本明细账**

批次:K204　　产量:2 000 件

产品:A1　　投产期:2 月　完工期:4 月

金额单位:元

日期	摘　要	直接材料	生产工时	直接人工	制造费用	合　计
3 月 31 日	本月末累计余额	163 816	72 148			
4 月 30 日	本月发生费用	1 250	5 718			
	本月末累计余额	165 066	77 866			
	累计分配率			2.08	0.67	
	完工产品成本结转	165 066	77 866	161 961.28	52 170.22	379 197.50
	单位成本	82.53		80.98	26.09	189.60

表 6-7 **产品成本明细账**

批次:K206　　产量:3 000 件

产品:A2　　投产期:2 月　完工期:6 月

金额单位:元

日期	摘　要	直接材料	生产工时	直接人工	制造费用	合　计
3 月 31 日	本月末累计余额	187 654	63 209			
4 月 30 日	本月发生	1 170	7 644			
	本月末累计余额	188 824	70 853			

表 6-8　　产品成本明细账

批次:K307　　产量:1 500 件

产品:A3　　投产期:3 月　完工期:6 月

金额单位:元

日期	摘　要	直接材料	生产工时	直接人工	制造费用	合　计
3 月 31 日	本月末累计余额	102 666	32 185			
4 月 30 日	本月发生	2 708	8 141			
	本月末累计余额	105 374	40 326			

表 6-9　　产品成本明细账

批次:K401　　产成品定额工时:11 工时　　产量:2 600 件

产品:A4　　投产期:4 月　　完工期:5 月(4 月完工 1 000 件)

金额单位:元

日期	摘　要	直接材料	生产工时	直接人工	制造费用	合　计
4 月 30 日	本月发生	69 172	18 332			
	本月末累计余额	69 172	18 332			
	累计分配率	26.6	11	2.08	0.67	
	完工结转 1 000 件	26 604	11 000	22 880	7 370	56 854
	完工产品单位成本	26.6	11	22.88	7.37	56.85
	结转后余额	42 568	7 332			

注:原材料在生产开始时一次投入。

表 6-10　　产品成本明细账

批次:K402　　产量:1 000 件

产品:A5　　投产期:4 月　完工期:6 月

金额单位:元

日期	摘　要	直接材料	生产工时	直接人工	制造费用	合　计
4 月 30 日	本月发生	47 163	7 516			
	本月末累计余额	47 163	7 516			

1. 生产成本二级账

生产成本二级账中,直接工资累计分配率为 2.08(447 878÷214 893),制造费用累计分配率为 0.67 (143 784÷214 893)。完工产品的直接材料和生产工时应根据各批产品成本明细账中完工产品的直接材料费用和生产工时汇总登记;完工产品的各项间接计入费用,可以根据二级账中完工产品工时分别乘以各项费用的累计分配率计算登记;也可以根据各批产品成本明细账中完工产品的各种费用分别汇总登记。

2. 各批次产品成本明细账

各批次产品成本明细账中,不计算在产品成本,以简化计算手续,在其中只登记直接材料及生产工时数。对已完工产品的结转,根据生产成本二级账中计算的累计分配率和累计生产工时计算直接人工和制造费用,K204 批次本月全部完工,直接材料全部结转,并按上述分配方法计算其直接人工、制造费用和产品总成本。K401 批次完工 1 000 件，直接材料费用按完工件数分配为 26 604 元(69 172÷2 600×1 000)；生产工时按定额工时每件产品 11 工时计算，计为 11 000 工时；按累计分配率计算应结转的直接人工为 22 880 元，制造费用为 7 370 元。结转的完工产品 1 000 件的产品总成本为 56 854 元。

完工产品成本结转后，根据各批次产品成本明细账中结转完工产品成本汇总记入生产成本二级账，其余额即为月末在产品的成本。

单元测试

一、单项选择题

(1) 简化分批法是(　　)。

A. 分批计算在产品成本的分批法
B. 不分批计算在产品成本的分批法
C. 不计算在产品成本的分批法
D. 不分批计量完工产品成本的分批法

(2) 分批法适用于(　　)。

A. 单件小批生产
B. 大量大批生产
C. 大量大批多步骤生产
D. 大量大批单步骤生产

(3) 采用简化分批法，在产品完工前，产品成本明细账(　　)。

A. 不登记任何费用
B. 只登记直接费用和生产工时
C. 只登记原材料费用
D. 登记间接费用，不登记直接费用

(4) 分批法的主要特点是(　　)。

A. 以产品批别为成本计算对象
B. 批内产品都能同时完工，不存在在完工产品与在产品之间分配费用的问题
C. 费用的归集与分配较简单
D. 成本计算期长

(5) 不分批计算在产品成本的分批法与分批法的主要区别是(　　)。

A. 不分批计算完工产品成本
B. 不分配间接费用
C. 分批核算原材料费用
D. 不分批计算在产品成本

(6) 在单件小批多步骤生产情况下，如果管理不要求分步计算产品成本，应采用的成本计算方法是(　　)。

A. 分批法　　B. 分步法　　C. 分类法　　D. 成本法

(7) 在各种产品成本计算方法中，必须设置基本生产成本二级账的方法是(　　)。

A. 分类法　　B. 定额法　　C. 简化分批法　　D. 平行结转分步法

(8) 下列情况中，不宜采用简化分批法的是(　　)。

A. 同一月份投产的批数很多
B. 月末未完工产品批数较多
C. 各月间接计入费用相差不大
D. 各月间接计入费用相差较多

(9) 某企业采用分批法计算产品成本。6 月 1 日投产甲产品 5 件，乙产品 3 件；6 月 15 日投产甲产品 4 件，乙产品 4 件，丙产品 3 件；6 月 26 日投产甲产品 6 件。该企业 6 月份应开设产品成本明细账的张数是(　　)张。

A. 3　　B. 5　　C. 4　　D. 6

(10) 对于成本计算的分批法，下列说法正确的是(　　)。
A. 不存在完工产品与在产品之间费用分配问题
B. 成本计算期与会计报告期一致
C. 适用于单件小批且管理上不要求分步骤计算成本的多步骤生产
D. 以上说法全部正确
(11) 采用简化分批法，累计间接计入费用分配率(　　)。
A. 只是各批产品之间分配间接计入费用的依据
B. 只是各批在产品之间分配间接计入费用的依据
C. 既是各批产品之间又是完工产品与月末在产品之间分配间接计入费用的依据
D. 是完工产品与月末在产品之间分配间接计入费用的依据
(12) 采用简化分批法，各批产品、完工产品与在产品之间分配间接计入费用，都是利用(　　)。
A. 累计间接计入费用分配率　　B. 累计生产工时
C. 累计原材料费用分配率　　D. 间接计入费用分配率

二、多项选择题

(1) 产品成本计算的分批法适用于(　　)。
A. 单件小批生产
B. 小批单步骤生产
C. 小批量、管理上不需要分生产步骤计算产品成本的多步骤生产
D. 大量大批单步骤生产
E. 大量大批多步骤生产
(2) 在分批法下，如果批内产品跨月陆续完工，已完工产品数量占全部批量的比重很小，月末计算成本时，先完工的产品成本可以(　　)。
A. 按计划单位成本计算
B. 按定额单位成本计算
C. 在全批产品完工时，计算全批产品实际总成本和单位成本
D. 按最近一期相同产品的实际单位成本计算
E. 以上均正确
(3) 分批法成本计算的特点包括(　　)。
A. 以生产批次作为成本计算对象
B. 产品成本计算期不固定
C. 按月计算产品成本
D. 一般不需要进行完工产品和在产品成本分配
E. 以生产批次或订单设置生产成本明细账
(4) 在简化分批法下，累计间接计入费用分配率是(　　)。
A. 各批产品之间分配间接计入费用的依据
B. 在各批完工产品之间分配该费用的依据
C. 在完工批别和月末在产品批别之间分配间接计入费用的依据
D. 在某批产品的完工和月末在产品之间分配间接计入费用的依据

E. 以上均正确

(5) 采用简化分批法设立的基本生产成本二级账,其作用在于(　　)。

A. 按月提供企业或车间全部产品的累计生产费用

B. 按月提供企业或车间全部产品的累计生产工时

C. 计算登记完工产品总成本

D. 计算登记月末在产品总成本

E. 只登记直接生产费用和生产工时

(6) 在按分批法计算产品成本时,各批生产成本明细账上(　　)。

A. 只反映报告月份之前累计发生的费用

B. 只登记报告月份发生的费用

C. 包括报告月份发生的费用

D. 包括报告月份之前累计发生的费用

E. 既反映完工产品成本,又反映在产品成本

(7) 采用简化分批法,(　　)。

A. 不计算在产品成本

B. 不分批计算在产品成本

C.不计算全部在产品成本

D. 计算全部在产品成本

E. 分批计算登记完工产品和在产品的直接计入费用

(8) 采用分批法计算产品成本时,如果批内产品跨月陆续完工,入库数量较多时,(　　)。

A. 月末需要计算完工产品成本和在产品成本

B. 月末要将生产费用在完工产品和在产品之间进行分配

C. 月末不需要将生产费用在完工产品和在产品之间进行分配

D. 月末不需要计算产品成本,等到全部产品完工时再计算

E. 可以计算先完工的产品成本

三、判断题

(1) 在不分批计算在产品成本的分批法中,各批产品应负担的间接费用也反映在各批产品成本明细账中。(　　)

(2) 分批法应以产品批次作为成本计算对象设置生产成本明细账。(　　)

(3) 采用分批法计算产品成本,在批内部分完工产品按计划单位成本计算结转后,待该批产品全部完工后,还应计算该批产品实际总成本,并调整前期完工产品实际成本与计划成本的差异。(　　)

(4) 在小批或单件生产的企业或车间中,如果间接计入费用在各批产品之间的分配和登记工作较为繁琐,且月末未完工产品的批数比较多,可采用简化分批法。(　　)

(5) 在月末未完工产品批数较多的情况下,不适宜采用简化分批法。(　　)

(6) 只要产品批次多,就应该采用简化分批法计算产品成本。(　　)

(7) 分批法一般不需要在完工产品和在产品之间分配生产费用,但一批产品跨月陆续完工,且数量不多时,则需要在完工产品和在产品之间分配生产费用。(　　)

(8) 分批法成本计算期与产品生产周期一致。(　　)

(9) 分批法应按产品批次(订单)开设产品成本计算单。 (　　)

(10) 分批法也称订单法,实际上是几个品种法的分别应用。 (　　)

(11) 分批法以产品的批别作为成本计算对象,若一批产品的数量只有1件,则成本计算对象就是该件产品。 (　　)

(12) 分批法下,生产费用一般不需在完工产品和在产品之间分配。 (　　)

(13) 分批法适用于大量大批的单步骤生产或管理上不要求分步计算成本的多步骤生产。 (　　)

(14) 采用简化的分批法,在没有完工产品的月份,各批产品成本明细账中只登记各项间接费用。 (　　)

(15) 分批法和简化分批法的主要区别在于是否设置生产成本二级账。 (　　)

四、简答题

(1) 简述分批法的适用范围及其特点。

(2) 简述不分批计算在产品成本的分批法与一般分批法的不同。

实务训练

训练一

目的:练习产品成本计算的分批法。

资料:某企业按分批法计算产品成本,8月的产品批号有:

801#甲产品100件,6月25日投产;802#乙产品80件,7月20日投产;803#丙产品300件,8月22日投产。

月初在产品成本:801#甲产品:6月,直接材料120 000元,直接人工5 400元,燃料及动力4 800元,制造费用4 800元;7月,直接材料5 400元,直接人工5 400元,燃料及动力6 000元,制造费用4 200元。802#乙产品:7月,直接材料60 000元,直接人工6 600元,燃料及动力4 500元,制造费用3 900元。

本月发生费用:801#甲产品:直接材料24 600元,直接人工6 900元,燃料及动力3 150元,制造费用4 350元。803#丙产品:直接材料36 000元,直接人工4 800元,燃料及动力2 700元,制造费用1 500元。

该企业生产情况如下:

(1) 批号801#甲产品在本月内已全部完工入库。

(2) 批号802#乙产品在本月全部尚未完工。

(3) 批号803#丙产品在本月内完工150件,因部分需要对外销售,本月完工的先行入库,故生产费用要在完工产品与在产品之间进行分配,月末在产品约当产量50件。

原材料在生产开始时一次投入,按实际产量比例分配,其他费用按完工产品数量和在产品约当产量比例分配,完工程度按50%计算。

要求:

(1) 根据上述资料,采用分批法登记产品成本明细账,如表6-11至表6-13所示,计算各批产品完工产品成本和月末在产品成本。

（2）编制完工产品入库的会计分录。

表 6-11 产品成本明细账

批号：801 开工日期：

产品名称： 完工日期：

批量： 完工产量数量： 金额单位：元

项目	直接材料	直接人工	燃料及动力	制造费用	合计
6 月发生费用 7 月发生费用 8 月发生费用 生产费用合计					
结转产品（100 件）成本 单位成本					

表 6-12 产品成本明细账

批号：802 开工日期：

产品名称： 完工日期：

批量： 完工产品数量： 金额单位：元

项目	直接材料	直接人工	制造费用	合计
7 月发生费用 8 月发生费用 生产费用合计				
月末在产品成本				

表 6-13 产品成本明细账

批号：803 开工日期：

产品名称： 完工日期：

批量： 完工产品数量： 金额单位：元

项目	直接材料	直接人工	制造费用	合计
8 月发生费用 生产费用合计 约当产量合计				
结转产品（150 件）成本 单位成本				
月末在产品成本				

训练二

目的：练习产品成本计算的简化分批法。

资料：鲁昕实业有限公司的生产组织方式属于小批生产，产品批数多，每月月末都有很多批号产品没有完工，因而采用简化分批法计算产品成本。该公司 2023 年 4 月有关生产情况如下：

（1）4 月份投产的产品批号及产品完工情况，如表 6-14 所示。

表 6-14　　产品生产情况

产品批号	订货单位	产品名称	投产情况	本月完工情况		月末在产品(件)
				完工时间	完工数量(件)	
401	三江公司	甲产品	4 月 1 日投产 10 件	4 月 25 日	10	
402	宏大公司	乙产品	4 月 5 日投产 10 件	4 月 30 日	5	5
403	近江公司	丙产品	4 月 15 日投产 10 件			10
404	黄山公司	丁产品	4 月 20 日投产 5 件			5
405	三江公司	甲产品	4 月 22 日投产 15 件			15

（2）各批号的原材料在生产开始日一次投入。各批号产品本月发生的原材料费用及生产工时，如表 6-15 所示。

表 6-15　　产品生产费用资料　　金额单位：元

批号	产品名称	原材料	本月生产工时（小时）	本月完工产品所耗工时（小时）	月末在产品所耗工时（小时）
401	甲产品	161 200	3 250	3 250	—
402	乙产品	36 800	750	480	270
403	丙产品	53 600	2 840		2 840
404	丁产品	32 900	2 120		2 120
405	甲产品	241 800	1 680		1 680
合　计		526 300	10 640	3 730	6 910

注：生产工时根据考勤记录于月末入账。

（3）4 月 30 日分配生产工人薪酬 550 328 元，4 月共发生制造费用 234 080 元（为简化核算手续，假定在 4 月 30 日进行账务处理）。

要求：根据上述资料，采用简化分批法：

（1）开设并登记基本生产成本二级账，如表 6-16 所示；开设各批产品基本生产成本明细账，如表 6-17 至表 6-21 所示。

（2）计算并登记累计间接费用分配率。

（3）计算完工产品成本。

表 6-16　　基本生产成本二级账

2023 年 4 月　　金额单位：元

摘　要	直接材料	生产工时(小时)	直接人工	制造费用	合　计
本月生产费用					
生产费用合计					
累计间接费用分配率					

（续表）

摘　要	直接材料	生产工时(小时)	直接人工	制造费用	合　计
结转完工产品成本					
月末在产品成本					

表 6-17　　**基本生产成本明细账**

2023 年 4 月

批号：　　完工日期：

产品名称：　　批量：　　金额单位：元

摘　要	直接材料	生产工时(小时)	直接人工	制造费用	合　计
本月生产费用					
累计工时和分配率					
工资和制造费用					
结转完工产品成本					
月末在产品成本					

表 6-18　　**基本生产成本明细账**

2023 年 4 月

批号：　　完工日期：

产品名称：　　批量：　　金额单位：元

摘　要	直接材料	生产工时(小时)	直接人工	制造费用	合　计
本月生产费用					
累计工时和分配率					
工资和制造费用					
结转完工产品成本					
月末在产品成本					

表 6-19　　**基本生产成本明细账**

2023 年 4 月

批号：

产品名称：　　批量：　　金额单位：元

摘　要	直接材料	生产工时(小时)	直接人工	制造费用	合　计
本月生产费用					

表 6-20　　**基本生产成本明细账**

2023 年 4 月

批号：

产品名称：　　批量：　　金额单位：元

摘　要	直接材料	生产工时(小时)	直接人工	制造费用	合　计
本月生产费用					

表 6-21

基本生产成本明细账

2023 年 4 月

批号：

产品名称：　　　　批量：　　　　金额单位：元

摘　要	直接材料	生产工时（小时）	直接人工	制造费用	合　计
本月生产费用					

第七单元　分步法计算产品成本

导学目标

1. 了解分步法的含义、特点和适用范围。
2. 熟练运用逐步结转分步法计算产品成本。
3. 理解成本还原的原理和方法。
4. 熟练运用平行结转分步法计算产品成本。

导学案例

田原纺织有限公司是济北地区一家拥有近 5 000 名职工的企业，主要生产棉纺织品。2023 年暑假，某学校组织 2021 级会计电算化专业的学生到该公司实习。同学们到公司后了解到：在经营管理上，该公司各项数据的统计、传递制度比较完善，成本核算的基础较好。在成本核算上，该公司生产的毛巾布经过三个基本生产车间连续加工制成，第一车间进行原料选择并且整理、织造；生产完工的半成品，不经过仓库收发，直接转入第二车间开纤、染色加工制成半成品，半成品通过仓库收发入库；第三车间从半成品仓库领用半成品继续加工，进行柔软处理、扩幅整理、烘干、定型、开裁和缝制，得到成品毛巾布产品。同时，生产毛巾布产品所需的原材料于第一车间生产开始时一次投入，第二、第三车间不再投入材料。此外，该公司由于生产比较均衡，各基本生产车间的月末在产品完工率均为 50%。

思考：毛巾布产品的成本核算该采用品种法还是分步法？其成本结转该采用逐步结转还是平行结转？能采用相同的方法计算产品成本吗？计算这些产品成本时应考虑哪些因素？

第一讲　分步法概述

【知识要点】

一、分步法的含义及其适用范围

产品成本计算的分步法，是指以产品的生产步骤作为成本核算对象，归集和分配生产费用，计算产品成本的一种方法。

产品成本计算的分步法，主要适用于大量大批的多步骤生产，如冶金、造纸、纺织以及大量大批生产的机械制造业等。在这些企业里，产品的生产工艺过程可以划分为若干个生产步骤，如纺织企业可以分为纺纱、织布等步骤，造纸企业可以分为制浆、制纸、包装等步骤，冶金企业的生产工艺又可分为炼铁、炼钢、轧钢等步骤。这样，从原材料投入生产每经过一个加工步骤就形成一种半成品，这些半成品是下一步骤的加工对象，直到最后一步生产出产成品。为了加强各步骤的成本管理，往往不仅要求按照产品的品种归集生产费用、计算产品成本，而且还要求按照产品的生产步骤归集生产费用、计算各步骤的产品成本，提供反映各种产品及其各生产步骤的成本资料。

二、分步法的特点

分步法的主要特点包括：

(1) 以各种产品的生产步骤作为成本核算对象，设置成本明细账。分步法的成本核算对象是各个加工步骤的各种或各类产品，即产品的生产步骤和产品品种。成本明细账是按每个加工步骤的各种或各类产品来设置的，或者是按照生产步骤设立的，账中按照产品品种反映。如果只生产一种产品，成本核算对象就是该种产成品及其所经过的各个生产步骤，产品成本明细账应该按照产品的生产步骤设置。如果生产多种产品，成本核算对象则应是各种产品及其所经过的各个生产步骤。产品成本明细账应该按照多种产品的各个步骤设置。

在实际工作中，产品成本计算的分步与产品实际的生产步骤的划分并不一定完全一致，计算产品成本时，可以只对管理上有必要分步计算成本的生产步骤单独设置产品成本明细账，单独计算成本；管理上不要求单独计算成本的生产步骤，则可以与其他生产步骤合并设置产品成本明细账，合并计算成本。

(2) 计算产品成本一般是按月定期进行。在大量大批生产的企业里，原材料连续投入，产品连续不断地转移到下一生产步骤，生产过程中始终有一定数量的在产品，成本计算一般在月末进行。所以，成本计算是定期的，成本计算期与产品的生产周期不一致，但与报告期一致。

(3) 生产费用需要在完工产品与在产品之间分配。在大量大批的多步骤生产中，生产过程较长，而且往往都是跨月陆续完工的，在月末计算成本时各步骤都有在产品，因此，要将生产费用采用适当的方法，在完工产品与在产品之间进行分配。

(4) 各步骤之间的成本需要结转。产品生产是分步进行的，上一步骤生产的半成品是下一步的加工对象。因此，为了计算各种产品的产成品成本，还需要按照产品的品种，结转各步骤成本。也就是说，在采用分步法计算产品成本时，在各个步骤之间还有个成本结转问题，这是分步法与其他成本计算方法的不同之处，也是它的一个重要特点。

在分步法下，各步骤成本计算与结转的方法不同，其计算程序又可分为逐步结转和平行结转两种方式。因此，产品成本计算的分步法也就相应地分为逐步结转分步法和平行结转分步法。

第二讲　产品成本计算的逐步结转分步法

【知识要点】

一、逐步结转分步法的特点及其适用范围

逐步结转分步法又称顺序结转分步法、计算半成品成本的分步法，是指分步计算半成品成

本的分步法。采用这种方法,能够提供各个生产步骤的半成品的成本资料,有利于各生产步骤的成本管理。

采用逐步结转分步法,在计算各生产步骤的在产品成本时,上一步骤所生产的半成品成本,要随着半成品实物的转移,从上一步骤的产品成本明细账中转入下一步骤相同产品的成本明细账中,以便逐步计算各步骤的半成品成本以及最后一个步骤的产成品成本,为在产品实物管理和生产资金管理提供资料。每月月末,各项生产费用(包括上一步骤转入的半成品的费用)在各步骤产品成本明细账中归集后,如果本步骤既有完工半成品,又有正在加工中的在产品,则应将各步骤的生产费用采用适当的分配方法在其完工半成品与加工中的在产品之间进行分配,以便计算完工半成品的成本。

这种方法适用于大量大批连续式复杂生产的企业。在这种类型的企业中,从原材料投入生产到产成品完工,要经过一系列连续加工步骤,除了最后一个步骤生产出产成品,其他各个步骤所生产的都是各种不同的半成品,这些半成品既可自用(转给下一步骤继续加工耗用在不同产品上),又可作为商品产品对外销售。例如,钢铁厂生产的铁锭、钢锭,纺织厂生产的棉纱、棉布,造纸企业的纸浆等。因此,这种类型的企业在计算产品成本时,除了要计算各种产品成本,还要计算各个生产步骤的半成品成本,以便计算半成品的销售成本和以后生产步骤的产品成本,有些半成品虽不对外销售,但为了与同行业成本进行比较,也要计算半成品成本。为了全面考核分析各生产步骤等内部单位的生产耗费和资金占用水平,也要求计算半成品成本。

二、逐步结转分步法的成本计算程序

逐步结转分步法的产品成本计算程序是:首先,计算第一步骤半成品成本;然后,加上第二步骤加工费用,求得第二步骤半成品成本。半成品成本随着加工步骤,逐步累计结转,到最后一个步骤所计算出来的成本,就是产成品成本。

逐步结转分步法的成本计算程序,如图 7-1 所示。

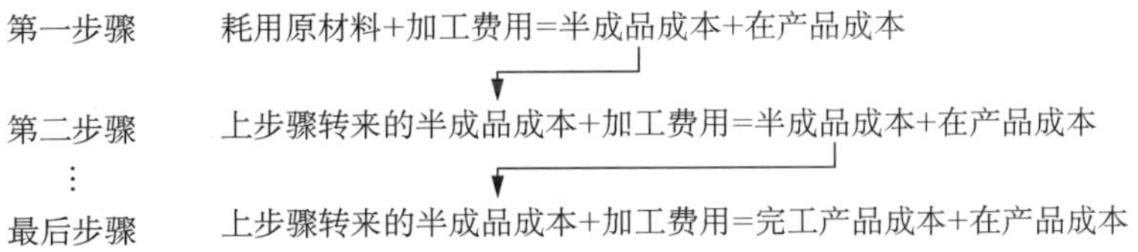

图 7-1　逐步结转分步法的成本计算程序

逐步结转分步法按照半成品成本在下一步骤成本明细账中反映的方法不同,可以分为综合结转和分项结转两种方式。

三、半成品成本的综合结转及成本还原

综合结转是指上一步骤转入的半成品成本全部记入下一步骤成本明细账中时,将其作为一个综合项目加以反映。一般以“原材料”或“自制半成品”项目在下一步骤的成本明细账中单列一栏登记。综合结转既可以按照半成品的实际成本结转,也可以按照半成品的计划成本或定额成本结转。这种结转方式可以简化计算手续,但是计算出来的产成品的成本却不能提供原始成本项目反映的成本资料。在生产步骤较多的情况下,逐步综合结转之后,表现在产成品

成本中的绝大部分费用是最后一个步骤所耗自制半成品的费用，其他费用只是最后一个步骤的费用，在产品成本中所占的比重很小。显然，这不能反映企业产品成本的实际结构，无法从整个企业的角度来考核、分析产品成本的构成状况，寻求降低成本的途径。因此，还必须对自制半成品项目进行成本还原，即将产成品成本还原为按原始成本项目反映的成本。

成本还原的方法是：从最后一个生产步骤起，将其耗用的上一个生产步骤自制半成品的综合成本，按照上一生产步骤完工半成品的成本项目的比例，分解还原为原来的成本项目，如此自后向前逐步分解还原，直到第一生产步骤为止，然后将各生产步骤相同成本项目的数额加以汇总，即可求得按原始成本项目反映的产品成本。

四、半成品成本的分项结转

分项结转是指上一步骤转入的半成品成本，分别按照成本项目记入下一步骤成本明细账的各有关成本项目中。这样结转计算的产品成本能够真实地反映产品的成本结构，无需进行成本还原。采用这种结转方式，转账手续比较麻烦，特别是当半成品经过半成品库收发时，半成品明细账也要分成本项目登记，当采用加权平均法结转半成品成本时，还要分别每一成本项目求得加权平均成本，因此，半成品成本采用分项结转工作量较大，在实际工作中较少采用。

五、综合结转分步法的应用举例

【技能操作】

【例 7-1】 某股份有限公司 A 产品的产量记录及有关成本资料，如表 7-1 至表 7-4 所示。假定原材料在生产开始时一次投入，各步骤在产品的完工程度均为 50%。生产费用在完工产品和在产品之间的分配采用约当产量法。

表 7-1 **产量成本资料**

第一步骤的产量记录		第二步骤的产量记录		第三步骤的产量记录	
项目	数量(件)	项目	数量(件)	项目	数量(件)
月初在产品	40	月初在产品	20	月初在产品	10
本月投产	160	→ 本月投产	120	→ 本月投产	110
本月完工（甲半成品）	120 →	本月完工（乙半成品）	110 →	本月完工（A 产成品）	100
月末在产品	80	月末在产品	30	月末在产品	20

表 7-2 **第一步骤的成本计算单**

产品：甲半成品　　　　金额单位：元

项　目	直接材料	直接人工	制造费用	合　计
月初在产品成本	400	250	300	950
本月发生费用	1 600	1 150	1 300	4 050
转出甲半成品成本	1 200	1 050	1 200	3 450
月末在产品成本	800	350	400	1 550

表 7-3　　第二步骤的成本计算单

产品：乙半成品　　金额单位：元

项　目	自制半成品	直接人工	制造费用	合　计
月初在产品成本	575	150	200	925
本月发生费用	3 450	1 600	1 675	6 725
转出乙半成品成本	3 162.5	1 540	1 650	6 352.5
月末在产品成本	862.5	210	225	1 297.5

表 7-4　　第三步骤的成本计算单

产品：A 产成品　　金额单位：元

项　目	自制半成品	直接人工	制造费用	合　计
月初在产品成本	577.5	125	100	802.5
本月发生费用	6 352.5	2 735	1 880	10 967.5
转出 A 产成品成本	5 775	2 600	1 800	10 175
月末在产品成本	1 155	260	180	1 595

根据产量记录，第一步骤本月完工甲半成品 120 件，月末在产品 80 件，根据第一步骤成本计算单，月初在产品成本中直接材料 400 元，直接人工 250 元，制造费用 300 元，共计 950 元。本月发生费用：直接材料 1 600 元，直接人工 1 150 元，制造费用 1 300 元，共计 4 050 元。

直接材料共计为 2 000 元(400＋1 600)，应按约当产量法在完工甲半成品(120 件)和在产品(80 件)之间进行如下分配：

原材料生产开始时一次投入的约当产量＝120＋80＝200(件)

120 件甲半成品直接材料成本＝(400＋1 600)÷200×120＝1 200(元)

80 件月末在产品直接材料成本＝(400＋1 600)÷200×80＝800(元)

直接人工费共计为 1 400 元(250＋1 150)，按约当产量法分配如下：

在产品完工程度为 50%的约当产量＝120＋80×50%＝160(件)

120 件甲半成品直接人工成本＝(250＋1 150)÷160×120＝1 050(元)

80 件月末在产品直接人工成本＝(250＋1 150)÷160×40＝350(元)

制造费用共计为 1 600 元(300＋1 300)，按约当产量法分配如下：

在产品完工程度为 50%的约当产量＝120＋80×50%＝160(件)

120 件甲半成品制造费用成本＝(300＋1 300)÷160×120＝1 200(元)

80 件月末在产品制造费用成本＝(300＋1 300)÷160×40＝400(元)

完工转出的 120 件甲半成品成本共计为 1 200＋1 050＋1 200＝3 450(元)

第二、第三步骤的成本计算程序与第一步骤相同，但第二、第三步骤的直接材料项目或自制半成品项目分别为第一步骤完工的甲半成品和第二步骤完工的乙半成品。

第三步骤完工 A 产成品 100 件，总成本为 10 175 元，其中：直接材料即乙半成品5 775 元，直接人工 2 600 元，制造费用 1 800 元。

为了按成本原始项目反映和分析成本状况，还需要进行成本还原。成本还原是从最后步骤起，先按上一生产步骤完工半成品的成本项目比例，分解还原为原来的成本项目。如此自后向前逐步分解还原，直到第一生产步骤为止。然后，将各生产步骤相同的成本项目的数额加以汇总，以求得按原始成本项目反映的产品成本。进行成本还原时，需计算还原分配率，计算公式如下：

$$还原分配率=\frac{产成品所耗上步骤半成品成本合计}{上步骤所产该种半成品成本合计}$$

$$半成品某成本项目还原值=上步骤完工半成品该成本项目金额\times还原分配率$$

还原前 100 件 A 产品成本共计为 10 175 元，其中：直接材料即乙半成品成本为 5 775 元。首先，将其按本月完工的乙半成品成本比例还原分解如下：甲半成品（乙半成品中的直接材料）2 875 元，直接人工 1 400 元，制造费用 1 500 元；然后，将甲半成品 2 875 元按本月完工甲半成品成本比例还原，各成本项目分解如下：直接材料 1 000 元，直接人工 875 元，制造费用 1 000 元；最后，将相同的成本项目汇总在一起即计算出按原始成本项目反映的 A 产品成本，其中：直接材料 1 000 元，直接人工 4 875 元（2 600+1 400+875），制造费用 4 300 元（1 800+1 500+1 000）。成本还原计算表，如表 7-5 所示。

表 7-5　　　　**成本还原计算表**　　　　金额单位：元

项　目	产量（件）	还原分配率	乙半成品	甲半成品	直接材料	直接人工	制造费用	成本合计
还原前 A 产成品成本	100		5 775			2 600	1 800	10 175
本月所产乙半成品成本				3 162.5		1 540	1 650	6 352.5
A 产成品成本中乙半成品成本还原		5 775÷6 352.5=0.909	−5 775	2 875①		1 400②	1 500③	0
本月所产甲半成品成本					1 200	1 050	1 200	3 450
甲半成品成本还原		2 875÷3 450=0.833		−2 875	1 000	875	1 000	0
还原后 A 产成品总成本					1 000	4 875	4 300	10 175
还原后 A 产成品单位成本					10	48.75	43	101.75

注：①0.909×3 162.5=2 875（元）；②0.909×1 540=1 400（元）；③0.909×1 650=1 500（元）。

六、分项结转分步法的应用举例

【技能操作】

【例 7-2】 沿用［例 7-1］的资料，按分项结转方法计算 A 产成品成本，如表 7-6 至表 7-8 所示。

表 7-6　　　　**第一步骤的成本明细账**　　　　金额单位：元

项　目	直接材料	直接人工	制造费用	合　计
月初在产品成本	400	250	300	950
本月发生费用	1 600	1 150	1 300	4 050
合计	2 000	1 400	1 600	5 000
约当产量	200	160	160	
单位成本	10	8.75	10	28.75
转出甲半成品成本	1 200	1 050	1 200	3 450
月末在产品成本	800	350	400	1 550

分项结转直接材料的含义与综合结转直接材料的含义不同，前者是指直接耗用的原材料，后者则是指上一步骤转入的半成品成本（只有第一步骤指的是原材料）。

表 7-7　　第二步骤的成本明细账　　金额单位：元

项　目	直接材料	直接人工	制造费用	合　计
月初在产品成本	575	150	200	925
本月发生费用		1 600	1 675	3 275
第一步骤转入半成品成本	1 200	1 050	1 200	3 450
合计	1 775	1 750/1 050	1 875/1 200	7 650
约当产量	140	125/140	125/140	
单位成本	12.68	14/7.5	15/8.57	57.75
转出乙半成品成本	1 394.8	2 365	2 592.7	6 352.5
月末在产品成本	380.2	435	482.3	1 297.5

表 7-8　　第三步骤的成本明细账　　金额单位：元

项　目	直接材料	直接人工	制造费用	合　计
月初在产品成本	577.5	125	100	802.5
本月发生费用		2 735	1 880	4 615
上一步骤转入半成品成本	1 394.8	2 365	2 592.7	6 352.5
合计	1 972.3	2 860/2 365	1 980/2 592.7	11 770
约当产量	120	110/120	110/120	
单位成本	16.44	26/19.71	18/21.6	101.75
转出 A 产成品成本	1 644	4 571	3 960	10 175
月末在产品成本	328.3	654	612.7	1 595

在第二步骤的成本计算中，有关直接人工、制造费用的分配过程是：直接人工费用本步骤发生 1 750 元，上步骤转入 1 050 元，本步骤完工产品 110 件，在产品 30 件。当分配本步骤发生的 1 750 元人工费用时，约当产量为 125 件(110＋30×50%)，分配率为 14 元/件(1 750÷125)，完工产品应分担 1 540 元(110×14)，在产品应负担 210 元(15×14)；当分配上步转入的 1 050 元人工费用时，约当产量为 140 件(110＋30×100%)，分配率为 7.5 元/件(1 050÷140)，完工产品应分担 825 元(110×7.5)，在产品应分担 225 元(30×7.5)。所以，本月第二步骤完工半成品人工费为 2 365 元(1 540＋825)，在产品应分摊 435 元(210＋225)。第二步骤的制造费用以及第三步骤的人工费用、制造费用在完工产品和在产品之间的分配过程与上述相同。之所以要分成本步骤发生和上步骤转入两种情况来处理，是因为上步骤转入的半成品成本已经全部投入，应当与本月完工产品(半成品和产成品)同等分配生产费用，而本月发生的生产费用尚未全部投入，应当在计算在产品约当产量后，再与本月完工产品一起分配生产费用。

第三讲　产品成本计算的平行结转分步法

【知识要点】

一、平行结转分步法的特点及其适用范围

平行结转分步法，是指不分步计算半成品成本的分步法。这种方法一般适用于大多数装

配式复杂生产的企业，如机械制造企业和部分连续式生产的企业。这种类型的企业在原材料投入后，各个生产步骤平行加工零部件，然后装配成产成品；或者各步骤生产的半成品仅供本企业下一步骤继续加工使用，很少对外出售。在这种情况下，为了简化和加速成本计算工作，在计算成本时，可以不单独计算各步骤半成品的成本，也不计算各步骤所耗上一步骤的半成品的成本（即各步骤之间不结转所耗半成品成本），而只计算本步骤所发生的各项生产费用以及这些费用中应计入产成品的份额。然后，将各步骤应计入同一产成品成本的份额，平行结转、汇总，即可计算出该种产品的产成品成本。

平行结转分步法的特点有：

（1）按照最终完工产品品种及其经过各步骤的成本份额设置产品成本明细账，按成本项目设专栏。采用这一方法，各生产步骤不计算半成品成本，只计算本步骤所发生的生产费用。除了第一步骤生产费用中包括所耗用的原材料和各项加工费用，其他各步骤只计算本步骤发生的各项加工费。

（2）半成品成本不随半成品实物转移。采用这一方法，各步骤之间不结转半成品成本。各步骤的成本明细账中仅归集本步骤发生的费用，从上一步骤转移到本步骤继续加工的半成品，其成本分别保留在上几个步骤。

（3）月末，各步骤成本明细账中归集起来的本步骤生产费用划分为两部分：一部分为耗用于最后完工产成品的费用；另一部分是尚未最后制成的在产品的费用。这里的在产品是广义的在产品，包括：①尚在本步骤加工中的在产品；②本步骤已完工转入半成品库的半成品；③已从半成品库转到以后各步骤进一步加工，但尚未最后制成的半成品。将各步骤费用中应计入产成品的份额，平行结转、汇总，计算该种产成品的总成本和单位成本。

（4）成本计算期与产品的生产周期不一致，而与报告期一致，是按月定期计算产品成本。

（5）能够直接提供按照原始成本项目反映的产品成本资料，不必进行成本还原，能够简化和加速成本核算工作。

二、平行结转分步法的成本计算程序

平行结转分步法的产品成本计算程序是：各步骤只计算本步骤的加工费用，而不计算各步骤完工半成品的成本，各步骤的加工费用要用一定的方法计算出其应计入产成品成本的金额，然后平行地计入产成品成本内。

平行结转分步法的成本计算程序，如图 7-2 所示。

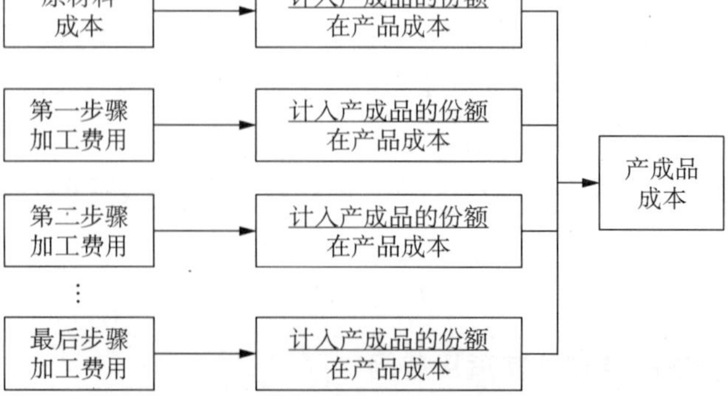

图 7-2　平行结转分步法的成本计算程序

采用这种方法，完工产品的成本是以各步骤应计入产成品成本的份额进行结转、汇总的。如何正确地确定各步骤生产费用中应计入产成品成本的份额，即每一生产步骤的生产费用如何正确地在完工产成品和广义在产品之间进行分配，是这一方法能否正确计算产品成本的关键。

各步骤应计入产成品的份额，一般按下列公式计算：

$$\text{某步骤应计入产成品成本份额}=\text{该步骤单位半成品成本}\times\frac{\text{单位产成品耗用}}{\text{该步骤半成品数量}}\times\text{完工产成品数量}$$

$$\text{月末在产品成本(广义)}=\text{该步骤本月累计生产费用}-\text{该步骤应计入产成品成本份额}$$

其中，该步骤单位半成品成本要分成本项目进行确定，计算它的分配率。常用方法有定额比例法、约当产量法或定额成本法。

（1）在定额比例法下，其计算公式如下：

$$\text{分配率}=\frac{\text{该步骤本月累计生产费用}}{\text{该步骤月初在产品定额耗用量}+\text{该步骤本月投入定额耗用量}}$$

$$\text{完工产成品该步骤成本份额}=\text{产成品在该步骤定额耗用量}\times\text{分配率}$$

$$\text{月末在产品成本(广义)}=\text{本月累计生产费用}-\text{完工产成品该步骤成本份额}$$

（2）在约当产量法下，一般首先以某产品的产成品和期末广义的在产品为产量基数，计算各步骤各项费用的分配率；然后按完工产品数量，计算各步骤各项费用应计入产品成本的份额。其计算公式如下：

$$\text{某步骤单位半成品成本}=\frac{\text{该步骤本月累计生产费用}}{\text{该步骤半成品数量}+\text{该步骤在产品约当产量}}$$

$$\text{某步骤应计入产成品成本份额}=\text{该步骤单位半成品成本}\times\frac{\text{单位产成品耗用}}{\text{该步骤半成品数量}}\times\text{完工产成品数量}$$

$$\text{月末在产品成本(广义)}=\text{该步骤本月累计生产费用}-\text{该步骤应计入产成品成本份额}$$

三、平行结转分步法的应用举例

【技能操作】

【例 7-3】 某公司 A 产品的产量成本资料，如表 7-9 所示。

表 7-9　　　　产量成本资料

第一步骤的产量记录		第二步骤的产量记录		第三步骤的产量记录	
项目	数量(件)	项目	数量(件)	项目	数量(件)
月初在产品	40	月初在产品	10	月初在产品	20
本月投产	200	本月投产	220	本月投产	200
本月完工（甲半成品）	220	本月完工（乙半成品）	200	本月完工（A 产成品）	210
月末在产品	20	月末在产品	30	月末在产品	10

各步骤月末在产品完工程度均为 40%，生产费用按约当产量法在产成品和在产品之间进行分配，直接材料在生产开始时一次投入。单位产成品耗用各步骤的半成品均为 1 件。各步骤的成本明细账，如表 7-10 至表 7-12 所示。

表 7-10　　第一步骤的成本明细账　　金额单位：元

项　目	直接材料	直接人工	制造费用	合　计
月初在产品成本	700	160	240	1 100
本月发生费用	2 000	450	700	3 150
计入产成品成本份额	2 100	496.51	765.12	3 361.63
月末在产品成本	600	113.49	174.88	888.37

约当产量：

直接材料＝20＋30＋10＋210＝270(件)

直接人工＝20×40%＋30＋10＋210＝258(件)

制造费用＝20×40%＋30＋10＋210＝258(件)

第一步骤计入产成品的份额和月末在产品(广义)成本的计算如下：

直接材料：

计入产成品成本＝(700＋2 000)÷270×210＝2 100(元)

月末在产品成本＝2 700－2 100＝600(元)

直接人工：

计入产成品成本＝(160＋450)÷258×210＝496.51(元)

月末在产品成本＝610－496.51＝113.49(元)

制造费用：

计入产成品成本＝(240＋700)÷258×210＝765.12(元)

月末在产品成本＝940－765.12＝174.88(元)

表 7-11　　第二步骤的成本明细账　　金额单位：元

项　目	直接材料	直接人工	制造费用	合　计
月初在产品成本		150	120	270
本月发生费用		3 200	2 800	6 000
计入产成品成本份额		3 032.33	2 643.10	5 675.43
月末在产品成本		317.67	276.90	594.57

约当产量：

直接人工＝30×40%＋10＋210＝232(件)

制造费用＝30×40%＋10＋210＝232(件)

第二步骤计入产成品的份额和月末在产品(广义)成本的计算如下：

直接人工：

计入产成品成本＝(150＋3 200)÷232×210＝3 032.33(元)

月末在产品成本＝3 350－3 032.33＝317.67(元)

制造费用：

计入产成品成本＝(120＋2 800)÷232×210＝2 643.10(元)

月末在产品成本＝2 920－2 643.10＝276.90(元)

表 7-12　**第三步骤的成本明细账**　金额单位:元

项　目	直接材料	直接人工	制造费用	合　计
月初在产品成本		100	80	180
本月发生费用		1 800	1 500	3 300
计入产成品成本份额		1 864.49	1 550.47	3 414.96
月末在产品成本		35.51	29.53	65.04

约当产量:

直接人工＝10×40%＋210＝214(件)

制造费用＝10×40%＋210＝214(件)

第三步骤计入产成品的份额和月末在产品(广义)成本的计算如下:

直接人工:

计入产成品成本＝(100＋1 800)÷214×210＝1 864.49(元)

月末在产品成本＝1 900－1 864.49＝35.51(元)

制造费用:

计入产成品成本＝(80＋1 500)÷214×210＝1 550.47(元)

月末在产品成本＝1 580－1 550.47＝29.53(元)

月末,A 产品成本汇总计算单,如表 7-13 所示。

表 7-13　**A 产成品成本汇总计算单**　金额单位:元

项　目	直接材料	直接人工	制造费用	合　计
第一步骤	2 100	496.51	765.12	3 361.63
第二步骤		3 032.33	2 643.10	5 675.43
第三步骤		1 864.49	1 550.47	3 414.96
制造成本合计	2 100	5 393.33	4 958.69	12 452.02

四、简易平行结转分步法

为了简化各生产步骤的成本计算工作,并为各生产步骤提供在产品资金管理所需要的资料,在采用平行结转分步法时,也可以不分步计算应计入产成品成本的份额,各步骤只计算本步骤发生费用及月末加工中在产品和库存半成品的数量。厂部财会部门平行汇总各步骤本月生产费用,对各步骤上报的在产品和库存半成品数量按累计单位定额成本(计划成本)计价、汇总,并按下列公式计算产成品成本:

某种产成品成本＝该种产品各步骤生产费用之和＋各步骤月初加工中在产品和半成品定额(计划)成本之和－各步骤月末加工中在产品和半成品定额(计划)成本之和

简易平行结转分步法成本计算程序,如图 7-3 所示。

第一步骤的成本计算单　单位：元

项目	直接材料	制造费用	合计
本月发生费用	4 000	1 200	5 200
月末在产品成本	200	300	500

第二步骤的成本计算单　单位：元

项目	直接材料	制造费用	合计
本月发生费用		2 000	2 000
月末在产品成本	300	400	700

第三步骤的成本计算单　单位：元

项目	直接材料	制造费用	合计
本月发生费用		4 000	4 000
月末在产品成本	500	750	1 250

产成品成本汇总计算　单位：元

项目	直接材料	制造费用	合计
月初在产品成本	800	1 000	1 800
本月发生费用	4 000	7 200	11 200
月末在产品成本	1 000	1 450	2 450
产成品制造成本	3 800	6 750	10 550

图 7-3　简易平行结转分步法成本计算程序

采用这种计算方法，各生产步骤只计算本生产步骤生产费用，不在完工产品和在产品之间分配费用，这就简化了各生产步骤成本的计算工作。厂部财务部门可提供各生产步骤在产品、半成品成本资料，有利于各步骤生产资金的管理，但不能反映产成品成本中各生产步骤的份额。

上述半成品累计单位定额成本等于前一步骤半成品的累计单位定额成本与本步骤半成品单位定额成本之和。在产品累计单位定额成本则等于前一步骤半成品的累计单位定额成本与本步骤在产品单位定额成本之和。

五、平行结转分步法与逐步结转分步法的比较

(1) 逐步结转分步法的在产品是狭义的，仅指本步骤正在加工的在产品，它的成本是按实物所在地反映，有利于在产品资金管理。平行结转分步法的在产品是广义的，它不仅包括在本步骤加工的在产品，还包括经过本步骤加工完毕，但还没有加工成为产成品的所有半成品。它的成本留在成本发生地，按发生地反映，不随实物转移而转移。

(2) 逐步结转分步法计算各步骤的半成品成本，半成品成本随着实物的转移而转移；平行结转分步法不计算各步骤半成品成本，半成品成本不随实物的转移而转移。

(3) 逐步结转分步法的产成品成本是将最后加工步骤的半成品成本加上最后加工步骤的生产费用而得到的。在采用综合逐步结转法时，还有个成本还原问题。在平行结转分步法下，产成品成本是由直接材料加上各步骤应计入产成品的加工费用(直接人工、制造费用)而求得的，所以不存在成本还原问题。

(4) 逐步结转分步法是按加工步骤的先后顺序逐步累计结算产品成本的，即上一步骤半成品成本结算后，才能进行下一步骤的核算，会造成相互等待，以致影响成本计算工作时效性。平行结转法各步骤可以同时结算成本，最后平行计入产品成本，不存在相互等待的问题，因此成本计算工作更及时。但是，半成品直接对外销售时，平行结转分步法还需重新计算半成品成本。

(5) 逐步结转法和平行结转法是分步法计算产品成本的两种不同方法，所以，计算出来的成本数值存在着一定的差异。

单元测试

一、单项选择题

(1) 分步法适用于(　　)。

A. 大量大批单步骤生产　　B. 单件生产

C. 小批生产　　D. 大量大批多步骤生产

(2) 分步法以(　　)作为成本计算对象。

A. 产品批别　　B. 产品品种

C. 产品类别　　D. 产品的生产步骤

(3) 在完工产品和在产品之间分配人工费用和制造费用时，需将本步骤发生费用和上步骤结转费用区别对待的成本计算方法是(　　)。

A. 综合结转法　　B. 分项结转法

C. 平行结转分步法　　D. 简易平行结转分步法

(4) 一般来说，下列企业中适用于平行结转分步法的是(　　)。

A. 纺织企业　　B. 造纸企业

C. 机械制造企业　　D. 冶金企业

(5) 需要进行成本还原的成本计算方法是(　　)。

A. 综合结转法　　B. 分项结转法

C. 平行结转分步法　　D. 简易平行结转分步法

(6) 下列方法中，涉及的在产品是广义在产品的是(　　)。

A. 综合结转法　　B. 分项结转法

C. 平行结转分步法　　D. 简易平行结转分步法

(7) 在采用综合结转分步法的情况下，下一步骤耗用的上一步骤半成品的成本应转入下一步骤产品成本明细账中的(　　)。

A. “直接人工”项目

B. “其他直接支出”项目

C. “直接材料”或“自制半成品”项目

D. “制造费用”项目

(8) 成本还原是将(　　)耗用各步骤半成品的综合成本由后向前逐步分解还原为原始成本项目。

A. 产成品　　B. 广义在产品

C. 狭义在产品　　D. 在产品

(9) 平行结转分步法只计算(　　)。

A. 各步骤的半成品成本

B. 各步骤所耗上一步骤半成品成本

C. 各步骤的在产品成本

D. 本步骤所发生的各项生产费用及这些费用中应计入产成品的份额

(10) 在逐步结转分步法下,上一步骤的半成品移交下一步骤继续加工时,其半成品成本(　　)。

A. 不随实物的转移而转移　　B. 应保留在本步骤

C. 随实物的转移而转移　　D. 只转移由完工产品负担的份额

(11) 逐步结转分步法中的在产品是(　　)。

A. 广义在产品　　B. 自制半成品

C. 狭义在产品　　D. 以上均不正确

(12) 半成品成本流转与实物流转相一致,又不需要成本还原的方法是(　　)。

A. 逐步结转分步法　　B. 综合结转分步法

C. 分项结转分步法　　D. 平行结转分步法

(13) 平行结转分步法(　　)。

A. 需要进行成本还原

B. 不需要进行成本还原

C. 能提供完整的半成品成本资料

D. 能加强物资和资金的有效管理

(14) 某种产品生产分两个步骤,采用逐步结转分步法计算成本。本月第一步骤交库的完工半成品成本为 5 000 元,第二步骤领用的半成品成本为 4 000 元,本月发生的其他生产费用为 6 000 元,月初、月末在产品成本分别为 1 000 元和 800 元。据此计算的该产品产成品成本为(　　)元。

A. 11 200　　B. 10 800　　C. 10 200　　D. 9 800

(15) 某产品生产由三个生产步骤组成,采用平行结转分步法计算产品成本,需要进行成本还原的次数是(　　)次。

A. 2　　B. 3　　C. 0　　D. 4

(16) 采用平行结转分步法,第二生产步骤的广义在产品不包括(　　)。

A. 第一生产步骤正在加工的在产品

B. 第二生产步骤正在加工的在产品

C. 第二生产步骤完工入库的半成品

D. 第三生产步骤正在加工的在产品

(17) 不计算半成品成本的分步法是指(　　)。

A. 逐步分项结转分步法　　B. 平行结转分步法

C. 按实际成本综合结转分步法　　D. 按计划成本综合结转分步法

二、多项选择题

(1) 下列企业中,适用逐步结转分步法的有(　　)。

A. 造纸厂　　B. 冶金企业　　C. 发电厂　　D. 纺织企业

(2) 采用分步法,作为成本计算对象的生产步骤可以(　　)。

A. 按实际生产步骤设立

B. 按生产车间设立

C. 按一个车间中的几个生产步骤分别设立

D. 按几个车间合并成的一个生产步骤设立

(3) 采用平行结转分步法,计算各步骤的产成品成本份额时要计算分配率,此时可采用的分配方法有( )。

A. 生产工时比例法 B. 定额比例法

C. 定额成本法 D. 约当产量法

(4) 采用平行结转分步法,不能提供( )。

A. 按原始成本项目反映的产成品成本资料

B. 所耗上一步骤半成品成本的资料

C. 各步骤完工半成品成本的资料

D. 本步骤应计入产成品成本份额的资料

(5) 采用逐步结转分步法,计算各步骤半成品成本的原因有( )。

A. 为了计算外售半成品成本

B. 为了与同行业半成品成本对比

C. 为了计算各种产品成本提供所耗同一种半成品成本

D. 为了考核与分析各生产步骤等内部单位的生产耗费与资金占用水平

(6) 逐步结转分步法下,按照半成品成本在下一步骤产品成本明细账中的反映方法不同,可分为( )。

A. 逐步结转法 B. 综合结转法

C. 分项结转法 D. 平行结转法

(7) 综合结转法半成品成本的结转,可按照( )。

A. 实际成本结转 B. 计划成本结转

C. 定额成本结转 D. 半成品成本结转

(8) 平行结转分步法的在产品是指( )。

A. 尚在本步骤加工中的在产品

B. 转入各半成品库的半成品

C. 已从半成品库转到以后各步骤进一步加工、尚未最后制成的半成品

D. 全部加工中的在产品和半成品

(9) 综合结转分步法的优点有( )。

A. 能够提供各生产步骤的半成品成本资料

B. 有利于各生产步骤的成本管理

C. 成本核算简单及时

D. 能够为在产品实物管理和生产资金管理提供资料

(10) 平行结转分步法的优点有( )。

A. 能够简化和加速成本核算工作

B. 各步骤的半成品成本随实物的结转而转移

C. 各生产步骤能同时计算产品成本

D. 可以直接提供按原始成本项目反映的产品成本资料

三、判断题

(1) 分步法以产品的生产步骤和产品品种作为成本计算对象。 ( )

(2) 装配式生产企业适合采用逐步结转分步法计算产品成本。 ( )

(3) 平行结转分步法也称计算半成品成本的分步法。 ( )

(4) 在平行结转分步法下,只能采用定额比例法进行产成品和在产品之间的费用分配。 ( )

(5) 采用综合结转分步法时,半成品成本必须还原。 ( )

(6) 采用逐步结转分步法计算成本时,每一步骤的成本计算都是一个品种法,实际上是品种法的多次连续应用。 ( )

(7) 采用平行结转分步法计算产品成本时,半成品成本要随着实物的转移而结转到下一加工步骤。 ( )

(8) 采用分步法时,不论是综合结转还是分项结转,第一个生产步骤的成本明细账的登记方法均相同。 ( )

(9) 产品成本计算的分步法均应逐步结转半成品成本,最后计算出完工产品成本。 ( )

(10) 在逐步结转分步法下,半成品的成本随半成品实物而转移,因此对完工产品成本中的半成品成本,都必须进行成本还原。 ( )

(11) 在分步法下,各步骤期末在产品,都是指广义在产品。 ( )

(12) 在平行结转分步法下,各步骤应转出的份额应以最终完工产品的数量为基数计算。 ( )

四、简答题

(1) 简述分步法的适用范围及其特点。

(2) 在综合结转分步法下,为什么要进行成本还原?如何进行还原?

(3) 试述平行结转分步法与逐步结转分步法的不同。

实务训练

训练一

目的:练习产品成本计算的逐步综合结转分步法。

资料:某厂生产丙产品,分三个步骤连续加工。第一步骤加工为甲半成品,转入第二步骤加工为乙半成品,最后由第三步骤加工成丙产品成品。第一步骤不设半成品成本项目,原材料在第一步骤一次投入,以后不再投入,各步骤产量记录及月初在产品成本和本月发生费用,如表 7-14 和表 7-15 所示。在产品成本按约当产量计算。

表 7-14 各步骤产量记录 金额单位:元

步骤名称	期初在产品	本期投入	本期完成	期末在产品	完工率
第一步骤甲半成品	10	90	80	20	60
第二步骤乙半成品	20	80	90	10	0
第三步骤丙产成品	40	90	100	30	50

表 7-15　　月初在产品成本和本月发生费用　　金额单位:元

成本项目	月初在产品成本			本月发生费用		
	第一步骤	第二步骤	第三步骤	第一步骤	第二步骤	第三步骤
直接材料	1 200			9 800		
半成品		360	2 040			
燃料及动力	98	60	140	500	660	1 240
直接人工	168	90	165	660	810	1 560
制造费用	180	120	260	740	960	1 810

要求:

(1) 根据上述资料,计算完工的丙产品总成本和单位成本。

(2) 进行成本还原。

训练二

目的:练习产品成本计算的分项结转分步法。

资料:某厂生产乙产品,分两个步骤连续加工。第一步骤生产乙半成品,直接转入第二步骤连续加工。成本计算采用分项结转分步法。

202×年 3 月有关资料如下:

第一步骤:月初在产品成本:直接材料 6 240 元,直接人工 2 040 元,制造费用 2 220 元。

本月发生费用:直接材料 150 100 元,直接人工 51 600 元,制造费用 57 800 元。

本月完工乙半成品 3 750 千克,月末在产品 500 千克,原材料在生产开始时一次投入,完工程度 50%,在产品成本按约当产量计算。

第二步骤:在产品按定额成本计算。

月初在产品定额成本:直接材料 6 325 元,直接人工 2 035 元,制造费用 2 340 元。

月末在产品定额成本:直接材料 4 200 元,直接人工 1 685 元,制造费用 1 940 元。

本月发生费用(不包括上步骤转入半成品成本):直接人工 42 000 元,制造费用 60 000 元。本月完工入库产成品数量为 3 500 千克。

要求:

(1) 计算第一步骤乙半成品成本。

(2) 计算第二步骤乙产品的总成本和单位成本。

(3) 编制完工产品入库的会计分录。

训练三

目的:练习产品成本计算的平行结转分步法。

资料:某厂设有三个基本生产车间,每一车间设一个生产步骤,第一步骤生产 A 半成品,交第二步骤连续加工为 B 半成品,交第三步骤加工成为 C 产品,原材料在第一步骤生产开始时一次投入,在产品完工程度均为 50%,在产品成本按约当产量计算。

202×年 11 月有关资料,如表 7-16 和表 7-17 所示。

表 7-16　　各步骤产量记录　　计量单位：台

项　目	第一步骤	第二步骤	第三步骤
期初在产品	80	60	20
本期投入	340	400	360
本期完成	400	360	300
期末在产品	20	100	80

表 7-17　　月初在产品成本和本月发生费用　　金额单位：元

成本项目	月初在产品成本			本月发生费用		
	第一步骤	第二步骤	第三步骤	第一步骤	第二步骤	第三步骤
直接材料	1 300			36 700		
直接人工	700	650	925	23 800	23 000	194 750
制造费用	1 100	1 350	1 050	67 500	43 800	31 930

要求：

(1) 计算各步骤应计产品成本份额及月末在产品成本。

(2) 编制产品成本汇总计算表。

训练四

目的：练习成本还原的计算。

资料：某企业产品生产资料，如表 7-18 所示。

表 7-18　　某企业产品生产资料情况表　　金额单位：元

项　目	还原分配率	半成品	原材料	工资及福利费	制造费用	成本合计
还原前产成品成本		8 400		2 800	4 160	15 360
本月所产半成品成本			2 900	1 380	2 720	7 000
成本还原						
还原后产成品总成本						
还原后产成品单位成本						

要求：计算按原始成本项目反映的产成品成本。

第八单元　辅助方法计算产品成本

导学目标

1. 了解分类法的含义、适用范围、特点和成本计算程序。
2. 理解并能熟练运用分类法计算产品成本。
3. 了解副产品的成本计算方法。
4. 了解定额法的含义、适用范围、特点和成本计算程序。
5. 熟练计算定额成本、脱离定额差异、定额变动差异以及完工产品的实际成本。

导学案例

大宋木器加工厂在加工圆木时，会生产出一等品木材、二等品木材和三等品木材，另外还有副产品锯末和木片等。2023 年 8 月，该企业共生产出一等品木材 1 000 立方米，二等品木材 880 立方米，三等品木材 190 立方米，并生产出副产品锯末和木片 80 立方米。上述产品按照市场上同类产品的销售价格出售后，出现了奇怪现象，即只有一等品木材盈利且利润很高，二等品木材和三等品木材以及副产品都是亏损，而且单位产品的亏损额逐渐在加大。原因何在？原来是企业将总成本按产品的数量平均分配给各产品的结果，即成本分配方法所致。

思考：该加工厂应该采用什么方法分配成本才合理？

第一讲　产品成本计算的分类法

【知识要点】

一、分类法的含义及其特点

产品成本计算的分类法，是指以产品类别作为成本核算对象，归集和分配生产费用，计算产品成本的一种方法。它是品种法的延伸。

在一些企业中，生产产品的品种、规格繁多，若按产品的品种、规格归集生产费用、计算产品成本，则成本计算工作十分繁重。在这种情况下，如果不同品种、规格的产品可以按照一定的标准分类，从而简化成本的计算工作，就可以采用分类法计算产品成本。

分类法具有以下特点：

(1) 以产品的类别作为成本核算对象，归集生产费用、计算该类产品成本；类内不同品种（或规格）产品的成本按照一定的分配方法分配确定。采用分类法计算产品成本时，首先，要根据产品所用原材料和工艺技术过程的不同，将产品划分为若干类，按照产品的类别设置产品成本明细账，按类归集生产费用，计算各类产品成本；然后，选择合理的分配标准，在每类的各种产品之间分配费用，计算出各种产品的成本。

(2) 同类各种产品之间分配费用的标准，一般有定额消耗量、定额费用、售价，以及产品的体积、长度和重量等。在选择费用分配标准时，主要应考虑与产品生产耗费高低的关系，即应选择与产品各项耗费的高低有密切联系的分配标准。

(3) 同类各种产品之间分配费用时，各成本项目可以按同一分配标准进行分配；为了使分配结果更为合理，也可以根据各个成本项目的性质，分别按照不同的分配标准进行分配。例如，原材料费用可以按照原材料的定额耗用量或原材料的定额费用比例进行分配，工资及福利费等其他费用可以按照定额工时的比例进行分配。

(4) 为了简化分配工作，可以将分配标准折算成相对固定的系数，按照固定的系数在同类各种产品之间分配费用。确定系数时，一般在同一类内选择一种产量较大、生产比较稳定，或规格折中的产品作为标准产品，将这种产品的系数确定为“1”；再用其他各种产品的分配标准额分别与标准产品的分配标准额相比较，计算出其他各种产品的分配标准额与标准产品的分配标准额的比率，即系数。在分类法中，按照系数分配同类各种产品成本的方法，也称系数法。系数一经确定，在一定时期内应相对稳定。在实际工作中，也有采用按照标准产品产量比例分配同类各种产品成本的方法，即将各种产品的产量按照系数，折算成标准产品产量；然后，按照标准产品产量的比例分配同类各种产品的成本，这也是一种系数分配法。

二、分类法的成本计算程序

(1) 以产品的类别为成本核算对象，设置成本明细账，归集生产费用，计算出每类产品的总成本。类别的划分应根据企业生产的特点，按照产品的结构、性质、所耗用的原材料和工艺过程的不同进行，例如，将各种品种相同但质量不同的等级产品归为一类，将同一品种的不同规格的产品归为一类等。进行费用的归集时，凡与某类产品生产有关的直接材料、直接人工等费用应直接计入该类产品成本；凡与几类产品生产有关的制造费用，应先通过“制造费用”账户进行归集，月末再采用一定的方法分配计入各类产品成本。

(2) 将每类产品的生产费用在该类完工产品和月末在产品之间进行分配。月末，应将各类别归集的生产费用，采用一定的方法，在完工产品和在产品之间进行分配，计算出该类完工产品成本。

(3) 将同类完工产品的成本，采用一定的方法，在同类各种产品之间进行分配，计算出每种产品的成本。

三、分类法的适用范围

分类法与产品的生产类型无直接关系，它可以在各种类型的生产中应用。凡是产品品种、规格繁多，又可以按照一定标准划分为若干类别的企业和车间，均可以采用分类法计算成本。例如，钢铁厂生产的各种型号和规格的生铁、钢锭和钢材，针织厂生产的各种不同种类和规格的针织品，灯泡厂生产的各种不同类别和功率的灯泡，食品厂生产的各种饼干和面包等。它们的生产类别有所不同，但其产品都可以分类，因此都可以采用分类法计算产品成本。

四、分类法的应用举例

（一）系数法

【技能操作】

【例 8-1】 某企业的产品规格很多，成本计算采用分类法，按其所耗原材料的工艺过程的不同把全部产品划分为甲、乙两大类，每类产品的月末在产品按平均所耗原材料定额成本计算，加工费全部由完工产品负担。同类产品中的各种产品成本的计算，以计划单位成本为分配标准（各成本项目均相同）。该企业 3 月有关成本和产量资料，如表 8-1 至表 8-3 所示。

表 8-1 直接材料定额成本表

产品类别	单位产品平均消耗定额（千克）	计划单价（元）	定额成本（元）
甲	2.5	4	10
乙	12	0.5	6

表 8-2 产量和计划单位成本

产品类别	规格	产量（件）	计划单位成本（元）
甲	#1	500	13.5
	#2	1 000	15
	#3	600	16.5
	#4	700	18
乙	#5	500	8
	#6	600	9
	#7	1 500	10

表 8-3 月初在产品成本和本月发生费用 金额单位：元

产品类别	月初在产品直接材料定额成本	本月发生生产费用				
		直接材料	直接人工	其他直接支出	制造费用	合计
甲	700	30 000	10 000	1 400	6 600	48 000
乙	180	16 500	7 000	980	2 960	27 440

月末在产品盘点数量为：甲类产品 150 件，乙类产品 130 件。月末在产品直接材料定额成本计算表，如表 8-4 所示。

表 8-4 月末在产品直接材料定额成本计算表 金额单位：元

产品类别	数量（件）	单位定额成本	定额成本
甲	150	10	1 500
乙	130	6	780

两类产品的成本明细账，如表 8-5 和表 8-6 所示。

表 8-5 **甲类产品成本明细账**

××××年 3 月 金额单位:元

项　目	直接材料	直接人工	其他直接支出	制造费用	合　计
月初在产品成本	700				700
本月生产费用	30 000	10 000	1 400	6 600	48 000
合计	30 700	10 000	1 400	6 600	48 700
本月完工产品成本	29 200	10 000	1 400	6 600	47 200
月末在产品成本	1 500				1 500

表 8-6 **乙类产品成本明细账**

××××年 3 月 金额单位:元

项　目	直接材料	直接人工	其他直接支出	制造费用	合　计
月初在产品成本	180				180
本月生产费用	16 500	7 000	980	2 960	27 440
合计	16 680	7 000	980	2 960	27 620
本月完工产品成本	15 900	7 000	980	2 960	26 840
月末在产品成本	780				780

各种不同规格完工产品的成本计算表,如表 8-7 至表 8-9 所示。

表 8-7 **计划成本系数计算表**

产品类别	规　格	计划成本	计划单位系数
甲	#1	13.5	0.9
	#2	15	1
	#3	16.5	1.1
	#4	18	1.2
乙	#5	8	0.8
	#6	9	0.9
	#7	10	1

注:#2 产量 1 000 件,#7 产量 1 700 件,产量在各类别区别较大,所以确定#2、#7 产品为甲、乙类产品的标准产品,系数为 1。

表 8-8 **甲类各规格完工产品成本计算表**

××××年 3 月 金额单位:元

产品规格	产量(件)	计划成本系数	总系数(标准产量)(件)	完工产品总成本	单位系数成本	各规格产品总成本	各规格产品单位成本
#1	500	0.9	450			7 200	14.4
#2	1 000	1	1 000			16 000	16
#3	600	1.1	660			10 560	17.6
#4	700	1.2	840			13 440	19.2
合计			2 950	47 200	16	47 200	

表 8-9　　乙类各规格完工产品成本计算表

××××年3月　　金额单位：元

产品规格	产量（件）	计划成本系数	总系数（标准产量）（件）	完工产品总成本	单位系数成本	各规格产品总成本	各规格产品单位成本
♯5	500	0.8	400			4 400	8.8
♯6	600	0.9	540			5 940	9.9
♯7	1 500	1	1 500			16 500	11
合计			2 440	26 840	11	26 840	

从[例 8-1]可见，在产品品种规格较多的企业里，采用分类法计算产品成本可以大大简化成本计算工作。但是采用这种方法时，产品的分类是否恰当，类内产品的类距是否合适，分配标准的选择是否合理，都直接影响产品成本计算的正确性。因此，采用分类法时，对不同品种或规格的产品归类时类距不能过大，否则，成本计算就不准确；但也不能过小，过小就加大了成本计算的工作量。同时，选择的分配标准必须合理，应与产品成本的高低有密切联系，如果各成本项目不能采用同一分配标准，可以分别采用不同标准进行分配，尽量使分配的结果接近实际情况。

（二）定额比例法

【技能操作】

【例 8-2】 某企业生产甲、乙两个系列的产品，每个系列的产品又有不同规格。根据生产的特点和产品的性能结构，将每一系列的产品归为一类，采用分类法计算产品成本，同类不同规格的产成品成本用定额比例法计算。某年5月甲、乙两类产品成本明细账，如表8-10和表8-11所示。

表 8-10　　甲类产品成本明细账

××××年5月　　金额单位：元

项　目	直接材料	直接人工	其他直接支出	制造费用	合　计
月初在产品成本	74 000	4 000	560	3 500	82 060
本月生产费用	1 200 000	80 000	11 200	66 500	1 357 700
合　计	1 274 000	84 000	11 760	70 000	1 439 760

表 8-11　　乙类产品成本明细账

××××年5月　　金额单位：元

项　目	直接材料	直接人工	其他直接支出	制造费用	合　计
月初在产品成本	6 400	460	64.4	310	7 234.4
本月生产费用	143 640	1 900	266	3 820	149 626
合　计	150 040	2 360	330.4	4 130	156 860.4

该企业甲、乙两类产品的产量及其定额资料，如表8-12和表8-13所示。

表 8-12　　甲类产品产量及定额计算表

××××年5月

产品名称	数量(件)	材料定额成本(元)		定额工时(小时)	
		单位	合计	单位	合计
产成品					
A1	16 000	54	864 000	12	192 000
A2	3 600	56	201 600	11	39 600
A3	500	50	25 000	10	5 000
小计			1 090 600		236 600
在产品					
#1	20 000	4	80 000	0.4	8 000
#2	15 000	1	15 000	0.2	3 000
#3	18 000	3	54 000	0.29	5 220
#4	30 200	2	60 400	0.9	27 180
小计			209 400		43 400

表 8-13　　乙类产品产量及定额计算表

××××年5月

产品名称	数量(件)	材料定额成本(元)		定额工时(小时)	
		单位	合计	单位	合计
产成品					
B1	200	58	11 600	4	800
B2	300	105	31 500	5	1 500
B3	200	134	26 800	6	1 200
B4	100	175	17 500	7	700
小计			87 400		4 200
在产品					
#5	1 000	12	12 000	0.5	500
#6	4 000	8	32 000	0.2	800
#7	200	15	3 000	1	200
#8	100	20	2 000	2	200
小计			49 000		1 700

根据表8-10至表8-13的资料，计算甲、乙两类各种产品总成本和单位成本。甲、乙类产品成本计算表，如表8-14和表8-15所示。

表 8-14　　**甲类产品成本计算表**

××××年 5 月　　金额单位:元

项　目	产成品数量	直接材料		定额工时(小时)	直接人工	其他直接支出	制造费用	合　计
		定额成本	实际成本					
生产费用			1 274 000		84 000	11 760	70 000	1 439 760
定额合计		1 300 000		280 000				
分配率			0.98		0.3	0.042	0.25	
月末在产品成本		209 400	205 212	43 400	13 020	1 822.8	10 850	230 904.8
产成品成本		1 090 600	1 068 788	236 600	70 980	9 937.2	59 150	1 208 855.2
其中:A1 总成本	16 000	864 000	846 720	192 000	57 600	8 064	48 000	960 384
单位成本			52.92		3.6	0.504	3	60.024
A2 总成本	3 600	201 600	197 568	39 600	11 880	1 663.2	9 900	221 011.2
单位成本			54.88		3.3	0.462	2.75	61.392
A3 总成本	500	25 000	24 500	5 000	1 500	210	1 250	27 460
单位成本			49		3	0.42	2.5	54.92

表 8-15　　**乙类产品成本计算表**

××××年 5 月　　金额单位:元

项　目	产成品数量	直接材料		定额工时(小时)	直接人工	其他直接支出	制造费用	合　计
		定额成本	实际成本					
生产费用			150 040		2 360	330.4	4 130	156 860.4
定额合计		136 400		5 900				
分配率			1.1		0.4	0.056	0.7	
月末在产品成本		49 000	53 900	1 700	680	95.2	1 190	55 865.2
产成品成本		87 400	96 140	4 200	1 680	235.2	2 940	100 995.2
其中:B1 总成本	200	11 600	12 760	800	320	44.8	560	13 684.8
单位成本			63.8		1.6	0.224	2.8	68.424
B2 总成本	300	31 500	34 650	1 500	600	84	1 050	36 384
单位成本			115.5		2	0.28	3.5	121.28
B3 总成本	200	26 800	29 480	1 200	480	67.2	840	30 867.2
单位成本			147.4		2.4	0.336	4.2	154.336
B4 总成本	100	17 500	19 250	700	280	39.2	490	20 059.2
单位成本			192.5		2.8	0.392	4.9	200.592

第二讲　产品成本计算的定额法

【知识要点】

一、定额法的含义及其特点

产品成本计算的定额法，是指以月初现行定额计算的产品定额成本为基础，加、减脱离定额差异和定额变动差异，计算产品实际成本的一种方法。在前面所介绍的成本计算的品种法、分批法、分步法和分类法中，生产费用的日常核算都是按照其实际发生额进行的，产品的成本也是根据实际生产费用计算的。因此，生产费用和产品成本脱离定额差异及其原因，只有在月末通过实际资料与定额资料的对比、分析才能得到反映，而不能在月份内生产费用发生的当时得到反映。这样，既不利于更好地加强定额管理，又不利于及时对产品成本进行控制，不能有效地发挥成本核算对于节约费用、降低成本的作用。

产品成本计算的定额法，就是为了克服上述几种成本计算方法的弱点，及时反映和监督生产费用和产品成本脱离定额的差异，把产品成本的计划、控制、核算和分析结合在一起，以便加强成本管理，而采用的一种成本计算方法。其主要特点如下：

(1) 事前制定产品的消耗定额、费用定额和定额成本，作为控制、降低产品成本的目标。

(2) 在生产费用发生的当时，将符合定额的费用和发生的差异分别进行核算，以加强成本差异的日常核算、分析和控制。

(3) 月末，在定额成本的基础上，加减各种成本差异，计算产品的实际成本，并为成本的定期考核和分析提供数据。

采用定额法计算产品成本，其核算成本的基本原理是：产品的实际成本是由定额成本、脱离定额差异和定额变动差异三个因素组成。

计算产品实际成本的基本公式为：

产品实际成本＝产品定额成本±脱离定额差异±定额变动差异

因此，定额法的意义就在于将成本的核算与成本的控制管理相结合，及时了解生产成本情况，进行适时控制。

二、定额法的计算程序

定额法的计算程序主要包括：

(1) 根据消耗定额和费用定额，按照产品品种和规定的成本项目计算产品定额成本，编制产品定额成本表。

(2) 生产费用发生时，将符合定额的费用和脱离定额的差异分别核算，予以汇总；定额变动时，调整月初在产品定额成本，计算定额变动差异。

(3) 按确定的成本计算基本方法，汇集各项费用和定额成本差异，按一定标准在完工产品和在产品之间进行分配。

(4) 将产品定额成本加、减各项成本差异，求得产品的实际成本。

(一) 定额成本的制定

采用定额法计算产品成本，必须先制定产品的原材料、动力、工时等消耗定额，并根据各种消耗定额和原材料的计划单价、计划工资率(计划每小时生产工资额)或计件工资单价、制造费用率(计划每小时的制造费用额)等资料,计算产品的各项费用定额,并据以制定单位产品的定额成本。

产品定额成本的制定过程,也是对产品成本进行事前控制的过程。确定后的产品消耗定额、费用定额和定额成本,既是对生产耗费、生产费用进行事中控制的依据,也是月末计算产品实际成本的基础及进行产品成本事后分析和考核的标准。

1. 定额成本与计划成本的异同

产品的定额成本与计划成本既有相同之处,也有不同之处。

(1) 两者相同之处在于:它们都是以产品生产耗费的消耗定额和计划价格确定的目标成本。其计算公式如下:

原材料费用定额=产品原材料消耗定额×原材料计划单价

生产工资费用定额=产品生产工时定额×生产工资计划单价

制造费用定额=产品生产工时定额×制造费用计划单价

生产工人工资和制造费用,通常是按生产工时比例分配计入产品成本的,因此,其计划单价通常是计划的每小时各项费用定额。各项费用定额的合计数就是产品的单位定额成本或计划成本,其计算公式如下:

某单位产品的定额成本=原材料费用定额+直接人工费用定额+制造费用定额

定额成本和计划成本的制定过程,都是对产品成本进行事前反映和监督,并实行事前控制的过程。

(2) 两者不同之处在于:定额成本的消耗定额是现行消耗定额,它应随着生产技术的进步和劳动生产率的提高不断修订。计算计划成本的消耗定额则是计划期(一般为1年)内平均消耗定额,又称计划定额,在计划期内通常不变。

计算定额成本的直接人工和制造费用的计划单价,也就是每小时的直接人工和制造费用定额,是可能变动的。计算计划成本的原材料的计划单价,在计划期内通常也是不变的。因此,定额成本在计划期内是变动的,而计划成本在计划期内通常是不变的。

由此可见,制定定额成本能够使企业的成本控制和考核更加有效,更符合实际,从而保证计划成本的完成。

2. 产品定额成本的计算程序

不同的工业部门由于产品的生产工艺过程不同,产品定额成本的计算程序也不尽相同。下面以机械制造企业的产品为例,来说明定额成本的计算程序。

机械产品由其零件和部件组成。产品的定额成本一般由企业的计划、技术、会计等部门共同制定。

第一种情形:产品的零部件不多。

(1) 计算零件定额成本。

(2) 汇总计算部件和产成品的定额成本。

(3) 零部件定额成本还可以作为在产品和报废零部件计价的依据。

第二种情形:产品的零部件较多。

(1) 根据所有零件原材料消耗定额、工序计划和工时消耗定额的零件定额卡,以及原材料计划单价、计划小时直接人工费用率和计划小时制造费用率,计算部件定额成本。

(2) 汇总计算产成品定额成本或者根据零、部件的定额卡直接计算产成品定额成本。

第三种情形:不计算零部件定额成本。

在不计算零部件定额成本的情况下，在产品和报废零部件的计价，就要根据零部件定额卡和原材料计划单价、计划小时直接人工费用率和计划小时制造费用率临时计算。

为了便于进行成本分析和考核，定额成本包括的成本项目和计算方法，应该与计划成本、实际成本包括的成本项目和计算方法一致，以便于成本考核和成本分析工作的进行。零件定额成本卡和部件定额成本卡的格式，如表 8-16 和表 8-17 所示。

表 8-16　　零件定额成本卡

零件编号、名称：201　　××××年××月

材料编号、名称	计量单位	材料消耗定额
1301	千克	4
工序编号	工时定额	累计工时定额
1	2	2
2	4	6

表 8-17　　部件定额成本卡

部件编号、名称：200　　××××年××月　　数量单位：件　金额单位：元

所需零件编号、名称	零件数量	材料定额							工时金额
		1301			1302			金额合计	
		数量	计划单价	金额	数量	计划单价	金额		
201	3	12	5	60				60	18
202	2				8	4	32	32	12
装配									4
合计				60			32	92	34

定额成本项目					定额成本合计
原材料	直接人工		制造费用		
	计划工资率	金额	计划费用率	金额	
92	0.95	32.3	2	68	192.3

产成品定额成本计算卡的格式与部件定额成本计算卡的格式类似，此处不再列示。

（二）脱离定额差异的核算

脱离定额差异是指生产过程中，各项生产费用的实际支出脱离现行定额或预算的数额。定额差异的核算与定额成本的核算一样，是按成本项目进行的，在发生生产费用时，将符合定额的费用和脱离定额的差异，分别编制定额凭证和差异凭证，并在有关的费用分配表和明细分类账中分别予以登记。这样，就能及时、正确地核算和分析生产费用脱离定额的差异，控制生产费用的支出。因此，对定额差异的核算是实行定额法的重要内容。为了防止生产费用的超支，避免浪费和损失，填制差异凭证后，还必须按照规定办理审批手续。在有条件的企业，可以将脱离定额差异的日常核算与车间或班组经济责任制结合起来，依靠各生产环节的职工，控制生产费用。

1. 原材料费用脱离定额差异的核算

在各成本项目中，原材料费用（包括自制半成品费用）一般占有较大比重，而且大多数属于直接计入费用，因而更有必要和可能在费用发生的当时，就按产品核算定额费用和脱离定额的差异，并以不同的凭证予以反映。原材料脱离定额差异的核算方法，一般有限额法、切割核算法和盘存法三种。

（1）限额法。为了控制材料的领用，在定额法下要求实行限额领料制度。限额范围内的用料，都属于定额耗用。超过限额领用的材料，如修复废品用料等应另填制领料单作为差异凭证，车间余料退库填制的退料单也是一种差异凭证。因超产而多领的材料应在办理追加限额手续后，填制专设的定额领料单领料。对于代用材料填制的领料单，要先计算出所领代用材料相当于原规定的材料的数量，从限额领料单中扣除，再计算出定额差异。

为了减少凭证的种类，这些差异凭证也可用普通领料单代替，但应以不同的颜色或加盖专用的戳记加以区别。在差异凭证中，应该填明差异的数量、金额以及发生差异的原因。差异凭证的签发，必须经过一定的审批手续，其中由于采用代用材料、利用废料和材料质量低劣等原因而引起的脱离定额差异，通常由技术部门计算、审批。对于材料代用和废料利用，还应在有关的限额领料单中注明，并在原定的限额内扣除。

在每批生产任务完成后，应该根据车间余料编制退料单，办理退料手续。退料单也应视为差异凭证，退料单中所列的原材料数额和限额领料单中的原材料余额，都是原材料脱离定额的节约差异。

采用限额法对于控制领料单、促进节约用料有着重要的 ，但是上述差异凭证反映的差异往往只是领料差异，而不一定是用料差异，不能完全控制用料。

例如，限额领料单规定额产品数量为 3 000 件，每件的材料消耗定额为 4 千克，则领料限额为 12 000 千克（3 000×4）。假定实际领料 11 900 千克，其领料差异为少领 100 千克。现假设有以下两种情况：

第一种情况：如果实际耗用材料的产品数量（投产的产品数量）与限额领料单规定的产品数量一致，也就是 3 000 件，而且车间中没有期初和期末余料，或者期初和期末余料数量相等，在这种情况下，领料限额 12 000 千克就是材料的定额消耗量，则少领 100 千克就是用料脱离定额的节约差异。

在实际工作中，投产的产品数量不一定就是限额领料单规定的产品数量，车间中往往有期初和期末余料，而且期初、期末余额的数量一般也不相等。因此，限额领料单规定的领料限额不一定就是原材料的定额消耗量，两者的差异不一定就是用料脱离定额的差异。

第二种情况：如果上例投产的产品数量小于规定的产品数量，为 2 800 件，车间期初余料为 95 千克，期末余料为 120 千克，则其定额消耗量、实际消耗量和用料脱离定额差异为：

原材料定额消耗量＝2 800×4＝11 200（千克）

原材料实际消耗量＝期初余料数量＋本期实际领料数量－期末余料数量

＝95＋11 900－120＝11 875（千克）

原材料脱离定额差异（数量）＝11 875－11 200＝675（千克）（超支差异）

综合上述两种情况，我们发现，只有在投产数量等于定额规定的数量，而且车间没有余料或期初、期末余料数量相等的情况下，领料差异才是用料脱离定额差异。因此，要控制用料不超支，不仅要控制领料不超过限额，而且要控制投产的产品数量不少于计划规定的产品数量，还要注意车间有无余料和余料的数量。

【技能操作】

【例 8-3】 某企业限额领料单规定的产品数量为 500 件，每件产品的原材料消耗定额为 3 千克，则领料限额为 1 500 千克；本月实际领料 1 350 千克，领料差异为 150 千克。现假定有以下三种情况：

第一种情况：本期投产的产品数量符合限额领料单规定的产品数量，即 500 件，其期初、期末均无余料，则上述 150 千克的领料差异就是用料脱离定额的节约差异。

第二种情况：本期投产的产品数量仍为 500 件，但是车间有期初、期末余料，其中，期初余料为 80 千克，期末余料为 50 千克。则：

原材料定额消耗量＝500×3＝1 500(千克)

原材料实际消耗量＝80＋1 350－50＝1 380(千克)

原材料脱离定额差异(数量)＝1 380－1 500＝－120(千克)(节约差异)

第三种情况：本期投产的投产数量为 460 件，车间期初余料为 80 千克，期末余料为 40 千克。则：

原材料定额消耗量＝460×3＝1 380(千克)

原材料实际消耗量＝80＋1 350－40＝1 390(千克)

原材料脱离定额差异(数量)＝1 390－1 380＝10(千克)(超支差异)

(2) 切割核算法。对于某些比较贵重的材料或经常大量使用且必须切割的材料，如板材、棒材等，除了采用限额法，还应采用切割核算法，通过材料切割核算单，核算用料差异，控制用料。

材料切割核算单应按切割材料的批别设立，在单中要填明切割材料的种类、数量、消耗定额及应切割的毛坯数量。切割完毕后，首先，要填写实际切割的毛坯数量和材料的实际消耗量；然后，根据实际切割成的毛坯数量和消耗定额，算出材料定额消耗量；最后，将其与材料实际消耗量相比较，即可求出脱离定额的差异。材料定额消耗量、材料脱离定额的差异及原因应填入单中，并由主管人员签字。材料切割核算单的格式，如表 8-18 所示。

表 8-18 **材料切割核算单**

材料编号或名称：××× 材料计量单位：千克 材料计划单价：7 元

产品名称：×× 零件编号或名称：×× 图纸号：××

切割工人：××× 机床编号：××

发交切割日期：××××年××月××日 完工日期：××××年××月××日

<table>
<tr><td colspan="3">发料数量</td><td colspan="4">退回余料数量</td><td colspan="2">材料实际消耗量</td><td colspan="2">废料实际回收数量</td></tr>
<tr><td colspan="3">140</td><td colspan="4">10</td><td colspan="2">130</td><td colspan="2">10</td></tr>
<tr><td colspan="2">单件消耗定额</td><td colspan="3">单件回收废料定额</td><td colspan="2">应切割成的毛坯数量</td><td>实际切割毛坯数量</td><td colspan="2">材料定额消耗量</td><td>废料定额回收量</td></tr>
<tr><td colspan="2">13</td><td colspan="3">0.5</td><td colspan="2">10</td><td>9</td><td colspan="2">117</td><td>4.5</td></tr>
<tr><td colspan="2">材料脱离定额差异</td><td colspan="5">废料脱离定额差异</td><td colspan="3">差异原因</td><td>责任人</td></tr>
<tr><td>数量</td><td>金额</td><td colspan="2">数量</td><td colspan="2">单价</td><td>金额</td><td colspan="3" rowspan="2">未按图纸操作，因而多留了边料，少切了毛坯</td><td rowspan="2">切割工人</td></tr>
<tr><td>+13</td><td>91</td><td colspan="2">−5.5*</td><td colspan="2">2</td><td>−11</td></tr>
</table>

注：* 回收废料超过定额的差异可以冲减材料费用，故列负数；相反，低于定额的差异列正数。

在表 8-18 材料切割核算单中：

第一，退回余料是指切割后退回材料仓库的可以按照原来用途使用的材料，其数量应在计算材料实际消耗量时从发料数量中减去。

第二，回收的废料是指切割过程中发生的不能按照原来用途使用的边角料，是实际消耗材料的一部分，但退回仓库的废料价值应从材料费用中扣减。

第三，应切割成的毛坯数量 10 件，是以材料实际消耗量 130 千克除以单件定额消耗量 13 千克计算的结果。

第四，材料定额消耗量和废料定额消耗量，应按实际切割成的毛坯数量（实际耗用材料的产品数量、产品的投产量）分别乘以材料消耗定额和废料回收定额计算，计算结果如下：

材料定额消耗量＝13×9＝117（千克）

废料定额回收量＝0.5×9＝4.5（千克）

第五，材料脱离定额差异（金额），是以材料实际消耗量减去材料定额消耗量，即材料脱离定额的差异（用料差异）数量，再乘以材料计划单价。计算结果如下：

材料脱离定额差异（金额）＝(130－117)×7＝＋91（元）（超支差异）

第六，废料脱离定额的差异（金额），废料实际回收量减去定额回收量，为废料脱离定额的差异数量，再乘以废料单价（题目中假定每千克 2 元）。其计算结果如下：

废料脱离定额差异（金额）＝－(10－4.5)×2＝－11（元）（节约差异）

由于废料价值可以冲减材料费用，因而废料回收超过定额的差异，就列为负数；相反，少于定额的差异就应列为正数。

第七，脱离定额差异原因。废料超额回收 5.5 千克，虽然可以冲减材料费用 11 元，但由于该项超额回收的废料是在实际切割成的毛坯数量比应切割的毛坯数量少 1 件（10－9）的情况下发生的，致使单价为 7 元的毛坯所用好料变成了单价为 2 元的废料，切割成每件毛坯的材料费用会因此而增加。这种超额回收废料的差异是不利差异。只有在实际切割成毛坯数量等于甚至大于应该切割成的毛坯数量的情况下，超额回收废料的差异才会降低单位毛坯的材料费用，才是有利差异。

(3) 盘存法。在大量生产且不能按照上述分批核算原材料脱离定额差异的情况下，除了仍要使用限额领料单等定额凭证和超额领料单等差异凭证（以便于控制日常材料的实际消耗），应定期通过盘存的方法核算差异。具体如下：

首先，根据完工产品数量和在产品盘存（实地盘存或账面结存）数量算出本月投产产品的数量，再乘以原材料消耗定额，算出原材料定额消耗量。投产产品数量的计算公式如下：

本期投产产品数量＝本期完工产品数量＋期末在产品数量－期初在产品数量

其次，根据限额领料单、超额领料单、退料单等材料凭证以及车间余料盘存数量，计算原材料实际消耗量。

最后，将原材料实际消耗量与定额消耗量进行比较，确定出原材料脱离定额的差异。

【技能操作】

【例 8-4】 某厂生产甲产品耗用 A 材料。甲产品期初在产品为 10 件，本期完工入库 100 件，期末在产品为 15 件。生产用原材料是在生产时一次投入，甲产品原材料消耗定额为每件 5 千克，原材料计划单价为每千克 6 元。限额领料单中载明本期实际领料数量 560 千克。车间期初余料 20 千克，期末余料 50 千克。则：

本期投产产品数量＝100＋15－10＝105(件)
原材料定额消耗量＝105×5＝525(千克)
原材料实际消耗量＝560＋20－50＝530(千克)
原材料脱离定额差异(数量)＝530－525＝5(千克)(超支)
原材料脱离定额差异(金额)＝5×6＝30(元)(超支)

应当指出的是，按照上式计算本期投产产品的数量，必须具备下列条件，即原材料是在生产开始时一次投入，期初和期末在产品都不再耗用原材料。如果原材料是随着生产的进行陆续投入，在产品还要耗用原材料，那么，上列公式中的期初和期末在产品的数量应改为按原材料定额计算的在产品的约当产量。

对原材料的定额消耗量和脱离定额的差异，应分批或定期地按照成本计算对象进行汇总，编制原材料定额费用和脱离定额差异汇总表，表中应填明该批或该种产品所耗各种原材料定额消耗量、定额费用和脱离定额的差异，并分析说明差异产生的主要原因。该表既可以用来汇总反映和分析材料消耗定额的执行情况，又可以代替原材料费用分配表登记产品成本明细账，还可以向有关领导和职工公布，以便根据差异发生的原因采取措施，进一步挖掘降低原材料消耗的潜力。以某厂生产的甲产品为例，列示其6月原材料定额费用和脱离定额差异汇总表，如表8-19所示。

表8-19　原材料定额费用和脱离定额差异汇总表

产品名称：甲产品　　××××年6月

原材料类别	材料编号	单位(千克)	计划单位成本(元)	定额费用		实际费用		脱离定额差异		差异原因分析
				数量(千克)	金额(元)	数量(千克)	金额(元)	数量(千克)	金额(元)	
原料及主要材料	1201		5	6 000	30 000	6 200	31 000	＋200	＋1 000	(略)
	1304		4	5 000	20 000	4 500	18 000	－500	－2 000	
合　计					50 000		49 000		－1 000	

自制半成品的定额消耗量、定额费用和脱离定额的差异的核算方法与原材料相同。

2. 生产工人工资脱离定额差异的核算

生产工人工资脱离定额差异的核算，因工资形式的不同而不同。在计件工资形式下，按计件单价支付的工资就是定额工资，定额工资反映在工票、工作班产量记录、工序进程单等产量记录中。此外的津贴、奖金等也都是定额差异，这部分差异应设置"工资补付单"等差异凭证予以反映，同时也应填明差异发生的原因，并经过一定的审批手续。

在计时工资形式下，日常核算必须反映两部分差异：一部分是实际工时与定额工时比较得出的工时差异，另一部分是实际工资总额与计划工资总额比较得出的工资总额差异。这两部分差异都是分析工资升降原因的重要资料。在计时工资形式下，工资费用的日常控制，是通过核算实际工时脱离定额工时的差异进行的。生产工人工资脱离定额的差异并不能在平时按照产品直接计算，只能在月末实际生产工人工资总额确定后才能计算。其计算公式如下：

$$计划小时工资率=\frac{某车间计划产量的定额生产工人工资}{该车间计划产量的定额生产工时}$$

$$实际小时工资率=\frac{某车间实际产量的生产工人工资}{该车间实际产量的生产工时}$$

某产品的定额工资＝该产品的实际产量的定额生产工时×计划小时工资率

某产品的实际工资＝该产品的实际产量的实际生产工时×实际小时工资率

某产品生产工资脱离定额的差异＝该产品的实际工资－该产品的定额工资

【技能操作】

【例 8-5】 某厂 A 车间 6 月计划产量的定额工人工资费用为 7 400 元，计划产量的定额生产工时为 1 850 小时；本月实际生产工人工资费用为 8 400 元，实际生产工时为 2 000 小时；本月甲产品定额生产工时为 2 000 小时，实际生产工时为 1 900 小时。则：

计划小时工资率＝7 400÷1 850＝4(元/小时)

实际小时工资率＝8 400÷2 000＝4.2(元/小时)

甲产品的定额工资＝2 000×4＝8 000(元)

甲产品的实际工资＝1 900×4.2＝7 980(元)

甲产品生产工资脱离定额的差异＝7 980－8 000＝－20(元)

在定额法下，无论采用哪一种工资形式，都应根据上述核算资料，按照成本计算对象汇总编制定额生产工资和脱离定额差异汇总表。表中汇总反映产品的定额工资、实际工资、工资脱离定额的差异及其产生的原因(在计时工资形式下，还应汇总反映各种产品工时脱离定额的情况)等资料，以考核和分析各种产品工资定额的执行情况，并据以计算产品的工资费用。

3. 制造费用及其他费用脱离定额(或计划)的核算

制造费用在日常核算中，根据月份的费用计划，按照费用发生地点和费用项目，核算脱离计划的差异，对费用的发生进行控制和监督。对于有费用限额的项目，如机物料、劳保用品等，如同材料费用一样，在领用时就可以区别定额的差异；对于没有限额的项目，只有定期地以费用预算和实际费用相比较的方法进行考核。由上述可知，制造费用差异的日常核算，通常是指脱离费用计划差异的核算。各种产品应负担的制造费用脱离定额的差异，只有到月末实际费用分配给各种产品以后，才能以其实际费用与定额费用相比较加以确定。其计算方法与计时工资脱离定额差异的计算方法相类似，计算公式如下：

$$计划小时制造费用率=\frac{某车间计划制造费用总额}{该车间计划产量的定额生产工时总数}$$

$$实际小时制造费用率=\frac{某车间实际制造费用总额}{该车间实际产量的生产工时总数}$$

某产品的定额制造费用＝该产品的实际产量的定额生产工时×计划小时制造费用率

某产品的实际制造费用＝该产品的实际产量的实际生产工时×实际小时制造费用率

某产品制造费用脱离定额差异＝该产品的实际制造费用－该产品的定额制造费用

【技能操作】

【例 8-6】 某厂 A 车间 6 月计划产量的定额制造费用为 14 800 元，计划产量的定额生产工时为 3 700 小时；本月实际制造费用为 16 800 元，实际生产工时为 4 000 小时；本月甲产品定额生产工时为 4 000 小时，实际生产工时为 3 800 小时。则：

计划小时制造费用率＝14 800÷3 700＝4(元/小时)

实际小时制造费用率＝16 800÷4 000＝4.2(元/小时)
甲产品的定额制造费用＝4 000×4＝16 000(元)
甲产品的实际制造费用＝3 800×4.2＝15 960(元)
甲产品生产制造费用脱离定额的差异＝15 960－16 000＝－40(元)

各产品实际制造费用与定额制造费用的差异也要填制差异凭证。

对于废品损失及其发生的原因,应采用废品通知单和废品损失计算表单独反映,其中不可修复废品的成本,应按照定额成本计算。由于产品定额成本中一般不包括废品损失,因此发生的废品损失,通常作为脱离定额差异来处理。

通过将产品的各项生产费用分别计算出符合定额费用的部分和脱离定额差异的部分,然后在产品的定额成本上,加上或者减去脱离定额的差异,即可求得产品的实际成本。其计算公式如下:

产品实际成本＝产品定额成本±脱离定额差异

为了计算完工产品的实际成本,上述脱离定额的差异,还应在完工产品和月末在产品之间进行分配。采用定额法计算产品成本的企业,都有现成的定额成本资料,所以脱离定额差异在完工产品与月末在产品之间分配,大多采用定额比例法进行。如果月末在产品的数量比较稳定,也可以只按定额计算在产品成本,将全部差异计入完工产品成本,月末在产品不负担差异。

(三) 材料成本差异的分配

采用定额法计算成本时,为了便于产品的分析和考核,原材料的日常核算必须按照计划成本进行。因此,原材料的定额费用和脱离定额差异都按原材料的计划成本计算。

原材料的定额费用等于原材料的定额消耗量乘以原材料计划单位成本,原材料脱离定额差异是原材料消耗数量乘以原材料计划单位成本。即按原材料计划单位成本反映的原材料的实际消耗数量差异(量差)。原材料的定额费用与原材料脱离定额差异之和,就是原材料的实际消耗数量乘以原材料计划成本。因此,在月末计算在产品的实际原材料费用时,还必须乘以原材料成本差异率,计算应该分配负担的原材料成本差异,即所耗原材料的价格差异(价差)。计算公式如下:

某产品应分配的原材料成本差异＝(该产品原材料定额费用±原材料脱离定额差异)×原材料成本差异率

【技能操作】

【例 8-7】 某企业 A 产品 9 月份所耗原材料定额费用为 89 000 元,脱离定额差异为－1 200 元,原材料的成本差异率为－1%。请计算该产品应负担的材料成本差异是多少?

该产品应负担的材料成本差异＝(定额费用＋脱离定额差异)×材料成本差异率
＝(89 000－1 200)×(－1%)＝－878(元)

在实际工作中,原材料成本差异的分配计算,一般通过材料成本差异分配表或发料凭证汇总表进行。

如果产品的生产是多步骤生产,而且需要逐步结转半成品成本,半成品的日常核算也应按照计划成本或定额成本计价进行。在月末计算产品实际成本时,也应比照原材料成本差异的分配方法,分配计算产品所耗半成品的成本差异。这时,产品实际成本的计算公式应为:

产品实际成本=产品定额成本±脱离定额差异±原材料或半成品成本差异

在定额法下，为了便于考核和分析各生产步骤的产品成本，简化和加速各生产步骤的成本计算工作，各生产步骤所耗原材料和半成品的成本差异，应该尽量由厂部会计部门集中分配、调整，直接计入产成品成本。

（四）定额变动差异的核算

定额变动差异是指由于修订消耗定额或消耗定额的计划价格而产生的新旧定额之间的差额。

修订消耗定额一般是在期初（月初、季初或年初）进行的，在定额变动的月份，其月初在产品的定额成本仍然按照旧定额计算。因此，随着消耗定额的修订，月初的这些按旧定额计算的定额成本，必须加减定额变动差异进行调整。月初在产品定额变动差异，可以根据定额发生变动的在产品的盘存数量或在产品账面结存数量和修订前后的消耗定额，计算出月初在产品消耗定额修订前和修订后的定额消耗量，进而确定定额变动差异。在构成产品的零部件种类较多的情况下，采用这种方法按零部件和工序进行计算，工作量会很大。为了简化计算工作，也可以按照单位产品费用的折算系数进行计算。即将按新旧定额所计算出的单位产品费用进行对比，求出系数，然后根据系数进行计算。其计算公式如下：

$$定额变动系数=\frac{按新定额计算的单位产品费用}{按旧定额计算的单位产品费用}$$

月初在产品定额变动差异=按旧定额计算的月初在产品费用×(1−定额变动系数)

【技能操作】

【例 8-8】 甲产品的一些零件从 20××年 1 月 1 日起实行新的材料消耗定额，单位产品旧的材料费用定额为 20 元，新的材料费用定额为 19 元。该产品月初在产品按旧定额计算的材料定额费用为 10 000 元，月初在产品定额变动差异计算结果如下：

定额变动系数=19÷20=0.95

月初在产品材料费用定额变动差异=10 000×(1−0.95)=500(元)

采用系数法计算月初在产品定额变动差异虽然较为简便，但系数是按照单位产品计算，而不是按照产品的零部件计算的，因而它只适宜于在零部件成套生产或零部件成套性较大的情况下采用。也就是说，在零部件生产不成套或者成套性较差的情况下，采用系数法会影响到计算结果的正确性。例如，某产品只对部分零部件消耗定额作了修订，如果零部件生产不成套，且月初在产品所包括的零部件又都不是消耗定额发生变动的零部件，这时采用上述方法计算，则会使本来不应有定额变动差异的月初在产品定额成本产生差异，作了不正确的调整。

各种消耗定额的变动，一般表现为不断下降的趋势，因而月初在产品定额变动差异，通常表现为月初在产品定额成本的降低。在这种情况下，一方面，应从月初在产品定额成本中扣除该项差异；另一方面，该项差异是月初在产品生产费用的实际支出，因此，还应将该项差异计入本月产品成本。相反，若消耗定额没有下降，而是提高，那么，在计算出定额变动差异之后，应将此项差异加入月初在产品定额成本之中，同时从本月产品成本中予以扣除，因为实际上并未发生这部分支出。

在有月初在产品定额变动差异时,产品实际成本的计算公式应补充如下:

$$产品实际成本=\frac{按现行定额计算的}{产品定额成本}\pm\frac{脱离现行}{定额的差异}\pm\frac{原材料或}{半成品成本差异}\pm\frac{月初在产品定额}{变动差异}$$

如果由于某些原因,定额在月份中调整,这样,本月投入的产品定额成本中也应加减定额变动差异。定额变动差异是指月份内自定额变动之日起到月底为止计算的差异。其计算公式如下:

定额变动差异=(新定额-旧定额)×自变动起到月末止投入的生产量

定额变动差异一般应按照定额成本比例,在完工产品和月末在产品之间进行分配。因为这种差异不是当月工作的结果,不应全部计入当月完工产品成本。但是,如果定额变动差异数额较小,或者定额是在月初变动的情况下,月初在产品本月全部完工,那么,定额变动差异也可以全部由完工产品负担,月末在产品不再负担定额变动差异。

三、定额法下产品实际成本的计算程序

(1) 按产品(零部件)设置产品成本明细账。如果定额在月初有变动,要计算定额变动数额,填入"月初在产品定额变动"有关栏内。

(2) 编制各项费用分配表。各项费用都应按定额成本和定额差异分别进行汇总和分配,计入产品成本明细账"本月费用"有关栏内。如果定额在月中有变动,还应增加"月中定额变动"栏。

(3) 月末,将产品成本明细账中的"月初在产品成本""月初在产品定额变动""本月费用"各栏中的定额成本、定额差异、定额变动差异相加,求出总额计入"生产费用合计"栏。

(4) 本月费用合计在产成品和在产品之间进行分配。

四、定额法的应用举例

【技能操作】

【例 8-9】 某企业大批量生产 A 产品,月初在产品 10 件,在产品定额成本计算表,如表 8-20所示。本月现行定额中,单位产品材料定额成本从 100 元降到 80 元,定额变动差异全部由完工产品成本负担。本月投入产品 110 件,本月发生的定额费用和脱离定额差异由各费用分配表提供(分配表略)。本月完工产品 100 件,产品定额成本计算表,如表 8-21 所示;根据有关资料计算 A 产品成本,如表 8-22 所示。

表 8-20　　在产品定额成本计算表

产品名称:A 产品　　(按旧定额)　　金额单位:元

成本项目	材料定额耗用量			工时定额耗用量(小时)	计划单价	定额成本	定额差异
	在产品数量(件)	单位定额耗用量(千克/件)	定额耗用量				
直接材料——甲材料	10	10	100		10 元/千克	1 000	−80
直接人工				100	2 元/小时	200	44
制造费用				100	2 元/小时	200	10
合　计						1 400	−26

表 8-21 **产品定额成本计算表**

产品名称:A 产品 (按旧定额) 金额单位:元

成本项目	产量(件)	单位现行定额			现行定额总成本
		单位定额耗用量	计划单价	定额成本	
直接材料——甲材料	100	8 千克	10 元/千克	80	8 000
直接人工	100	20 小时	2 元/小时	40	4 000
制造费用	100	20 小时	2 元/小时	40	4 000
合　计				160	16 000

表 8-22 **产品成本明细账**

产品名称:A 产品 本月产量:100 件 金额单位:元

项　目		直接材料	直接人工	制造费用	合　计
月初在产品成本	定额成本	1 000	200	200	1400
	定额差异	−80	44	10	−26
月初在产品定额变动	定额成本调整	−200			−200
	定额变动	200			200
本月生产费用	定额成本	8 800	4 400	4 400	17 600
	定额差异	−880	440	440	0
生产费用合计	定额成本	9 600	4 600	4 600	18 800
	定额差异	−960	484	450	−26
	定额变动	200			200
定额差异分配率		−10%	11%	9.8%	
产成品成本	定额成本	8 000	4 000	4 000	16 000
	定额差异	−800	440	392	32
	定额变动	200			200
	实际成本	7 400	4 440	4 392	16 232
月末在产品成本	定额成本	1 600	600	600	2 800
	定额差异	−160	44	58	−58

表 8-22 中,有以下三项内容需要加以说明:

(1) 定额差异正数表示实际成本大于定额成本的超支差异,负数表示节约差异。

(2) 月初在产品定额变动数是根据新、旧定额差异和在产品数量计算的。其计算公式如下:

在产品材料定额变动=(旧定额−新定额)×在产品数量

=(100−80)×10=200(元)

其中,“定额成本调整”是用来调整按旧定额计算的月初在产品定额成本,定额成本降低时为负数,定额成本提高时为正数。对于“定额变动”,定额降低时为正数,定额提高时为负数。

(3)“产成品成本”中的“定额成本”，根据表8-21填列。“定额差异”是将“生产费用合计”栏中的“定额差异”，按产成品和在产品定额成本比例分配。计算过程如下：

$$月末在产品直接材料定额成本=定额成本合计-产成品定额成本=9\ 600-8\ 000=1\ 600(元)$$

$$直接材料定额差异分配率=\frac{定额差异合计数}{产成品定额成本+在产品定额成本}\times 100\%=\frac{-960}{8\ 000+1\ 600}\times 100\%=-10\%$$

产成品直接材料定额差异=8 000×(−10%)=−800(元)

在产品直接材料定额差异=1 600×(−10%)=−160(元)

“产成品成本”中的“实际成本”是“定额成本”“定额差异”“定额变动”之和。

本例中，产成品直接材料实际成本=8 000−800+200=7 400(元)

从表8-22可见，A产品本月定额成本16 000元，实际成本16 232元，成本升高了232元，其中：直接材料降低了600元，直接人工升高了440元，制造费用升高了392元。在直接材料成本中，由于生产耗费节约而降低成本800元，由于月初在产品定额变动带来的月初在产品价值降低而抵销了降低额200元。

在定额法下，对于生产过程中发生的各项费用，要将其中符合定额的部分和脱离定额的差异分别进行核算。月末，在产成品定额成本的基础上加减差异计算产品的实际成本。这样，不仅加强了生产费用的日常控制和监督，又便于定期进行产品成本的分析和考核。

定额法的定额是以平均先进定额为基础的，并随着生产技术和管理水平的提高，不断修订定额，使之保持平均先进水平。这样有利于促使企业加强定额管理，提高定额管理水平。所以，定额法使产品核算工作、分析工作和定额管理工作有机地结合起来，它不仅是一种成本计算方法，也是一种成本控制和考核的方法。采用定额法必须按产品(零部件)和成本项目，首先计算定额成本、定额差异、定额变动差异，然后才能计算产品实际成本。其工作量较大，也较为繁琐。

第三讲　联产品、副产品和等级产品的成本计算

【知识要点】

在许多企业，使用同一种原料，经过同一生产过程，可以同时生产出两种或两种以上的产品；也可能由于操作及其他方面的原因生产出不同等级的同种产品；这些产品可以根据各自不同的情况，分为联产品、副产品和等级产品。

一、联产品的成本计算

(一) 联产品的含义及其特点

联产品是指使用同种原材料，在同一生产过程中，同时生产出几种使用价值不同、具有同等地位的企业的主要产品。虽然它们在性质上和用途上不同，但在经济上都有重要意义，都是企业生产的主要目的，如炼油厂从原油中可以同时提炼出汽油、煤油、机油、柴油等几种主要产

品，这些产品都是炼油厂的联产品。联产品的主要特点如下：

（1）联产品是一些企业生产活动的主要目标，是企业所生产的主要产品。

（2）企业要生产其中任何一种联产品，必须同时生产所有联产品。一般来说，企业只生产联产品中的一种，而放弃其他联产品的生产，在经济上是不合算的。

（3）在联产过程中生产的各种产品，彼此间有一定的数量关系。某一产品产量的增加，将使其他产品的产量随之增加；反之，则反之。各种联产品的产量之间，存在着一定的相互制约关系，但并非等比例的增减。

（4）联产品的品种和数量是由生产方法、工艺过程或原材料性质所决定的，不是由管理决策所能决定的，但是通过管理可以停止生产联产品中不经济的产品。

（二）联产品的成本计算方法

1. 联产品成本的特点

在投入相同的原材料，经过同一生产过程的情况下，在某个“点”上分离为各种联产品，这个“点”通常称为“分离点”。分离后的联产品有的可以直接销售，有的可以经过进一步加工然后再销售。所以，联产品的成本是由联产成本和分离成本两部分构成的。联产成本是指分离点之前的联产过程中所发生的全部成本，也称共同成本。分离成本则是指在分离点之后单独继续加工过程中所发生的成本（主要包括人工和制造费用），也称可归属成本。

联产成本的特点是：它虽然使形成的各种联产品直接受益，但又无法准确辨认每种联产品所实际耗用的费用数额。分离成本则不同，它可以直接而准确地辨认分离后每种产品所消耗的费用数额，并可将其计入各种不同的联产品，如图 8-1 所示。

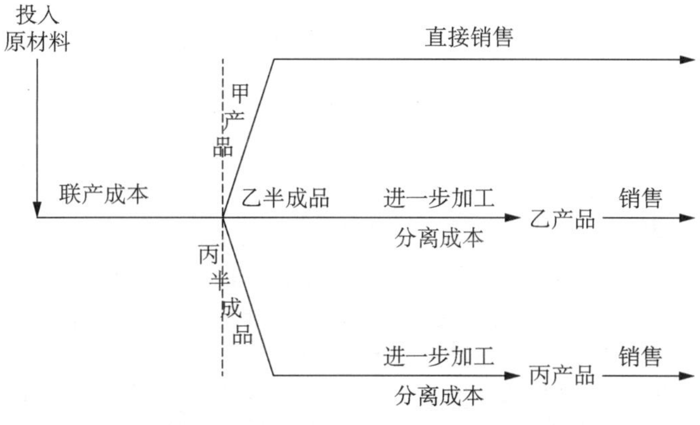

图 8-1　联产成本和分离成本的特点

2. 联产成本的计算

联产成本的归集，可以根据企业的生产类型和管理上的要求，采用通常的成本计算方法（一般为分类法）进行。

由联产品成本的特点决定了其成本计算的特点。联产品的成本计算分两步进行：第一步，计算分离前联产过程中的联产成本；第二步，计算分离后继续加工过程中的分离成本，再将联产成本和分离成本相加计算出联产品的成本。联产品的成本计算，就是将分离点前联产品的联产成本在各种联产品之间进行分配。联产品的联产成本的分配，可以有许多方法，主要有产量法和售价法等。

（1）产量法是指按各种联产品在分离点的产量来分配联产成本的方法。它具体又分为实际产量法和标准产量法两种。

第一，实际产量法。实际产量法就是按照各种联产品在分离点的实际产量分配联产成本的方法。采用这种方法分配联产成本时，首先，以待分配的联产品的联产成本除以各种联产品产量之和（即总产量），求出平均单位成本；然后，分别乘以各联产品的产量求出各联产品应分担的联产成本。因此，这种方法也称“平均单位成本法”，其计算公式如下：

$$平均单位成本=\frac{联产成本}{各种联产品的产量之和(总产量)}$$

$$某种联产品应分担的联产成本=平均单位成本\times该种联产品的实际产量$$

也可以按下列公式计算：

$$某种联产品的产量占联产品总产量的比重=\frac{该种联产品产量}{联产品总量}$$

$$某种联产品应分担的联产成本=联产成本\times该种联产品的产量占联产品总产量的比重$$

实际产量法又称实际产量比例法，这一方法适用于各种联产品的产量采用相同的计量单位或其产量可以换算为同一计量单位的情况。

第二，标准产量法。标准产量法就是把各种联产品在分离点的实际产量，按照一定的系数换算为标准产量，然后按标准产量的比例分配联产成本的方法。因此，这一方法又称相对产量比例法。采用这种方法分配联产成本时，首先，要确定每种联产品的系数；然后，根据各种联产品的实际产量和系数将多种联产品折合为标准产量；最后，按各种联产品的标准产量计算其应负担的联产成本。各种联产品系数的确定，可根据单位原材料中各产品的份额、加工的难易程度、产量质量标准及收益率高低等情况来确定。在实际工作中，为了简化核算手续，往往以各种联产品的批发价格、计划成本、耗用原材料的比重等作为确定系数的依据，如炼油联产品所使用的计划成本系数法和装置技术系数法都属于此类。该方法的基本计算公式如下：

$$各种联产品的标准产量=该种联产品的实际产量\times系数$$

$$标准产品平均单位成本=\frac{联产成本}{各种联产品标准产量之和(总产量)}$$

$$某种联产品应负担的联产成本=标准产品平均单位成本\times该种联产品的标准产量$$

或者按各种联产品的标准产量占全部联产品标准产量总和的比例计算。其计算公式如下：

$$\begin{matrix}某种联产品的标准产量占全部\\联产品标准产量之和的比重\end{matrix}=\frac{该种联产品标准产量}{各种联产品标准产量之和}$$

$$\begin{matrix}某种联产品应负担\\的联产成本\end{matrix}=联产成本\times\begin{matrix}该种联产品的标准产量\\占全部联产品标准产量之和的比\end{matrix}$$

标准产量法的理论依据是联产成本不仅与联产品的实际产量有关，而且也与单位原材料中各联产品所占的份额、产品加工的难易度、产品的质量标准和收益率等因素有关，因此，在分配联产成本时，这些因素都应予以考虑。该方法的优点是产品的成本负担比实际产量法更为合理，但其系数的确定主观性大，难以准确把握。

（2）售价法是指以各种联产品的市场价格为基础来分配联产成本的方法。其计算公式如下：

$$某种联产品的销售价值=该种联产品的单位销售价格\times该种联产品的实际产量$$

$$每元联产品平均应负担的联产成本=\frac{联产成本}{各种联产品的销售价值之和}$$

$$某种联产品应负担的联产成本=\begin{matrix}每元联产品平均应\\负担的联产成本\end{matrix}\times\begin{matrix}该种联产品\\的销售价值\end{matrix}$$

也可以将各种联产品的实际产量，以售价为系数，折算为相对产量，然后，将联产品的联产成本按各种联产品的相对产量进行分配。

【技能操作】

【例 8-10】 某工厂用同一种原材料，在同一个工艺过程中生产出甲、乙、丙三种联产品。这些联产品售价为系数分配联产成本，以甲产品为标准产品，其售价为系数 1。甲产品分离后，还需继续加工成为产品 A 才能出售，乙、丙产品分离后则可直接对外出售。有关资料，如表 8-23 至表 8-26 所示。

表 8-23 **产量和单价**

××××年××月

产品名称	产量(件)	单位售价(元)
甲	500	10
乙	200	15
丙	100	20

表 8-24 **成本计算资料**

××××年××月 金额单位：元

项　目	直接材料	直接人工	制造费用	合　计
分离前的联产成本	20 000	10 000	10 000	40 000
各成本项目占总成本比重	50	25	25	100
分离后甲产品分离成本	4 000	2 500	1 500	8 000

表 8-25 **联成品成本计算表**

××××年××月 金额单位：元

产品名称	产量(件)	系数	标准产量(件)	联产成本	标准产量单位成本	联产品总成本	联产品单位成本
甲	500	1	500			20 000	40
乙	200	15÷10=1.5	300			12 000	60
丙	100	20÷10=2	200			8 000	80
合计			1 000	40 000	40 000÷1 000=40	40 000	

表 8-26 **A 产品成本汇总计算表**

产量：500 件 ××××年××月 金额单位：元

成本项目	联产成本		分离成本	总成本	单位成本
	比重	金额			
直接材料	50%	10 000	4 000	14 000	28
直接人工	25%	5 000	2 500	7 500	15
制造费用	25%	5 000	1 500	6 500	13
合　计		20 000	8 000	28 000	56

二、副产品的成本计算

（一）副产品的含义及其特点

副产品是指在生产主要产品的过程中，附带生产出的一些非主要产品。副产品不是企业的主要产品，但这些副产品尚有一定的用途，能够满足某些方面的需要，如在制皂生产中生产出来的甘油等。有些企业在生产过程中所产生的一些废气、废水、废渣，对于“三废”的综合利用、回收或提炼出来的产品，也可以称为副产品。显然，主、副产品不是固定不变的，随着条件的变化，副产品也能转为主要产品。

（二）副产品的成本计算方法

副产品的成本计算主要是指副产品成本计价。与联产品类似，副产品也是经过同一生产过程而产生出来的产品，所以，副产品的成本计算就是要确定副产品应负担的分离点前的联产成本。

副产品是随着主要产品生产时附带出来的，其价值较低，所以，副产品的成本计算一般不像联产品那么复杂，只需将副产品按一定标准作价，从分离前的联产成本中扣除即可。由此可见，副产品成本计算的关键就是副产品按什么标准作价，即副产品的成本计价问题。

副产品在分离后，可以作为产成品直接对外销售，也可以进一步加工后出售。所以，副产品成本计价要视这两种不同的情况分别采用以下两种方法。

1. 对于分离后不再加工的副产品，可视不同的情况，采用不同的成本计算方法

（1）副产品不负担分离前的联产成本。如果副产品的价值较低，可以将其直接作为收入处理，即在这种方法下，副产品不负担分离前的联产成本。这种方法手续简单，核算方便，但因副产品不负担分离前的联产成本，必然使主产品的成本提高，影响成本计算的准确性。

（2）副产品销售净收入法。如果副产品价值较高，一般应将其销售价格扣除税金、销售费用和销售利润后作为副产品应负担的成本。副产品的成本可以从直接材料成本项目中一并扣除，也可以按比例从各成本项目中扣除。该计算方法较前一种已有所改进，但如果副产品售价发生变动，则其成本也将随之变动并影响主要产品成本计算的准确性。

2. 对于分离后不直接对外销售，而需要进一步加工后再出售的副产品，其成本计价也可以有两种不同的方法

（1）分离成本法。分离成本法就是将分离时的副产品视为无成本，它只负担分离后发生的成本。即副产品不负担分离之前发生的联产成本，仅将分离后进一步加工而发生的成本作为该副产品的成本。这种方法多算了主产品的成本而少算了副产品的成本，因此，从理论上讲是不正确的，但这一方法简便易行，比较实用。

（2）全部成本法。全部成本法就是副产品既负担分离后的加工成本，也负担分离前的联产成本。用这种方法计算副产品成本，可将副产品视同联合产品，采用系数法、重量法、售价法等。应负担的联产成本可以从直接材料项目中一笔扣除，也可以按比例从各成本项目中扣减。

【技能操作】

【例 8-11】 某工厂生产甲产品的同时，还生产了乙副产品，乙副产品分离后，需作进一步加工后才能对外销售。本期共发生联产成本 10 万元，其中：直接材料 6 万元；直接人工 1 万元，制造费用 3 万元；生产了甲产品 1 000 千克，乙副产品 1 000 千克。乙副产品进一步加工发生直接人工 1 000 元，制造费用 2 000 元。乙副产品对外销售售价为 10 元/千克，每千克销售费

用和利润合计为 1 元。

乙副产品应负担的联产成本用副产品销售净收入法计算如下：

$$乙副产品应负担的联产成本=\left(10-\frac{1\ 000}{1\ 000}-\frac{2\ 000}{1\ 000}-1\right)\times 1\ 000=6\ 000(元)$$

其中，$\frac{1\ 000}{1\ 000}=1$(元)为扣除分离成本中的直接人工费用每千克 1 元，$\frac{2\ 000}{1\ 000}=2$(元)为扣除分离成本中的制造费用每千克 2 元。

按照各成本项目在总成本中所占比例，乙副产品的成本计算如下：

直接材料＝6 000×60 000÷100 000＝3 600(元)

直接人工＝6 000×10 000÷100 000＝600(元)

制造费用＝6 000×30 000÷100 000＝1 800(元)

乙副产品成本计算表，如表 8-27 所示。

表 8-27 **乙副产品成本计算表**

××××年××月 金额单位：元

成本项目	联产成本	分离成本	总成本	单位成本
直接材料	3 600		3 600	3.6
直接人工	600	1 000	1 600	1.6
制造费用	1 800	2 000	3 800	3.8
合　计	6 000	3 000	9 000	9

将副产品应负担的联产成本按联产成本中各项目所占比例计算为各成本项目。

【例 8-12】 某化工厂生产 A、B 联产品的同时还生产出 C 副产品 1 000 件，假定本期共发生费用 10 万元，其中：直接材料 6 万元，直接人工 2 万元，制造费用 2 万元。C 副产品产量为 1 000 千克，每千克售价为 3 元，单位销售费用和利润合计为 0.40 元。假定副产品成本从各成本项目中扣减，则成本分摊情况如下：

副产品应负担的联产成本＝1 000×(3－0.40)＝2 600(元)

按照各成本项目在总成本中所占比例，副产品成本中的各成本项目计算如下：

直接材料＝2 600×60 000÷100 000＝1 560(元)

直接人工＝2 600×20 000÷100 000＝520(元)

制造费用＝2 600×20 000÷100 000＝520(元)

副产品成本计算，如表 8-28 所示。

表 8-28 **副产品成本计算表**

××××年××月 金额单位：元

成本项目	总成本	C 副产品应负担成本	A、B 联产品应负担成本
直接材料	60 000	1 560	58 440
直接人工	20 000	520	19 480
制造费用	20 000	520	19 480
合　计	100 000	2 600	97 400

三、等级产品的成本计算

(一) 等级产品的含义及其特点

等级产品不同于联产品,联产品是共同生产过程中产出的不同品种产品,而等级产品则是共同生产过程生产出的相同品种而不同品级和质量的产品。另外,许多联产品在分离之后还需要进一步加工,并相应发生分离成本,而等级产品一般不需要分离之后再加工。

(二) 等级产品的成本计算方法

等级产品是用同样的原材料在同一加工过程中生产出来的,一般不再需要进一步加工,因此,等级产品成本的计算可以分为成本的归集、分配以及总成本和单位成本的计算三个环节。

成本的归集,像联产品的联产成本一样,将各种不同品级和质量的产品作为一个成本计算对象进行归集,而不能按不同品级和质量的产品来分别归集。因为在同一生产过程结束之前,无法确定各种不同品级和质量的产品。

成本的分配,就是将所归集的成本按照一定的标准分配到各种品级和质量的产品中去,其分配标准取决于出现等级产品的原因。

总成本和单位成本的计算,就是将分配后各种品级和质量的产品成本作为其总成本,然后除以该品级和质量产品的数量,得出其单位成本。

由上述可见,等级产品成本的计算,实质上就是共同成本的分配。

等级产品成本的计算方法,根据等级产品产生原因的不同,可选择平均单位成本计算法和相对产量比例计算法两种。

1. 平均单位成本计算法

有些工业企业用同样的原材料,在同一生产过程中生产相同品种规格的产品时,往往由于生产和管理不善及技术操作等主观原因,生产出比原定质量较差的产品。这些产品虽然等级不同,但所用的原材料、所经过的生产过程都相同,它们的单位成本理应没有差别。在这种情况下,企业通常采用平均单位成本计算法来计算等级产品成本。其平均单位成本就是各种等级产品的单位成本,用其乘以各种等级产品的实际产量就是该等级产品的总成本。其计算公式如下:

$$各种等级产品的单位成本=\frac{归集的总成本}{各种等级产品的产量之和}$$

$$某种等级产品的总成本=各种等级产品的单位成本\times该种等级产品的实际产量$$

在这种方法下,各种等级产品的成本都是相同的,但次级产品的售价较低,销售利润当然也低于正品,次级产品与正品销售利润的差额,正好说明企业生产经营管理不善而导致企业发生的经济损失。这样,就可以促使企业不断努力改善工作,减少或者消灭次级产品,不断提高产品质量,提高企业的经济效益。

2. 相对产量比例计算法

相对产量比例计算法是指根据销售价格的比例计算等级产品的相对产量,按照等级产品的相对产量分配等级产品的总成本,从而计算其单位成本的一种方法。这种方法是根据销售价格的比例计算等级产品的相对产量,再按相对产量计算等级产品的成本,所以,这种方法也称销售价格比例法。等级产品的价格比例一般以正品(或最高售价的等级产品)价格为系数1,其他等级产品按售价比例计算系数折合为相当于正品产量即相对产量,按各等级产品的相对产量分配总成本,计算各等级产品的单位成本。其计算公式如下:

$$某等级产品的系数=\frac{某等级产品的单价}{正品单价(或最高售价的等级产品单价)}$$

某等级产品的相对产量=该等级产品的实际产量×该等级产品的系数

$$相对产量的单位成本=\frac{归集的总成本}{等级产品相对产量合计}$$

某等级产品的总成本=该等级产品的相对产量×相对产量的单位成本

$$某等级产品的单位成本=\frac{该等级产品总成本}{该等级产品实际产量}$$

【技能操作】

【例 8-13】 某工厂生产 A 产品 10 000 只，其中一级品 6 000 只，二级品 3 000 只，三级品 1 000 只，其单价分别为 10 元、8 元、6 元。制造成本共计 55 000 元。按平均单位成本计算法计算的各等级产品的成本，如表 8-29 所示。

表 8-29　　**等级产品成本计算表**

（按平均单位成本计算法）

××××年××月

产品等级	产量(件)	等级品率	各等级产品应负担成本(元)	单位成本(元)
一级品	6 000	60%	33 000	5.5
二级品	3 000	30%	16 500	5.5
三级品	1 000	10%	5 500	5.5
合　计	10 000	100%	55 000	

如果等级品的产生是由于目前生产技术水平、原材料质量、工艺技术等客观因素造成的，也可考虑对不同等级的产品确定不相同的成本，即按相对产量比例法计算各等级产品的成本。

【例 8-14】 承[例 8-13]，按相对产量比例法计算的各等级产品的成本，如表8-30 所示。

表 8-30　　**等级产品成本计算表**

（按相对产量比例计算法）

××××年××月

等级产品	产量(件)	单价(元)	系数	相对产量(件)	各等级品应负担成本(元)	单位成本(元)
一级品	6 000	10	1	6 000	36 660	6.11
二级品	3 000	8	0.8	2 400	14 664	4.89
三级品	1 000	6	0.6	600	3 676	3.67
合　计	10 000			9 000	55 000	

单位相对产量成本=55 000÷9 000=6.11(元/件)

一级品应负担成本=6.11×6 000=36 660(元)

二级品应负担成本=6.11×2 400=14 664(元)

三级品应负担成本=55 000−36 660−14 664=3 676(元)

单元测试

一、单项选择题

(1) 下列关于副产品成本计算的说法中，不正确的是(　　)。

A. 如果比重较大，将主、副产品视同联产品采用分类法计算

B. 如果比重不大，采用与分类法相类似的方法计算，然后将副产品按一定方法计价，从该类产品总成本中扣除，余额为主要产品成本

C. 可以按照售价减去税金和正常销售利润后的余额对副产品计价

D. 副产品成本一般按合计数从该类产品的“制造费用”项目中扣除

(2) 不能采用分类法及与其相类似的方法进行成本计算的产品是(　　)。

A. 联产品　　B. 等级产品

C. 主、副产品　　D. 零星产品

(3) 下列各项中，属于分类法优点的是(　　)。

A. 能提高成本计算的正确性

B. 能加强成本控制

C. 能分品种掌握产品成本水平

D. 能简化产品成本的计算

(4) 某企业采用分类法计算产品成本，类内三种产品的材料费用定额为：甲产品为80 000元，乙产品为100 000元，丙产品为120 000元，其中乙产品为标准产品，则甲产品的材料费用系数为(　　)。

A. 1.2　　B. 1　　C. 0.8　　D. 1.25

(5) A产品的某些零件从本月初起修订原材料费用定额。A产品每件产品旧的原材料费用定额为20元，新的原材料费用定额为16元。A产品上月末在产品的原材料定额费用为5 000元。据此计算的本月初的在产品定额变动差异为(　　)元。

A. 1 250　　B. −1 250　　C. 1 000　　D. −1 000

(6) 在定额法下，当消耗定额提高时，月初在产品的定额成本调整数和定额变动差异数(　　)。

A. 都是正数　　B. 都是负数

C. 前者是正数，后者是负数　　D. 前者是负数，后者是正数

(7) 成本计算的分类法的特点是(　　)。

A. 按产品类别计算产品成本

B. 按产品品种计算产品成本

C. 按产品类别归集生产费用、计算产品成本，同类产品内各种产品的间接计入费用采用一定方法分配确定

D. 按产品类别归集生产费用、计算产品成本，同类产品内各种产品的费用采用一定方法分配确定

二、多项选择题

（1）在品种规格繁多且可按一定标准分类的企业或车间中，能够应用分类法计算成本的产品生产类型有（　　）。

A. 大量大批单步骤生产　　B. 大量大批多步骤生产

C. 单件小批单步骤生产　　D. 单件小批多步骤生产

（2）采用分类法，某类产品中各种产品之间分配费用的标准可以选用（　　）。

A. 定额消耗量　　B. 定额费用

C. 产品售价　　D. 相对固定的系数

（3）系数法是（　　）。

A. 一种成本计算的基本方法　　B. 分类法的一种

C. 一种间接费用分配法　　D. 一种简化的分类法

（4）采用定额成本法是为了（　　）。

A. 提高成本计算的正确性　　B. 简化成本计算工作

C. 加强定额管理　　D. 加强成本控制

（5）在限额法下，某种材料实际领料金额小于限额领料金额的差异即为该种材料脱离定额差异的前提条件有（　　）。

A. 投产数量等于规定的产品数量　　B. 投产数量小于规定的产品数量

C. 车间期初、期末均没有余料　　D. 车间期初、期末余料的数量相等

（6）在分类法下，采用系数法计算各种产品成本时，被选作标准产品的产品应具备的条件有（　　）。

A. 产量较大　　B. 产量较小

C. 规格折中　　D. 生产比较稳定

（7）可以采用分类法计算产品成本的产品有（　　）。

A. 联产品

B. 副产品

C. 等级产品

D. 品种规格繁多，但可以按一定标准分类的产品

三、判断题

（1）产品的定额成本与计划成本的相同之处在于，它们均是以产品生产耗费的消耗定额和计划价格为依据确定的目标成本。（　　）

（2）分类法不需要分产品品种计算成本，因此，产品成本明细账可按类别设置。（　　）

（3）采用分类法计算产品成本，不论选择什么作为分配标准，其产品成本的计算结果都有不同程度的假设性。（　　）

（4）联产品和副产品没有本质上的区别，它们的成本计算只要将其按一定标准作价，从分离点前的联合成本中扣除就可以了。（　　）

（5）等级产品和不合格品是两个不同的含义。等级品的质量差别是在允许范围内的，而不合格品的质量未达到要求。（　　）

四、简答题

(1) 产品成本计算分类法的特点和适用范围是什么?
(2) 试述分类法的成本计算程序。
(3) 产品成本计算定额法的主要特点是什么?
(4) 为什么要核算定额变动差异?如何计算?
(5) 定额法的优缺点和适用范围是什么?
(6) 什么是联产品、副产品、等级品?各自的特点是什么?
(7) 如何计算联产品、副产品、等级品产品的生产成本?

实务训练

训练一

目的:练习产品成本计算的分类法(系数法)。

资料:某工厂某年4月用原材料同时生产A、B、C三种产品,成本计算采用分类法,类内各完工产品和在产品之间的费用均按标准产品产量系数进行分配,原材料在生产开始时一次投入,在产品负担的费用均按约当产量计算。

(1) 标准产品系数:A=0.5,B=1,C=1.5。

(2) 完工产品和在产品数量,如表8-31所示。

表8-31 完工产品和在产品数量

产品名称	完工产量(件)	在产品	
		数量(件)	完工率(%)
A	100	56	50
B	180	30	40
C	70	50	60

(3) 期初在产品成本和本月生产费用,如表8-32所示。

表8-32 在产品成本和本月生产费用资料 金额单位:元

项　目	直接材料	直接人工	间接制造费用
期初在产品成本	43 680	8 000	6 000
本月生产费用	195 000	40 720	14 300

要求:分别计算A、B、C三种产品完工产品成本和在产品成本。

训练二

目的:练习产品成本计算的分类法(定额比例法)。

资料:某企业大量生产甲、乙、丙三种产品,这三种产品的原材料和生产工艺相近,因此归为一类(A类)计算成本。该类产品的消耗定额比较稳定,各月在产品数量波动也不大,因此,月末在产品按定额成本计算,类内产品成本划分采用定额比例法(材料项目采用材料定额耗用量比例,工费项目采用工时定额耗用量比例)。

(1) A类产品月初在产品定额成本:直接材料7 208元,直接人工1 500元,间接制造费用3 750元,合计12 458元。

(2) A类产品月末在产品定额成本:直接材料5 200元,直接人工1 000元,间接制造费用2 500元,合计8 700元。

(3) 本月该类产品的生产费用为:直接材料63 512元,直接人工10 975元,间接制造费用22 975元,合计97 462元。

(4) 材料消耗定额:甲产品9.6千克/件,乙产品8千克/件,丙产品6.4千克/件。

(5) 工时消耗定额:甲产品6小时/件,乙产品7小时/件,丙产品5小时/件。

(6) 产量记录:甲产品1 500件,乙产品2 500件,丙产品500件。

要求:分别计算甲、乙、丙三种产品完工产品成本和单位成本。

训练三

目的:练习联产品、副产品的计算。

资料:某工厂设三个生产车间,第一生产车间用同一种原材料,同时生产出甲、乙两种联产品,在生产过程中还附带生产出丙产品。甲产品为标准产品,系数为1,乙产品耗料系数为1.2,工费系数为1.1;丙产品半成品按单位计划成本2元从联产成本中的直接材料项目中扣除,第一车间未完工的丙副产品不计价。第一车间各产品分离后,甲产品即可出售,乙产品交第二车间,丙副产品交第三车间进一步加工完毕后才出售。有关成本资料,如表8-33所示。

表8-33　　　　**成本资料**　　　　金额单位:元

车间、部门	第一车间	第二车间	第三车间
月初在产品成本			
直接材料	36 400	1 680	147
自制半成品		18 300	1 200
直接人工	8 000	3 760	96
间接制造费用	4 730	6 800	192
本月费用			
直接材料	205 000	14 000	600
直接人工	40 880	22 000	900
间接制造费用	13 600	38 000	1 800
本月产量(千克)			
甲产品	180 000		
乙产品	100 000	110 000	
丙产品	4 500		4 800
月末在产品数量(千克)			
甲产品	20 000		
乙产品	10 000	5 000	
丙产品	500		300
已加工程度	50%	40%	60%

第一车间原材料在投产时一次投产，第二、第三车间原材料均系随加工程度逐步投入，各车间在产品的工费成本均按加工程度的比例计算，第二、第三车间自制半成品由第一车间转来。

要求：分别计算甲、乙、丙完工产品和月末在产品成本。

训练四

目的：练习定额成本法的计算。

资料：某种产品采用定额法计算成本，其原材料费用，如表8-34所示。

表8-34　　某产品原材料费用　　金额单位：元

成本项目	月初在产品		月初在产品定额调整	本月发生		本月完工产品定额费用
	定额费用	脱离定额差异		定额费用	脱离定额差异	
原材料	1 800	−30	−200	5 400	+100	4 800

本月原材料成本差异率为−2%。材料成本差异和定额变动差异均由完工产品成本负担，脱离定额差异在完工产品和月末在产品之间按定额费用比例分配。

要求：

(1) 计算月末在产品原材料定额费用。

(2) 计算原材料脱离定额差异分配率。

(3) 计算本月原材料费用应分配的材料成本差异。

(4) 计算本月完工产品原材料实际费用。

第九单元　成本报表和成本分析

导学目标

1. 了解成本报表的作用、种类和特点。
2. 掌握全部产品生产成本表、主要产品单位成本表、制造费用明细表的编制。
3. 运用比较分析法、比率分析法和因素分析法对成本资料进行分析。

导学案例

2023年12月31日，鹏飞服装厂领导为了考核会计小杨的实习效果，把本厂生产的甲、乙、丙三种产品的产量、成本资料交给小杨，并告诉他："甲、乙两种产品是本厂的主要产品，丙产品是非主要产品"，要求小杨根据这些数据编制按产品种类反映的产品生产成本表。

思考：这项任务复杂吗？在完成了前面各项目的学习任务后，本项目是成本会计核算的最后阶段。在此，成本报表的编制与分析显得非常重要。通过本项目的学习，你不但能解决上面的问题，而且能了解和掌握更多种成本报表的编制方法，还能进行成本分析。

第一讲　成本报表的编制

【知识要点】

一、成本报表的含义及其特点

成本报表是根据成本核算资料编制，以表格形式反映企业一定时期产品成本和期间费用水平及构成情况的报告文件。编制和分析成本报表是成本会计工作的一项重要内容。成本报表与企业财务报表相比，有以下特点：

（1）成本报表是企业对内报告的报表，具有很强的秘密性。

（2）成本报表是服务于企业内部经营管理目的的报表，它不受外界因素的影响，报表的种类、格式、编制时间、报送程序、报送范围都由企业根据需要自行规定，并且随着生产条件的变化、管理要求的提高，可以随时修改与调整，具有较大的灵活性与多样性。

（3）成本报表是以企业特定的生产环境为背景，对成本的反映与控制紧密联系着其生产工艺与生产组织的特点及企业对成本管理的要求。因此，不同企业之间的成本报表具有个性差异。

（4）成本报表是会计核算资料与技术经济资料结合的产物，其信息具有综合性与全面性的特点，如对材料成本，既要从价格上反映，也要从消耗量上反映。因此，成本报表不仅要设置货币指标，还要在反映成本消耗的指标上采取多种形式，容纳多方面的信息。同时，成本报表需要满足会计部门和各级生产部门、各职能部门对成本管理的需要，不仅要提供满足事后分析的资料，还要提供事前计划、事中控制所需的大量信息。

（5）成本报表还具有及时与灵活的特点。由于编报的时间灵活，有日报、班报、旬报、月报等，成本报表能为日常成本控制提供及时有用的资料。

二、成本报表的种类

（一）按报表反映的内容分类

1. 反映费用支出情况的报表

这类报表设有管理费用明细表、销售费用明细表和财务费用明细表。通过对费用支出情况的分析，可以了解企业在一定期间内某些费用支出的总额及构成情况，以及这些费用支出的合理程度和变化趋势，有利于企业制定费用预算，考核费用计划的实际完成情况，明确有关的经济责任。

2. 反映成本计划执行情况的报表

这类报表可以设置商品产品成本表、主要产品单位成本表和制造费用明细表。在报表中，可将报告期实际成本水平与计划成本水平、历史成本水平、同行业先进水平进行比较，了解企业成本计划的完成情况，反映企业成本管理的成效。

3. 反映生产经营情况的报表

这类报表一般依据实际需要灵活设置生产情况表、材料耗用成本表和材料价格差异分析表等。这类报表属于专题报表，主要反映生产中影响产品生产成本的某些特定的、重要的问题。

（二）按报表编制的时间分类

成本报表按编制的时间可分为年报、季报、月报、旬报、周报、日报、班报等。由于成本报表要及时反馈成本信息，以供管理部门采取对策，多数采用旬报、周报、日报以及班报的形式，也可不定期编写。

三、成本报表的作用

（一）考核成本计划的完成情况

通过编制成本报表，可以向企业领导提供成本计划的完成情况，作为评定企业工作成绩、考核各部门工作质量的一种依据，同时还可以使企业领导从成本管理的现状中分析、预测成本发展的趋势，为编制成本计划提供重要数据。

（二）分析企业成本管理中存在的问题

各级管理部门可以从成本报表中了解费用预算的执行情况，并从成本变化中找出管理上存在的问题，及时采取措施加以改进。

（三）为企业经营决策提供信息

随着市场经济的发展，企业生产经营中的未知因素、不确定因素日益增多。对这些未知因素、不确定因素的估计与判断，已成为企业日常管理的重要工作，成本报表是企业进行经营决策的重要信息来源之一。

四、成本报表的编制内容

(一) 全部产品生产成本表

全部产品生产成本表是反映企业在年度内生产的全部产品生产成本的报表。根据此表可以了解产品成本的构成，比较前后两期的成本变动情况，分析产品成本变动的原因，为挖掘降低产品成本的潜力提供参考资料。

全部产品生产成本报表可以从两个不同的角度进行编制和分析。

(1) 按产品种类编制全部产品生产成本报表，反映企业在报告期所生产全部产品的总成本和各种主要产品(含可比产品和不可比产品)的单位成本及总成本。利用此表，可以定期、总括地考核和分析企业全部产品成本计划的完成情况和可比产品成本降低计划的完成情况，从总体上对企业产品成本工作进行评价。其具体格式，如表 9-1 所示。

表 9-1　　产品生产成本表

(按产品种类反映)

编制单位：××厂　　××××年××月　　金额单位：元

产品名称	计量单位	实际产量		单位成本				本月总成本			本年累计总成本		
		本月	本年累计	上年实际平均	本年计划	本月实际	本年累计实际平均	按上年实际平均单位成本计算	按本年计划单位成本计算	本期实际	按上年实际平均单位成本计算	按本年计划单位成本计算	本年实际
		(1)	(2)	(3)	(4)	(5)=(9)÷(1)	(6)=(12)÷(2)	(7)=(1)×(3)	(8)=(1)×(4)	(9)=(1)×(5)	(10)=(2)×(3)	(11)=(2)×(4)	(12)
可比产品合计								7 800	7 380	7 290	130 000	123 000	122 500
其中：甲	件	60	1 000	80	78	79	77	4 800	4 680	4 740	80 000	78 000	77 000
乙	件	30	500	100	90	85	91	3 000	2 700	2 550	50 000	45 000	45 500
不可比产品合计									500	450		5 000	6 000
其中：丙	件	10	100		50	45	60		500	450		5 000	6 000
合　计								7 800	7 880	7 740	130 000	128 000	128 500

补充资料(本年累计实际数)：①可比产品成本降低额 7 500 元(本年计划降低额为 7 000 元)；②可比产品成本降低率 5.769 2%(本年计划降低率为 5.384 6%)。

此表分为基本报表和补充资料两部分。基本报表应按可比产品和不可比产品分别填列。可比产品是指企业过去曾经正式生产过，有完整的成本资料可以进行比较的产品；不可比产品是指企业本年度初次生产，或虽不属初次生产，但以前年度仅属试生产，缺乏可比的成本资料。在成本计划中，对不可比产品仅规定有本年的计划成本；而对于可比产品，不仅规定有计划成本指标，而且规定有成本降低指标，即本年度可比产品计划成本比上年实际成本的降低额或降低率。

基本报表应反映各种可比和不可比产品本月及本年累计的实际产量、实际单位成本和实际总成本。各项目的本月数，应根据本月产品成本明细账中的有关记录填列；本年累计数[第(2)、第(12)栏]应根据本月数加上上月本表累计数计算填列，上年数按上年有关报表资料填列。

补充资料中，可根据计划、统计、财会等有关资料计算后填列。其中，可比产品的成本降低额和降低率，可以按以下公式计算后填列：

$$可比产品成本降低额=\begin{matrix}按上年实际平均单位成本\\计算的可比产品总成本\end{matrix}-本年可比实际总成本$$

$$可比产品成本降低率=\frac{可比产品成本降低额}{按上年实际平均单位成本计算的可比产品总成本}\times 100\%$$

根据表 9-1 的资料,计算如下:

可比产品成本降低额=130 000-122 500=7 500(元)

可比产品成本降低率=7 500÷130 000×100%=5.769 2%

(2) 按成本项目编制全部产品生产成本报表,汇总反映企业在报告期内发生的全部生产费用(按成本项目反映)和全部产品总成本。利用此表,可以定期、总括地反映企业全部生产费用和全部产品总成本计划的完成情况。其具体格式,如表 9-2 所示。

表 9-2　　产品生产成本表

(按成本项目反映)

××××年××月　　金额单位:元

项　目	行次	本年计划	本月实际	本年累计实际
生产费用				
直接材料			1 300	13 500
其中:原材料			900	9 000
燃料、动力			400	4 500
直接人工			600	5 850
制造费用			580	5 720
生产费用合计			2 480	25 070
加:在产品、自制半成品期初余额			40	40
减:在产品、自制半成品期末余额			20	60
产品生产成本合计			2 500	25 050

表 9-2 反映企业在月份、年度内产品生产成本实际状况。"本年计划""本月实际"和"本年累计实际"栏,分别反映各项目的本年计划数、本月实际发生数和自年初至本月累计发生数。

各项目的内容及具体填列方法如下:

第一,"直接材料"项目,反映企业生产产品直接消耗的原材料、辅助材料、设备配件、外购半成品、燃料、动力、包装物、低值易耗品以及其他直接材料。本项目应根据"基本生产成本""辅助生产成本"发生额分析填列。

第二,"直接人工"项目,反映直接从事产品生产人员的工资、奖金、津贴、补贴及实际发生的职工福利费等。本项目填列依据与"直接材料"项目相同。

第三,"制造费用"项目,反映各生产单位(车间、分厂)为组织和管理生产所发生的生产单位管理人员的工资、职工福利费,房屋设备等折旧费、水电费、办公费,劳动保护费,季节性、修理期间的停工损失等。本项目通过分析"基本生产成本"明细账中结转过来的制造费用填列。

第四,"在产品、自制半成品期初余额"项目,是指期初正在加工尚未完工的产品成本数额。本项目等于上期在产品期末余额。

第五,"在产品、自制半成品期末余额"项目,应根据"基本生产成本"明细账期末余额(借方),加上应分摊的本期结转过来的"辅助生产成本""制造费用"填列。

（二）主要产品单位成本表

主要产品是指企业经常生产，在企业全部产品中所占比重较大、能概括反映企业生产经营全貌的产品。

主要产品单位成本报表是反映企业在报告期内生产的各种主要产品单位成本水平和构成情况的报表。该表应按主要产品分别编制，是对企业全部产品生产成本报表所列各种主要产品成本的补充。利用此表，可以按照成本项目分析和考核主要产品单位成本计划的执行情况；可以按照成本项目将本月实际和本年累计实际平均单位成本与上年实际平均单位成本和历史先进水平进行比较，了解单位成本的变动情况；可以考核分析各种主要产品的主要经济技术指标的执行情况，进而查明主要产品单位成本升降的具体原因。

主要产品单位成本表可以分设产量、单位成本和主要经济技术指标三部分。其具体格式，如表 9-3 所示。

表 9-3　　**主要产品单位成本表**

××××年××月

本月计划产量：18 件　　本月实际产量：20 件

产品名称：A　　计量单位：件　　本年累计计划产量：210 件

产品规格：××　　销售单价：800 元　　本年累计实际产量：320 件

成本项目	历史先进水平（××××年）	上年实际平均	本年计划	本月实际	本年累计实际平均
原材料（元）	400	410	410	405	402
工资及福利费（元）	40	45	40	43	42
制造费用（元）	160	165	160	160	162
产品单位成本（元）	600	620	610	608	606
主要经济技术指标	耗用量	耗用量	耗用量	耗用量	耗用量
甲材料（千克）	20	22	21	18	18
乙材料（千克）	35	32	31	32	34

表内各数字填列方法如下：

（1）产量。计划产量应根据生产计划填列；实际产量应根据产品成本明细账或半成品成本汇总表填列；销售单价应根据产品定价表填列。

（2）单位成本。历史先进水平应根据该种产品成本最低年度的实际平均单位成本填列；上年实际平均单位成本应根据上年度产品单位成本表累计实际平均单位成本填列；本年计划单位成本应根据本年度成本计划填列；本月实际单位成本，应根据产品成本明细账或产成品成本汇总表填列；本年累计实际平均单位成本，应根据该种产品成本明细账所记自年初至报告期末完工入库的实际总成本除以累计实际产量计算填列。

（3）主要经济技术指标。根据业务技术核算资料填列。

（三）制造费用明细表

制造费用明细表可以按年编制，反映年度内制造费用的实际发生额。该表按费用项目反映制造费用支出情况，为便于与本年计划数和上年实际数分别比较，表内可以设“本年计划”“上年实际”栏，考核制造费用本年预算的执行情况和与上年比较的升降情况。其具体格式，如表 9-4 所示。

表 9-4　　　　　　　　　　制造费用明细表

××××年度　　　　　　　　金额单位:元

项　目	行次	本年计划	本年实际	上年实际
职工薪酬	1		20 977	
折旧费	2		18 509	
办公费	3		5 457	
水电费	4		45 600	
机物料消耗	5		21 010	
劳动保护费	6	(略)	25 864	(略)
租赁费	7		2 000	
保险费	8		8 620	
低值易耗品摊销	9		12 100	
季节性、修理期间的停工损失	10		1 500	
其他	11		2 000	
合　计			163 637	

制造费用明细表根据“制造费用”账户本年发生额填列,表 9-4 中合计数要与“产品生产成本表”中“制造费用”项目相同。如果企业除了生产产品还有自制材料、自制设备、自制工具等,自制材料、自制设备、自制工具也应分配一部分制造费用。这时,制造费用明细表合计数与生产成本及销售成本表中“制造费用”项目金额就会不相同。

(四) 产品生产、销售成本表

产品生产、销售成本表是指把各主要产品和非主要产品按生产数量、销售数量、单位生产成本、生产总成本和销售成本归纳汇总。其具体格式,如表 9-5 所示。

表 9-5　　　　　　　　　　产品生产、销售成本表

××××年××月　　　　　　　　金额单位:元

产品名称	规格	计量单位	生产量		销售量			单位生产成本			生产总成本			销售成本	
			本月	本年累计	本月	其中:销售退回	本年累计	上年实际平均	本月实际	本年累计实际平均	上年实际总成本	本月实际	本年累计实际总成本	本月实际	本年累计实际
主要产品合计	×		×	×	×	×	×	×	×	×	×	1 980	19 850	1 903	19 060
其中:1	×	件	10	100	10		100	41	40	40	410	400	4 000	400	4 000
2	×	台	5	50	5		50	80	85	80	400	425	4 000	425	4 000
3	×	台	15	150	14		140	30	29	29	450	435	4 350	406	4 060
4	×	件	30	300	28		280	25	24	25	750	720	7 500	672	7 000
非主要产品合计	×	×	×	×	×	×	×	×	×	×	×	520	5 200	500	4 800
全部产品生产成本	×		×	×	×	×	×	×	×	×	×	2 500	25 050	2 403	23 860

(五) 生产经营情况专项分析成本报表

1. 材料成本考核表

反映材料成本的内部报表可分别由仓库、财会部门编制,仓库主要反映材料消耗的数量。编制材料耗用量日报表,如表 9-6 所示。

表 9-6　　**材料耗用量日报表**

材料名称：　　年　　月

日期	本日数			本月累计数			本年累计数			
	实际用量	标准用量	差异用量	实际用量	标准用量	差异用量	实际用量	标准用量	差异用量	差异率

材料耗用量报表一般逐日编制。实际用量根据领料单汇总，标准用量以实际产量乘消耗定额计算，两者之间的差额记入差异数据，节约用负号表示。

财会部门根据班组、车间和各职能部门编制材料耗用成本表，汇总反映各部门材料耗用金额，并与标准成本进行比较。其具体格式，如表 9-7 所示。

表 9-7　　**材料耗用成本表**

年　月　日至　月　日

部　门	实际成本（实际用量×计划单价）	标准成本（标准用量×计划单价）	差异数	差异率
合　计				

材料价格差异分析表，也是材料成本表的一种。该表用于分配材料采购成本的变化。其具体格式，如表 9-8 所示。

表 9-8　　**材料价格差异分析表**

年　月　日至　月　日

采购单编号	供货单位	材料名称	计量单位	采购数量	实际成本		计划成本		差异		
					单位成本	总成本	单位成本	总成本	单位成本	总成本	差异率

材料价格差异分析表可以用来反映采购部门的工作业绩，通过对采购成本的考核，控制采购支出，降低材料成本。该表由财会部门按旬编制。

2. 人工成本考核表

人工成本考核表可以用来分析工人在生产时间内的工作效率。编制工人工作效率月报表，如表 9-9 所示。

表 9-9　　**工人工作效率月报表**

年　月　日

工人姓名或工号	实际动用工时	完成定额工时	工作效率

表 9-9 可以由生产班组编制并逐级汇总，不仅可以作为成本考核的资料，也可以作为计算工资的依据之一。

3. 制造费用预算执行情况表

对制造费用预算执行情况表中固定费用部分，实行预算控制。控制方法有两种：一种是按各个编制预算的部门进行控制，其具体格式，如表 9-10 所示；另一种是按费用预算项目进行控制，其具体格式，如表 9-11 所示。

表 9-10 **制造费用预算执行情况表**

年 月

日期	摘要	部门		部门		部门		部门	
		预算数		预算数		预算数		预算数	
		支付数	余额	支付数	余额	支付数	余额	支付数	余额

表 9-11 **制造费用预算执行情况表**

年 月

日期	摘要	费用		费用		费用		费用	
		预算数		预算数		预算数		预算数	
		支付数	余额	支付数	余额	支付数	余额	支付数	余额

表 9-10 是对费用总额进行控制，而表 9-11 是对费用项目进行控制。一般财会部门按部门控制费用总数，各部门按费用项目控制费用明细数。

4. 在产品成本明细报表

在产品成本明细报表是反映各车间尚未完工的在产品和半成品的数量和成本的报表。该报表由各车间核算员报送生产部门、财会部门，生产部门将其作为对在产品和下期生产进行控制的依据；财会部门将其作为计算产品成本的依据，并与生产资金计划进行对照，考核资金使用情况。该报表提供在产品数量、在产品约当产量、在产品负担的生产成本等各项指标。其具体格式，如表 9-12 所示。

表 9-12 **在产品成本明细报表**

车间： 年 月 日

在产品名称	数量				材料费		人工费		制造费用		合计
	班组	数量	完工程度	约当产量	数量	金额	工时	工资	分配率	金额	

车间核算员： 审核：

5. 成本分析报表

成本分析报表是对影响成本升降的各个因素进行分析的报表。它是由会计部门根据成本核算资料作出分析之后编制的报表，主要报送给企业领导和生产部门。成本分析报表包括对全部产品生产成本的分析以及对主要产品生产成本的分析。成本分析报表提供的指标有成本升降总额、产量变动对成本升降的影响、产品生产结构变动对成本的影响、单位成本的变动对成本的影响。成本分析报表根据成本资料每月编制一次。其具体格式,如表 9-13 所示。

表 9-13 成本分析报表

年 月

金额单位:元

影响成本变动因素	全部产品成本变动		主要产品成本变动	
	金额	占总金额百分比	金额	占总金额百分比
成本升降总额 产量变动 产品结构变动 单位成本变动				

(六) 其他费用报表的结构与编制方法

1. 管理费用明细表的结构与编制方法

管理费用明细表按管理费用项目分别反映各项费用的本年计划数、上年同期实际数、本月实际数和本年累计实际数。其具体格式,如表 9-14 所示。

表 9-14 管理费用明细表

年 月

金额单位:元

项 目	本年计划	上年同期实际	本月实际	本年累计实际
职工薪酬				
折旧费				
办公费				
差旅费				
修理费				
物料消耗				
低值易耗品摊销				
工会经费				
待业保险费				
劳动保护费				
董事会会费				
咨询费				
诉讼费				
业务招待费				
运输费				
保险费				
租赁费				
排污费				
绿化费				
无形资产摊销				
长期待摊费用				

续表

项　目	本年计划	上年同期实际	本月实际	本年累计实际
坏账损失				
研究开发费				
技术转让费				
职工教育经费				
其他				
合　计				

表9-14中,“本年计划”应根据公司或企业行政管理部门的管理费用计划填列;“上年同期实际”应根据上年同期管理费用明细表的“本年累计实际”数填列;“本月实际”应根据管理费用明细账的本月合计数填列;“本年累计实际”应根据管理费用明细账年初至本月的累计发生额填列。

2. 销售费用明细表的结构与编制方法

销售费用明细表按销售费用项目分别反映各项费用的本年计划数、上年同期实际数、本月实际数和本年累计实际数。其具体格式,如表9-15所示。

表9-15　　　　**销售费用明细表**

年　月　　　　金额单位:元

项　目	本年计划	上年同期实际	本月实际	本年累计实际
职工薪酬				
折旧费				
运输费				
差旅费				
装卸费				
物料消耗				
低值易耗品摊销				
包装费				
保险费				
展览费				
广告费				
办公费				
代销手续费				
折旧费				
其他				
合　计				

表 9-15 中,“本年计划”应根据公司或企业销售费用计划填列;“上年同期实际”应根据销售费用明细表的“本年累计实际”数填列;“本月实际”应根据销售费用明细账的本月合计数填列;“本年累计实际”应根据销售费用明细账年初至本月的累计发生额填列。

3. 财务费用明细表的结构与编制方法

财务费用明细表按财务费用项目分别反映各项费用的本年计划数、上年同期实际数、本月实际数和本年累计实际数。其具体格式,如表 9-16 所示。

表 9-16　　财务费用明细表

年　月　　金额单位:元

项　目	本年计划	上年同期实际	本月实际	本年累计实际
利息支出(减:利息收入)				
汇兑损失(减:汇兑收益)				
金融机构手续费				
其他				
合　计				

表中,“本年计划”应根据公司或企业财务费用计划填列;“上年同期实际”应根据上年同期财务费用明细表的“本年累计实际”数填列;“本月实际”应根据财务费用明细账的本月合计数填列;“本年累计实际”应根据财务费用明细账年初至本月的累计发生额填列。

第二讲　企业成本分析

【知识要点】

一、成本分析的意义

成本分析是成本核算工作的继续,它贯穿于成本工作的全过程,包括事前分析、事中分析和事后分析。成本报表的分析属于事后分析,它以成本报表所提供的资料和有关的计划、核算资料为依据,运用科学的方法,来评价企业成本计划的完成情况,提示影响成本指标变动的因素和原因,从而找出差距,提高管理水平。

企业费用是指企业在其生产经营活动过程中耗费的物化劳动和活劳动的货币表现。企业成本是指归集到一定对象上的企业费用。企业成本费用是反映企业生产经营耗费的综合指标,开展企业成本费用分析有重要意义,主要表现为以下几个方面:

(1) 企业成本费用分析是企业成本费用管理工作中重要且不可缺少的一环,离开了企业成本费用分析,企业成本费用管理系统,乃至整个企业的管理系统将无法运行。

(2) 企业成本费用分析是揭示企业成本费用计划完成情况,以及与同行业相比的先进或落后情况的重要手段;是揭示企业成本费用管理中所存在问题以及形成原因的重要手段;是寻找降低企业成本费用,提高企业经济效益的重要手段。

(3) 企业成本费用分析可以划清成本管理的经济责任,了解各项成本管理责任制度是否健全,促进企业完善成本管理的法规、制度。

二、成本分析的内容

在对企业成本费用进行分析的过程中，首先，应对其进行预测分析；同时，也要进行成本费用的决策分析；最后，应对其进行总结评价即事后总结分析。本单元仅就企业成本费用的事后总结分析的有关问题进行说明。

成本费用的事后总结分析，因企业的类型不同，其分析的具体内容也有所差异。

三、企业成本分析的步骤

为了做好成本的分析工作，保证成本分析的质量，成本分析工作必须按照一定的步骤进行。

（一）编制成本分析工作计划

成本分析工作计划主要是确定成本分析的具体内容、范围、目的和要求，确定分析工作的组织分工和分析工作的时间安排等。分析工作计划制定后，应组织实施，在执行分析计划的过程中，会遇到一些预想不到的新问题、新事物，对此要根据实际需要，及时地调整和修订分析计划，以保证其切合实际。

（二）搜集分析资料

分析资料是进行成本分析的重要依据。分析资料的种类很多，主要包括：

（1）计划资料，包括成本计划，企业的生产、技术、财务计划等。

（2）本期实际核算资料，包括会计、统计、业务核算资料。

（3）历史核算资料，包括上期、上年同期、具有可比性的各年度成本核算资料。

（4）同类企业的核算资料，是指具有可比性的同类企业的核算资料，既包括先进企业的，又包括一般企业的；既包括本地区的，又包括不同地区的。

（三）检查和整理分析资料

为了保证分析资料的正确性和真实性，在分析之前，要对搜集到的资料进行检查，剔除不正确和不具有可比性的资料。分析资料经检查后，才能作为分析的依据。为了便于分析，需要结合具体分析方法的要求对分析资料进行整理。例如，对分析资料进行必要的归类和分组，编制资料类目表等。

（四）研究分析资料

研究分析资料就是利用分析资料，按照一定的分析方法，对分析对象进行分析研究。

（五）作出分析结论

经过有关资料的分析研究之后，要对分析对象作出结论。分析结论因分析对象和管理的要求不同而不同。一般来说，分析结论包括对分析对象作出评价、肯定成绩、揭示存在的问题、提出改进的措施等内容。

（六）编与分析报告

企业成本分析报告是企业成本分析的书面报告文件。分析报告要对分析对象、目的、要求、依据的分析资料、采用的分析方法以及分析的结论作出全面的反映。

（七）监督分析结论的采用

成本分析报告编出后，要及时送交有关部门采用和贯彻，并要监督有关部门采用和贯彻的具体情况，以保证成本分析的作用得到充分的发挥。

四、成本分析的方法

(一) 比较分析法

比较分析法又称对比分析法，是指通过两个或两个以上的经济指标的对比，来确定指标差异的一种分析法。有比较才能有鉴别，离开了比较，任何事物都无所谓好与坏。因此，对任何事物的认识都离不开比较，比较分析法是经济活动分析的最基本方法之一。

比较分析法的方式是多种多样的，主要有以下几种。

1. 按比较方向的不同划分

(1) 实际指标与计划指标对比。这种对比可以检查计划的完成情况，揭示实际脱离计划的差异，为进一步深入分析指明方向。同时，还可以检查计划本身的正确性和先进性。

(2) 本期实际指标与上期实际指标对比。这种对比可以了解经济活动发展的动态，揭示其发展速度，考察企业经营管理的改进情况，还可以从中掌握经济活动发展变化的趋势。在经济活动呈周期性或季节性变化趋势时，这种对比可以发现企业经济活动在具有相同变化趋势时的不同时期存在的差距，从而发现企业管理中存在的问题。

(3) 本期实际与历史期先进或其他先进企业的先进指标对比。这种对比可以找出与先进水平的差距，客观地评价企业经营活动，有利于促进企业学先进、赶先进、超先进。

2. 按指标对比的运算方法划分

(1) 减法对比分析。即将两个对比分析指标相减，以揭示指标之间的差异。绝对指标、相对指标和平均指标，都可采用这种方法进行对比分析。

(2) 除法对比分析。即将两个对比分析指标相除，以揭示指标间的对比关系。绝对指标、相对指标和平均指标，都可采用这种方法进行对比分析。

(二) 因素连锁替代分析法

经济现象发生变化后，其结果是由多种因素影响所致。为了明确经济现象发生变化的原因，必须对影响经济现象的各种因素进行具体分析。在进行因素分析时所采取的方法主要有因素连锁替代分析法、因素差额分析法、因素分摊分析法和指数分析法等。本章仅介绍因素连锁替代分析法、因素差额分析法、因素分摊分析法。

因素连锁替代分析法是指根据综合经济指标内部各因素之间的关系，将综合经济指标分解开，顺次将其中一个因素作为可变，而将其他因素暂时作为不变，依次逐项进行替换，以测算各项因素变动对综合指标的影响程度的一种分析法。其具体步骤如下：

第一步，确定分析对象。因素连锁替代分析法用来分析综合经济指标变化的原因。在运用这种方法进行分析时，应首先确定所要分析的综合经济指标，以及该指标变化后与变化前的差异；而被分析指标的变化差异，要运用对比分析法才能予以确定。因此可以说，对比分析法的分析对象和计算结果，就是因素连锁替代分析法分析的对象。

【技能操作】

【例 9-1】 某企业甲材料费用总额本期实际为 18 000 元，本期计划为 10 000 元。若要分析其变化的原因，则分析的对象是甲材料费用及其变化差异。即：

差异额＝实际甲材料费用－计划甲材料费用＝18 000－10 000＝8 000(元)

第二步，分解综合经济指标。任何经济指标的变动差异，都是若干具体因素变动的结果。

这些具体的因素究竟有多少，因分析的角度和具体程度的不同而不同。但无论如何，分解出来的具体因素相互作用的结果，必须等于综合指标，这是指标分解必须掌握的原则。

承[例 9-1]，甲材料费用可分解为产品产量、单位产品甲材料消耗量以及甲材料单价三个因素。

第三步，按照各因素指标的内在联系，建立计算公式。综合经济指标分解后，要根据各因素的内在联系，按照一定的数学运算方式和因素排列顺序，建立计算公式，这是因素连锁替代分析法的关键。

就数学运算方式来看，无论是加、减，还是乘、除，或者其他运算方法均可采用，但必须保证各因素运算后的结果等于综合经济指标。

就因素排列顺序来看，各因素的排列顺序不是随意的，即使在数学意义上可以颠倒的排列顺序，这里也不能随意颠倒，必须遵循下列原则：

(1) 从数量因素和质量因素的角度看，排列因素顺序时，属于数量的因素排在前，属于质量的因素排在后，若数量、质量因素较多，应先排主要的数量因素，后排次要的数量因素或质量因素。

(2) 从实物量因素和价值量因素的角度看，排列因素顺序时，属于实物量的因素排在前，属于价值量的因素排在后。

(3) 从绝对指标和相对指标以及平均指标的角度看，排列因素顺序时，属于绝对指标的因素排在前，属于相对指标以及平均指标的因素排在后。

(4) 反映时间性的指标，应按年、月、日、小时的顺序排列。

上述因素排列顺序的原则，具有很大程度的假定性，事实上，许多因素变化是同时的，很难分清主次，尤其是在多种因素构成的综合经济指标中更是如此。

前述甲材料费用，根据各因素之间的关系和上述因素顺序排列原则，列出计算公式如下：

甲材料费用＝产品产量×单位产品甲材料耗用量×甲材料单价

第四步，根据计算公式，依次进行因素替代分析。计算公式确定后，则要根据计算公式中各因素排列顺序，逐项进行因素替代分析，算出每一个因素变动对综合指标所产生的差异额。各因素替代的原则是：

(1) 严格按计算公式中各因素排列顺序进行替代。

(2) 每替代一个因素，均假定排在被替代因素之后的各种因素不变，保持变化前的水平，而排在被替代因素之前的各因素可变，保持变化后的水平。

【技能操作】

【例 9-2】 上述甲材料费用的计划数据和实际数据，如表 9-17 所示。

表 9-17　　甲材料费用的计划和实际数据

项　目 ①	产品产量 (件) ②	单位产品消耗量 (千克) ③	材料单价 (元) ④	材料费用额 (元) 合　计
计划	100	20	5	10 000
实际	150	15	8	18 000
差异	+50	−5	+3	+8 000

各因素的替代分析如下：

材料费用＝产品产量×单位产品材料消耗量×材料单价

计划甲材料费用＝100×20×5＝10 000(元)　(1)

替代分析：

替代产品产量＝150×20×5＝15 000(元)　(2)

替代单位产品材料消耗量＝150×15×5＝11 250(元)　(3)

替代材料单价＝150×15×8＝18 000(元)　(4)

式(2)－式(1)产量变动使材料费用增加＝15 000－10 000＝5 000(元)

式(3)－式(2)单位产品材料消耗量变动使材料费用减少＝11 250－15 000＝－3 750(元)

式(4)－式(3)材料单价变动使材料费用增加＝18 000－11 250＝6 750(元)

必须指出，计算各因素变动对综合指标的影响值时，都要用替代该因素后的计算结果减去替代前一因素计算结果，两者之差，即该因素变动对综合指标的影响值。

第五步，综合各因素的影响值。各因素全部替代完毕后，要把各因素的影响值汇总起来，以检查分析的正确与否。正确的分析应该是，汇总起来的各因素的影响值等于综合指标变动后的差异总额；若不等，则说明分析中有误。

就前述甲材料费用为例，综合各因素的影响值＝5 000－3 750＋6 750＝8 000(元)。

各因素影响值综合的结果等于综合指标变动后的差异额，说明上述分析是正确的。

(三) 因素差额分析法

因素差额分析法是指根据各因素自身的变动差额，来计算各因素变动对综合经济指标的影响值的一种分析方法。其基本原理与因素连锁替代分析法相同，是因素连锁替代分析法的一种简化形式。

【技能操作】

【例 9-3】 承表 9-17 资料，用差额分析法分析如下：

(1) 确定分析对象：

材料费用变动差额＝实际－计划＝18 000－10 000＝8 000(元)

(2) 差额分析：

产量变动影响值＝(150－100)×20×5＝5 000(元)

单位产量材料用量变动影响值＝(15－20)×150×5＝－3 750(元)

材料单价变动影响值＝(8－5)×150×15＝6 750(元)

(3) 综合各因素的影响值＝5 000－3 750＋6 750＝8 000(元)

可以看出，该方法在计算各因素对综合指标的影响值时，都要计算出各因素自身的差额，即该因素变动后与变动前的差额，因此被称为“因素差额分析法”。另外还可以看出，因素差额分析与因素连锁替代分析一样，都十分强调因素的排列顺序；否则，其计算结果就不一致。

【技能操作】

【例 9-4】 承表 9-17 资料，若改变各因素的排列顺序，则各因素的影响值在不同的排列顺序下相差悬殊。

原排列顺序：材料费用＝产品产量×单位产品材料耗用量×材料单价

改变各因素排列顺序：材料费用＝材料单价×单位产品材料耗用量×产品产量

因素连锁替代分析法下，各因素变动的影响值为：

替代分析，计划＝5×20×100＝10 000（元）

(1) 替代单价＝8×20×100＝16 000（元）

单价变动影响值＝16 000－10 000＝6 000（元）

(2) 替代单位产品材料消耗量＝8×15×100＝12 000（元）

单位产品材料消耗量变动影响值＝12 000－16 000＝－4 000（元）

(3) 替代产量＝8×15×150＝18 000（元）

产量变动影响值＝18 000－12 000＝6 000（元）

综合各因素影响值＝6 000－4 000＋6 000＝8 000（元）

因素差额分析法下，各因素变动的影响值如下：

(1) 单价变动影响值＝(8－5)×20×100＝6 000（元）

(2) 单位产品材料耗用量变动影响值＝(15－20)×8×100＝－4 000（元）

(3) 产量变动影响值＝(150－100)×8×15＝6 000（元）

综合各因素影响值＝6 000－4 000＋6 000＝8 000（元）

在不同的因素排列顺序下，各因素的影响值及差额，如表 9-18 所示。

表 9-18　　各因素的影响值及差额表

项目	产量×单耗×单价	单价×单耗×产量	差　额
产量	5 000	6 000	－1 000
单耗	3 750	－4 000	＋250
单价	6 750	6 000	＋750

就前述甲材料费用为例，无论是从数学意义上看，还是从经济学意义上看，两种因素排列顺序都是允许的，但在因素连锁替代分析法和因素差额分析法下，其计算结果却大不一样。这就严重地影响了这两种方法的科学性，使其应用范围受到了极大的限制。

（四）因素分摊分析法

因素分摊分析法是指先假定其他因素不变，分别计算每一个因素变动对综合经济指标的基本影响值，并汇总计算各因素的基本影响值及其与综合指标变动总差异之间的差额，然后按各因素基本影响值平均分摊差额，进而求出各因素的影响值的一种分析法。其步骤如下：

第一步，确定分析对象。即确定被分析的综合经济指标的变动差异。仍以前述甲材料费用为例进行说明：

差异额＝实际甲材料费用－计划甲材料费用＝18 00－10 000＝8 000（元）

第二步，分解综合经济指标。即确定综合经济指标的构成要素。就甲材料费用来说，它可分解出产量、单位产品材料耗用量和材料单价三个要素。

第三步，建立计算公式。即把分解出来的因素按一定的数学运算方式联系起来。在因素分摊分析法下，不要求强调各因素的排列顺序。只要符合数学运算的要求，各因素的先后顺序可随便确定。就上例来说，下述排列皆可：

甲材料费用＝产品产量×单位产品材料耗用量×材料单价

甲材料费用＝材料单价×单位产品材料耗用量×产品产量

第四步，计算各因素的基本影响值。因素分摊分析法计算各因素的影响值时，都假定其他因素不变，即保持变化前水平。

就前述甲材料费用为例来说，替代分析如下：

计划＝100×20×5＝10 000(元)

(1) 替代产量＝150×20×5＝15 000(元)

15 000－10 000＝5 000(元)

(2) 替代单耗＝100×15×5＝7 500(元)

7 500－10 000＝－2 500(元)

(3) 替代单价＝100×20×8＝16 000(元)

16 000－10 000＝6 000(元)

第五步，汇总各因素的基本影响值，并计算与综合经济指标变动总差异之间的差额。就前述甲材料费用为例：

各因素基本影响值＝5 000－2 500＋6 000＝8 500(元)

综合指标变动总差异与基本影响值总额之间的差额＝8 000－8 500＝－500(元)

第六步，平均分摊综合指标变动总差异与基本影响值总额之间的差额。其分配方法是：

(1) 计算差额分配率。其计算公式如下：

$$差额分配率=\frac{基本影响值总额与综合指标变动总差异之间的差额}{基本影响值总额}\times 100\%$$

就前述甲材料费用为例，差额分配率$=\frac{-500}{8\ 500}\times 100\%=-5.882\%$。

(2) 平均分摊法，其计算公式如下：

$$各因素应分摊额=各因素基本影响值\times 分配率$$

计算出来的各因素分摊额，若为正数，应将其分摊额加入基本影响值中；若为负数，则应将其分摊额从基本影响值中扣除。

就前述甲材料费用为例：

产量因素应分摊额＝5 000×(－5.882%)＝－294.1(元)

单耗因素应分摊额＝－2 500×(－5.882%)＝147.05(元)

单价因素应分摊额＝6 000×(－5.882%)＝－352.92(元)

第七步，计算各因素变动的影响值。其计算公式如下：

$$各因素变动影响值=该因素基本影响值\pm 该因素应分摊的影响值$$

就前述甲材料费用为例：

产量因素影响值＝5 000－294.1＝4 705.9(元)

单耗因素影响值＝－2 500＋147.05＝－2 352.95(元)

单价因素影响值＝6 000－352.92＝5 647.08(元)

第八步，综合各因素影响值，检查分析是否正确。即将各因素的影响值相加，如果与综合经济指标的变动总差异相等，则说明分析基本正确；否则不正确，应认真检查。

就前述甲材料费用为例：

各因素影响值＝4 705.9－2 352.95＋5 647.08＝8 000(元)

这说明上述分析基本上是正确的。

因素分摊分析法虽然可以解决因素连锁替代分析法、因素差额分析法所存在的因素排列顺序问题，具有其优点，但对于基本影响值与综合指标的变动总差异之间的差额进行平均分摊，也存在着一定程度上的假定性，不可能完全符合实际。因此，这种分析方法也有待进一步改进。

五、全部商品产品成本计划完成情况的分析

全部商品产品成本计划完成情况分析的资料依据是企业编制的商品产品成本计划表和实际完成的成本表。

全部商品产品成本计划完成情况分析的步骤如下：

第一步，利用对比分析法分析全部商品产品成本计划完成情况。此时的分析包括以下两个方面的内容。

1. 分产品品种分析

在按产品品种进行分析时，应计算以下几个指标，即全部商品产品成本降低额和降低率、可比产品成本和不可比产品成本降低额和降低率、每种产品成本的降低额和降低率，如表 9-19 所示。

表 9-19　　全部商品产品成本计划完成情况表　　金额单位：元

产品名称	计划产量（件）	实际产量（件）	单位成本			计划总成本		实际总成本			比计划降低	
			上年实际	本年计划	本年实际	按上年实际单位成本计算	按本年计划单位成本计算	按上年实际单位成本计算	按本年计划单位成本计算	本年实际	降低额	降低率
	(1)	(2)	(3)	(4)	(5)	(6)＝(1)×(3)	(7)＝(1)×(4)	(8)＝(2)×(3)	(9)＝(2)×(4)	(10)＝(2)×(5)	(11)＝(10)－(9)	(12)＝(11)÷(9)
可比产品						516 000	495 200	555 600	535 080	530 400	－4 680	－0.87%
甲	200	180	1 060	986	1 000	212 000	197 200	190 800	177 480	180 000	＋2 520	＋1.42%
乙	200	240	1 520	1 490	1 460	304 000	298 000	364 800	357 600	350 400	－7 200	－2.01%
不可比产品	100	80		600	620		60 000		48 000	49 600	＋1 600	3.33%
丙	100	80		600	620		60 000		48 000	49 600		
合　计							555 200		583 080	580 000	－3 080	－0.53%

从表 9-19 可以看出，全部商品产品实际总成本比计划降低了 3 080 元，降低率为0.53%。这是由于可比产品降低 4 680 元，降低率为 0.87%；不可比产品上升 1 600 元，提高了 3.33%造成的。企业应进一步结合实际情况分析不可比产品成本上升和可比产品成本降低的原因，总结经验，找出不足，采取措施，控制成本。

2. 分成本项目分析

按成本项目进行分析时，应计算以下三个指标：①某成本项目实际成本比计划成本降低额；②某成本项目实际成本比计划成本降低率；③某成本项目降低额对总成本的影响。

例如，根据上述成本计划和成本计划执行结果，将其按成本项目调整并分析，如表 9-20 所示。

表 9-20　　成本项目变动分析表　　金额单位：元

项目	全部商品产品成本		成本差异		
	计划	实际	降低额	各成本项目实际成本比计划成本降低率	各成本降低额对总成本的影响
	(1)	(2)	(3)＝(2)－(1)	(4)＝(3)÷(1)	(5)＝(3)÷583 080
直接材料	425 700	421 080	－4 620	－1.09%	－0.79%
直接人工	81 620	86 340	＋4 720	＋5.78%	＋0.81%
制造费用	75 760	72 580	－3 180	－4.20%	－0.55%
总成本	583 080	580 000	－3 080	－0.53%	－0.53%

第二步，在上一步的基础上利用因素分析法分析影响全部商品产品成本计划完成情况的因素及影响值。

这里采用连锁替代分析法，分析如下：

(1) 分析对象。

$\sum$(实际产量×实际单位成本)－$\sum$(实际产量×计划单位成本)

＝580 000－583 080

＝－3 080(元)

需要说明一点：成本计划完成情况的考核，不是用成本计划中的计划总成本同本期实际总成本直接比较，而是用调整后的计划总成本与实际总成本比较来考核的，这是为了使成本指标有一个共同可比的基础。因此，这里因素分析的对象不是 580 000 元与 555 200 元的差额，而是 580 000 元与 583 080 元的差额。

(2) 分析总公式。

$$\text{计划产品成本降低额}=\text{计划产品总成本}\times\text{计划产品成本综合降低率}$$

$$=\sum\left(\text{计划产量}\times\text{计划单位成本}\right)\times\frac{\sum[\text{计划产量}\times(\text{计划单位成本}-\text{计划单位成本})]}{\sum(\text{计划产量}\times\text{计划单位成本})}$$

$$=555\ 200\times 0=0$$

需要说明两点：

第一，在多种产品成本变动的因素分析中，要想用连锁替代的原理分析出品种结构因素变动形成的影响值，就必须建立一个包括品种结构这一独立因素在内的分析总公式，而要做到这一点，就必须使所要建立的分析总公式中包含“综合比率”这一项，在全部产品成本变动的因素分析这个问题上，“综合比率”就是综合产品成本降低率。因为，在“综合比率”中肯定存在着独立的品种结构(比重)因素，综合比率等于各品种(个别)比率与该品种比率乘积之和。

第二，在全部产品成本计划中，由于存在不可比产品成本，因此，不存在计划产品成本降低额和降低率。但是，这并不意味着无法建立包含“综合比率”的分析总公式。因为，在全部产品成本计划中没有总成本降低额和降低率指标，可将其降低额和降低率指标视为零，因此，仍然可以建立包含“综合比率”在内的分析总公式，即上述分析总公式。

(3) 连锁替代分析。

第一，替代单位成本。

$$\text{替代单位成本}=\sum\left(\text{计划产量}\times\text{计划单位成本}\right)\times\frac{\sum[\text{计划产量}\times(\text{实际单位成本}-\text{计划单位成本})]}{\sum(\text{计划产量}\times\text{计划单位成本})}$$

$$=555\ 200\times\frac{200\times(1\ 000-986)+200\times(1\ 460-1\ 490)+100\times(620-600)}{555\ 200}$$

$$=-1\ 200(\text{元})$$

单位成本因素变化影响总成本值＝－1 200－0＝－1 200(元)

第二，替代产量。

$$\text{替代产量}=\sum\left(\text{实际产量}\times\text{计划单位成本}\right)\times\frac{\sum[\text{计划产量}\times(\text{实际单位成本}-\text{计划单位成本})]}{\sum(\text{计划产量}\times\text{计划单位成本})}$$

$$=583\ 080\times\frac{200\times(1\ 000-986)+200\times(1\ 460-1\ 490)+100\times(620-600)}{555\ 200}$$

$$=-1\ 260(\text{元})$$

产品因素变化影响总成本值=-1 260-(-1 200)=-60(元)

第三,替代品种结构。

$$\text{替代品种结构}=\sum\left(\text{实际产量}\times\text{计划单位成本}\right)\times\frac{\sum[\text{实际产量}\times(\text{实际单位成本}-\text{计划单位成本})]}{\sum(\text{实际产量}\times\text{计划单位成本})}$$

$$=583\ 080\times\frac{180\times(1\ 000-986)+240\times(1\ 460-1\ 490)+80\times(620-600)}{583\ 080}$$

$$=-3\ 080(\text{元})$$

品种结构因素变化影响总成本值=-3 080-(-1 260)=-1 820(元)

第四,汇总各因素影响值,检查分析正误。

单位成本因素影响值+产量因素影响值+品种结构因素影响值

=-1 200-60-1 820

=-3 080(元)

经汇总,各因素影响值之和等于总差异,说明分析正确。

单元测试

一、单项选择题

(1) 工业企业成本报表的种类、项目、格式和编制方法(　　)。

A. 由国家统一规定　　B. 由企业自行确定

C. 由企业主管部门统一规定　　D. 由企业主管部门与企业共同制定

(2) 为了考核和分析产品成本计划的执行情况,成本计算方法应与(　　)的口径保持一致。

A. 成本考核的方法　　B. 成本分析的方法

C. 成本计划的方法　　D. 成本决策的方法

(3) 在按产品种类反映的产品生产成本表中,应反映上年成本资料的产品是(　　)。

A. 主要产品　　B. 非主要产品

C. 可比产品　　D. 不可比产品

(4) 成本报表属于(　　)。

A. 对外报表　　B. 对内报表

C. 既是对内报表,又是对外报表　　D. 对内还是对外由企业决定

(5) 可比产品成本降低额与可比产品成本降低率之间的关系是(　　)。

A. 成反比　　B. 成正比

C. 同方向变动　　D. 无直接关系

(6) 填制商品产品成本表必须做到(　　)。

A. 可比、不可比产品需分别填列　　B. 可比、不可比产品可合并填列

C. 既可分别填列,也可合并填列　　D. 填制时无需划分可比、不可比产品

(7) 商品产品成本表的填列必须做到(　　)。

A. 主要产品逐一填列,非主要产品可以汇总填列

B. 主要产品与非主要产品汇总填列

C. 只填主要产品，并汇总填列
D. 非主要产品同主要产品一样，须逐一填列
(8) 计算产值成本率所采用的分析方法是(　　)。
A. 相关指标比率分析法　　B. 构成比率分析法
C. 对比分析法　　D. 差额计算分析法
(9) 主要产品单位成本的一般分析，通常先采用(　　)进行分析。
A. 对比分析法　　B. 趋势分析法
C. 比率分析法　　D. 连环替代法
(10) 对可比产品成本降低率不产生影响的因素是(　　)。
A. 产品品种结构　　B. 产品产量
C. 产品单位成本　　D. 产品总成本

二、多项选择题

(1) 商品产品成本表可以反映可比产品与不可比产品的(　　)。
A. 实际产量　　B. 单位成本
C. 本月总成本　　D. 本年累计总成本
(2) 工业企业编制的成本报表包括(　　)。
A. 商品产品成本表　　B. 主要产品单位成本表
C. 制造费用明细表　　D. 成本计算单
(3) 工业企业编报的成本报表必须做到(　　)。
A. 数字准确　　B. 内容完整　　C. 对外报送　　D. 编报及时
(4) 下列各项中，属于成本报表的有(　　)。
A. 产品生产成本表　　B. 主要产品单位成本表
C. 产品销售费用明细表　　D. 财务费用明细表
(5) 工业企业成本报表一般包括(　　)。
A. 产品生产成本表　　B. 主要产品单位成本表
C. 制造费用明细表　　D. 各种期间费用明细表
(6) 企业成本报表的编制要求包括(　　)。
A. 数字准确　　B. 内容完整　　C. 报送及时　　D. 账账相符
(7) 主要产品单位成本报表的作用包括(　　)。
A. 可以按照成本项目考核主要产品单位成本计划的执行结果
B. 可以分析本期实际单位成本比上年实际、历史先进水平的差距和变化情况
C. 可以分析和考核主要技术经济指标的执行情况
D. 可以查明单位成本变动的具体原因
(8) 制造费用明细表一般反映(　　)。
A. 制造费用的本年实际数　　B. 制造费用的上年同期实际数
C. 制造费用的本年计划数　　D. 制造费用的本月实际数
(9) 主要产品单位产品表反映的单位成本包括(　　)。
A. 本月实际　　B. 历史先进水平
C. 本年计划　　D. 上年实际平均

(10) 在分析可比产品成本降低任务完成情况时，单纯产量变动会使(　　)。

A. 成本降低额增加　　B. 成本降低额减少

C. 成本降低率增加　　D. 成本降低率不变

(11) 下列指标中，属于相关比率的有(　　)。

A. 产值成本率　　B. 成本降低率

C. 成本利润率　　D. 销售收入成本率

(12) 在生产多品种情况下，影响可比产品成本降低额变动的因素有(　　)。

A. 产品产量　　B. 产品单位成本

C. 产品价格　　D. 产品品种结构

(13) 生产单一品种情况下，影响可比产品成本降低额变动的因素有(　　)。

A. 产品产量　　B. 产品单位成本

C. 产品价格　　D. 产品品种结构

(14) 成本报表分析常用的方法有(　　)。

A. 对比分析法　　B. 比例分析法

C. 因素分析法　　D. 趋势分析法

三、判断题

(1) 为了规范企业成本信息的对外披露，国家对成本报表的种类、项目、格式和编制方法均作了统一规定。(　　)

(2) 成本报表只能定期进行编制。(　　)

(3) 全部商品产品成本报表可以反映成本计划的执行情况。(　　)

(4) 主要产品单位成本报表是按费用要素分别反映的。(　　)

(5) 所有的成本报表，不论对内、对外，都要求计算上绝对准确。(　　)

(6) 内部成本报表必须和责任会计组织相配合，以确定责任者的成本责任。(　　)

(7) 制造费用明细账只需列出“上年同期实际数”及“本年累计实际数”两栏数字。(　　)

(8) 可比产品降低率等于可比产品降低额与本年累计的实际总成本之比。(　　)

(9) 本年累计实际产量与本年计划单位成本之积称为按本年实际产量计算的本年累计总成本。(　　)

(10) 根据成本分析的内涵和目的，成本分析主要包括产品成本分析和成本收益分析。(　　)

(11) 成本核算贯穿于成本会计的全过程，对充分发挥成本会计的积极作用具有重要意义。(　　)

(12) 成本分析的评价标准主要有行业标准和预算标准。(　　)

(13) 因素分析法是依据分析指标与其影响因素之间的关系，按照一定的程序和方法，确定各因素对分析指标差异影响程度的一种技术分析方法。(　　)

(14) 差额计算法是连环替代法的一种简化形式。(　　)

(15) 应用连环替代法时，经济指标体系的组成因素必须是确实能够反映形成该项指标差异的内在构成原因。(　　)

(16) 应用连环替代法时，各因素对经济指标差异数的影响，可根据需要选择替换顺序。(　　)

四、简答题

(1) 什么是成本报表? 成本报表有哪些特点?
(2) 成本报表如何分类?
(3) 产品生产成本表如何编制?
(4) 主要产品生产成本表如何编制?

实务训练

训练一

目的:练习产品生产成本表的编制。

资料:某工厂202×年6月的产品生产成本,如表9-21所示。

表9-21 **产品生产成本表**

单位:××工厂 202×年6月 金额单位:元

产品名称	计划产量	实际产量	单位成本			总成本		
			上年实际平均	本年计划	本期实际成本	按上年实际平均单位成本计算	按本年计划单位成本计算	本期实际成本
			①	②	③	④	⑤	⑥
一、可比产品								
甲	件	8	2 500	2 450				19 800
乙	件	15	4 000	3 980				59 520
合计								79 320
二、不可比产品 丙	件	3		2 800				8 100
全部产品合计								87 420

要求:根据表9-21的资料,计算填制③④⑤栏,并计算可比产品成本降低额和可比产品成本降低率。

训练二

目的:练习成本报表的分析方法。

资料:产品成本动态分析表,如表9-22所示。

表9-22 **产品成本动态分析表**

指标 / 厂别	2021年指标(元)	2022年			2023年		
		指标(元)	定基指标(2017年=100)	环比指标(上一年=100)	指标(元)	定基指标(2017年=100)	环比指标(上一年=90)
甲	100	90			95		
乙	150	130			120		

要求: 计算定基指数和环比指数,分析甲、乙同类产品单位成本的变动情况和变动趋势。

训练三

目的: 练习因素连锁替代分析法和因素差额分析法。

资料: 材料费用资料,如表 9-23 所示。

表 9-23　材料费用资料

指　标	单位	计划	实际	差异
产品产量	件	50	52	+2
单位产品材料消耗量	千克	30	28	−2
材料单价	元	6	7	+1
材料费用总额	元	9 000	10 192	+1 192

要求: 根据上述资料,分别用连锁替代法和差额计算分析法,分析材料费用超支的原因。

训练四

目的: 练习成本报表的编制和分析。

资料: 假定某企业某年度生产甲、乙两种可比产品,其有关成本资料,如表 9-24 所示。

表 9-24　产品成本资料

产品名称	计量单位	产量		单位成本(万元)			本年累计总成本(万元)		
		本年计划	本年实际	上年实际平均	本年计划	本年实际平均	按上年实际单位成本计算	按本年计划单位成本计算	本年实际
可比产品									
其中:									
甲	件	3	30	700	690	685			
乙	件	4	35	900	850	835			

要求:

(1) 填制表 9-24。

(2) 计算可比产品成本降低任务完成情况。

(3) 采用连环替代法,计算、分析各因素变动对可比产品成本降低任务完成情况的影响。

附　录

关于印发《企业产品成本核算制度（试行）》的通知

财会〔2013〕17 号

国务院有关部委、有关直属机构，各省、自治区、直辖市、计划单列市财政厅（局），新疆生产建设兵团财务局，有关中央管理企业：

为加强企业产品成本核算，保证产品成本信息真实、完整，促进企业和经济社会的可持续发展，根据《中华人民共和国会计法》、企业会计准则等国家有关规定，我部制定了《企业产品成本核算制度（试行）》，现予印发，自 2014 年 1 月 1 日起在除金融保险业以外的大中型企业范围内施行，鼓励其他企业执行。执行本制度的企业不再执行《国营工业企业成本核算办法》。

执行中有何问题，请及时反馈我部。

附件：企业产品成本核算制度（试行）

财政部

2013 年 8 月 16 日

企业产品成本核算制度（试行）

第一章　总则

第一条　为了加强企业产品成本核算工作，保证产品成本信息真实、完整，促进企业和经济社会的可持续发展，根据《中华人民共和国会计法》、企业会计准则等国家有关规定制定本制度。

第二条　本制度适用于大中型企业，包括制造业、农业、批发零售业、建筑业、房地产业、采矿业、交通运输业、信息传输业、软件及信息技术服务业、文化业以及其他行业的企业。其他未明确规定的行业比照以上类似行业的规定执行。

本制度不适用于金融保险业的企业。

第三条　本制度所称的产品，是指企业日常生产经营活动中持有以备出售的产成品、商品、提供的劳务或服务。

本制度所称的产品成本，是指企业在生产产品过程中所发生的材料费用、职工薪酬等，以及不能直接计入而按一定标准分配计入的各种间接费用。

第四条　企业应当充分利用现代信息技术，编制、执行企业产品成本预算，对执行情况进行分析、考核，落实成本管理责任制，加强对产品生产事前、事中、事后的全过程控制，加强产品成本核算与管理各项基础工作。

第五条　企业应当根据所发生的有关费用能否归属于使产品达到目前场所和状态的原则，正确区分产品成本和期间费用。

第六条　企业应当根据产品生产过程的特点、生产经营组织的类型、产品种类的繁简和成本管理的要求，确定产品成本核算的对象、项目、范围，及时对有关费用进行归集、分配和结转。

企业产品成本核算采用的会计政策和估计一经确定，不得随意变更。

第七条　企业一般应当按月编制产品成本报表，全面反映企业生产成本、成本计划执行情况、产品成本及其变动情况等。

第二章　产品成本核算对象

第八条　企业应当根据生产经营特点和管理要求，确定成本核算对象，归集成本费用，计算产品的生产成本。

第九条　制造企业一般按照产品品种、批次订单或生产步骤等确定产品成本核算对象。

（一）大量大批单步骤生产产品或管理上不要求提供有关生产步骤成本信息的，一般按照产品品种确定成本核算对象。

（二）小批单件生产产品的，一般按照每批或每件产品确定成本核算对象。

（三）多步骤连续加工产品且管理上要求提供有关生产步骤成本信息的，一般按照每种（批）产品及各生产步骤确定成本核算对象。

产品规格繁多的，可以将产品结构、耗用原材料和工艺过程基本相同的产品，适当合并作为成本核算对象。

第十条　农业企业一般按照生物资产的品种、成长期、批别（群别、批次）、与农业生产相关的劳务作业等确定成本核算对象。

第十一条　批发零售企业一般按照商品的品种、批次、订单、类别等确定成本核算对象。

第十二条　建筑企业一般按照订立的单项合同确定成本核算对象。单项合同包括建造多项资产的，企业应当按照企业会计准则规定的合同分立原则，确定建造合同的成本核算对象。为建造一项或数项资产而签订一组合同的，按合同合并的原则，确定建造合同的成本核算对象。

第十三条　房地产企业一般按照开发项目、综合开发期数并兼顾产品类型等确定成本核算对象。

第十四条　采矿企业一般按照所采掘的产品确定成本核算对象。

第十五条　交通运输企业以运输工具从事货物、旅客运输的，一般按照航线、航次、单船（机）、基层站段等确定成本核算对象；从事货物等装卸业务的，可以按照货物、成本责任部门、作业场所等确定成本核算对象；从事仓储、堆存、港务管理业务的，一般按照码头、仓库、堆场、油罐、筒仓、货棚或主要货物的种类、成本责任部门等确定成本核算对象。

第十六条　信息传输企业一般按照基础电信业务、电信增值业务和其他信息传输业务等确定成本核算对象。

第十七条　软件及信息技术服务企业的科研设计与软件开发等人工成本比重较高的，一般按照科研课题、承接的单项合同项目、开发项目、技术服务客户等确定成本核算对象。合同项目规模较大、开发期较长的，可以分段确定成本核算对象。

第十八条　文化企业一般按照制作产品的种类、批次、印次、刊次等确定成本核算对象。

第十九条　除本制度已明确规定的以外，其他行业企业应当比照以上类似行业的企业确定产品成本核算对象。

第二十条　企业应当按照第八条至第十九条规定确定产品成本核算对象，进行产品成本核算。企业内部管理有相关要求的，还可以按照现代企业多维度、多层次的管理需要，确定多元化的产品成本核算对象。

多维度，是指以产品的最小生产步骤或作业为基础，按照企业有关部门的生产流程及其相应的成本管理要求，利用现代信息技术，组合出产品维度、工序维度、车间班组维度、生产设备维度、客户订单维度、变动成本维度和固定成本维度等不同的成本核算对象。

多层次，是指根据企业成本管理需要，划分为企业管理部门、工厂、车间和班组等成本管控层次。

第三章　产品成本核算项目和范围

第二十一条　企业应当根据生产经营特点和管理要求，按照成本的经济用途和生产要素内容相结合的原则或者成本性态等设置成本项目。

第二十二条　制造企业一般设置直接材料、燃料和动力、直接人工和制造费用等成本项目。

直接材料，是指构成产品实体的原材料以及有助于产品形成的主要材料和辅助材料。

燃料和动力，是指直接用于产品生产的燃料和动力。

直接人工，是指直接从事产品生产的工人的职工薪酬。

制造费用，是指企业为生产产品和提供劳务而发生的各项间接费用，包括企业生产部门（如生产车间）发生的水电费、固定资产折旧、无形资产摊销、管理人员的职工薪酬、劳动保护费、国家规定的有关环保费用、季节性和修理期间的停工损失等。

第二十三条　农业企业一般设置直接材料、直接人工、机械作业费、其他直接费用、间接费用等成本项目。

直接材料，是指种植业生产中耗用的自产或外购的种子、种苗、饲料、肥料、农药、燃料和动力、修理用材料和零件、原材料以及其他材料等；养殖业生产中直接用于养殖生产的苗种、饲料、肥料、燃料、动力、畜禽医药费等。

直接人工，是指直接从事农业生产人员的职工薪酬。

机械作业费，是指种植业生产过程中农用机械进行耕耙、播种、施肥、除草、喷药、收割、脱粒等机械作业所发生的费用。

其他直接费用，是指除直接材料、直接人工和机械作业费以外的畜力作业费等直接费用。

间接费用，是指应摊销、分配计入成本核算对象的运输费、灌溉费、固定资产折旧、租赁费、保养费等费用。

第二十四条　批发零售企业一般设置进货成本、相关税费、采购费等成本项目。

进货成本，是指商品的采购价款。

相关税费，是指购买商品发生的进口关税、资源税和不能抵扣的增值税等。

采购费，是指运杂费、装卸费、保险费、仓储费、整理费、合理损耗以及其他可归属于商品采购成本的费用。采购费金额较小的，可以在发生时直接计入当期销售费用。

第二十五条　建筑企业一般设置直接人工、直接材料、机械使用费、其他直接费用和间接费用等成本项目。建筑企业将部分工程分包的，还可以设置分包成本项目。

直接人工，是指按照国家规定支付给施工过程中直接从事建筑安装工程施工的工人以及在施工现场直接为工程制作构件和运料、配料等工人的职工薪酬。

直接材料，是指在施工过程中所耗用的、构成工程实体的材料、结构件、机械配件和有助于工程形成的其他材料以及周转材料的租赁费和摊销等。

机械使用费，是指施工过程中使用自有施工机械所发生的机械使用费，使用外单位施工机械的租赁费，以及按照规定支付的施工机械进出场费等。

其他直接费用，是指施工过程中发生的材料搬运费、材料装卸保管费、燃料动力费、临时设施摊销、生产工具用具使用费、检验试验费、工程定位复测费、工程点交费、场地清理费，以及能够单独区分和可靠计量的为订立建造承包合同而发生的差旅费、投标费等费用。

间接费用，是指企业各施工单位为组织和管理工程施工所发生的费用。

分包成本，是指按照国家规定开展分包，支付给分包单位的工程价款。

第二十六条　房地产企业一般设置土地征用及拆迁补偿费、前期工程费、建筑安装工程费、基础设施建设费、公共配套设施费、开发间接费、借款费用等成本项目。

土地征用及拆迁补偿费，是指为取得土地开发使用权（或开发权）而发生的各项费用，包括土地买价或出让金、大市政配套费、契税、耕地占用税、土地使用费、土地闲置费、农作物补偿费、危房补偿费、土地变更用途和超面积补交的地价及相关税费、拆迁补偿费用、安置及动迁费用、回迁房建造费用等。

前期工程费，是指项目开发前期发生的政府许可规费、招标代理费、临时设施费以及水文地质勘察、测绘、规划、设计、可行性研究、咨询论证费、筹建、场地通平等前期费用。

建筑安装工程费，是指开发项目开发过程中发生的各项主体建筑的建筑工程费、安装工程费及精装修费等。

基础设施建设费，是指开发项目在开发过程中发生的道路、供水、供电、供气、供暖、排污、排洪、消防、通讯、照明、有线电视、宽带网络、智能化等社区管网工程费和环境卫生、园林绿化等园林、景观环境工程费用等。

公共配套设施费，是指开发项目内发生的、独立的、非营利性的且产权属于全体业主的，或无偿赠与地方政府、政府公共事业单位的公共配套设施费用等。

开发间接费，指企业为直接组织和管理开发项目所发生的，且不能将其直接归属于成本核算对象的工程监理费、造价审核费、结算审核费、工程保险费等。为业主代扣代缴的公共维修基金等不得计入产品成本。

借款费用，是指符合资本化条件的借款费用。

房地产企业自行进行基础设施、建筑安装等工程建设的，可以比照建筑企业设置有关成本项目。

第二十七条　采矿企业一般设置直接材料、燃料和动力、直接人工、间接费用等成本项目。

直接材料，是指采掘生产过程中直接耗用的添加剂、催化剂、引发剂、助剂、触媒以及净化材料、包装物等。

燃料和动力，是指采掘生产过程中直接耗用的各种固体、液体、气体燃料，以及水、电、汽、风、氮气、氧气等动力。

直接人工，是指直接从事采矿生产人员的职工薪酬。

间接费用，是指为组织和管理厂（矿）采掘生产所发生的职工薪酬、劳动保护费、固定资产折旧、无形资产摊销、保险费、办公费、环保费用、化（检）验计量费、设计制图费、停工损失、洗车费、转输费、科研试验费、信息系统维护费等。

第二十八条　交通运输企业一般设置营运费用、运输工具固定费用与非营运期间的费用等成本项目。

营运费用，是指企业在货物或旅客运输、装卸、堆存过程中发生的营运费用，包括货物费、港口费、起降及停机费、中转费、过桥过路费、燃料和动力、航次租船费、安全救生费、护航费、装卸整理费、堆存费等。铁路运输企业的营运费用还包括线路等相关设施的维护费等。

运输工具固定费用，是指运输工具的固定费用和共同费用等，包括检验检疫费、车船使用税、劳动保护费、固定资产折旧、租赁费、备件配件、保险费、驾驶及相关操作人员薪酬及其伙食费等。

非营运期间费用，是指受不可抗力制约或行业惯例等原因暂停营运期间发生的有关费用等。

第二十九条　信息传输企业一般设置直接人工、固定资产折旧、无形资产摊销、低值易耗品摊销、业务费、电路及网元租赁费等成本项目。

直接人工，是指直接从事信息传输服务的人员的职工薪酬。

业务费，是指支付通信生产的各种业务费用，包括频率占用费，卫星测控费，安全保卫费，码号资源费，设备耗用的外购电力费，自有电源设备耗用的燃料和润料费等。

电路及网元租赁费，是指支付给其他信息传输企业的电路及网元等传输系统及设备的租赁费等。

第三十条　软件及信息技术服务企业一般设置直接人工、外购软件与服务费、场地租赁费、固定资产折旧、无形资产摊销、差旅费、培训费、转包成本、水电费、办公费等成本项目。

直接人工，是指直接从事软件及信息技术服务的人员的职工薪酬。

外购软件与服务费，是指企业为开发特定项目而必须从外部购进的辅助软件或服务所发生的费用。

场地租赁费，是指企业为开发软件或提供信息技术服务租赁场地支付的费用等。

转包成本，是指企业将有关项目部分分包给其他单位支付的费用。

第三十一条　文化企业一般设置开发成本和制作成本等成本项目。

开发成本，是指从选题策划开始到正式生产制作所经历的一系列过程，包括信息收集、策划、市场调研、选题论证、立项等阶段所发生的信息搜集费、调研交通费、通信费、组稿费、专题会议费、参与开发的职工薪酬等。

制作成本，是指产品内容制作成本和物质形态的制作成本，包括稿费、审稿费、校对费、录入费、编辑加工费、直接材料费、印刷费、固定资产折旧、参与制作的职工薪酬等。电影企业的制作成本，是指企业在影片制片、译制、洗印等生产过程所发生的各项费用，包括剧本费、演职员的薪酬、胶片及磁片磁带费、化妆费、道具费、布景费、场租费、剪接费、洗印费等。

第三十二条　除本制度已明确规定的以外，其他行业企业应当比照以上类似行业的企业确定成本项目。

第三十三条　企业应当按照第二十一条至第三十二条规定确定产品成本核算项目，进行产品成本核算。企业内部管理有相关要求的，还可以按照现代企业多维度、多层次的成本管理要求，利用现代信息技术对有关成本项目进行组合，输出有关成本信息。

第四章　产品成本归集、分配和结转

第三十四条　企业所发生的费用，能确定由某一成本核算对象负担的，应当按照所对应的产品成本项目类别，直接计入产品成本核算对象的生产成本；由几个成本核算对象共同负担的，应当选择合理的分配标准分配计入。

企业应当根据生产经营特点，以正常生产能力水平为基础，按照资源耗费方式确定合理的分配标准。

企业应当按照权责发生制的原则，根据产品的生产特点和管理要求结转成本。

第三十五条　制造企业发生的直接材料和直接人工，能够直接计入成本核算对象的，应当直接计入成本核算对象的生产成本，否则应当按照合理的分配标准分配计入。

制造企业外购燃料和动力的，应当根据实际耗用数量或者合理的分配标准对燃料和动力费用进行归集分配。生产部门直接用于生产的燃料和动力，直接计入生产成本；生产部门间接用于生产（如照明、取暖）的燃料和动力，计入制造费用。制造企业内部自行提供燃料和动力的，参照本条第三款进行处理。

制造企业辅助生产部门为生产部门提供劳务和产品而发生的费用，应当参照生产成本项目归集，并按照合理的分配标准分配计入各成本核算对象的生产成本。辅助生产部门之间互相提供的劳务、作业成本，应当采用合理的方法，进行交互分配。互相提供劳务、作业不多的，可以不进行交互分配，直接分配给辅助生产部门以外的受益单位。

第三十六条　制造企业发生的制造费用，应当按照合理的分配标准按月分配计入各成本核算对象的生产成本。企业可以采取的分配标准包括机器工时、人工工时、计划分配率等。

季节性生产企业在停工期间发生的制造费用，应当在开工期间进行合理分摊，连同开工期间发生的制造费用，一并计入产品的生产成本。

制造企业可以根据自身经营管理特点和条件，利用现代信息技术，采用作业成本法对不能直接归属于成本核算对象的成本进行归集和分配。

第三十七条　制造企业应当根据生产经营特点和联产品、副产品的工艺要求，选择系数分配法、实物量分配法、相对销售价格分配法等合理的方法分配联合生产成本。

第三十八条　制造企业发出的材料成本，可以根据实物流转方式、管理要求、实物性质等实际情况，采用先进先出法、加权平均法、个别计价法等方法计算。

第三十九条　制造企业应当根据产品的生产特点和管理要求，按成本计算期结转成本。制造企业可以选择原材料消耗量、约当产量法、定额比例法、原材料扣除法、完工百分比法等方法，恰当地确定完工产品和在产品的实际成本，并将完工入库产品的产品成本结转至库存产品科目；在产品数量、金额不重要或在产品期初期末数量变动不大的，可以不计算在产品成本。

制造企业产成品和在产品的成本核算，除季节性生产企业等以外，应当以月为成本计算期。

第四十条　农业企业应当比照制造企业对产品成本进行归集、分配和结转。

第四十一条　批发零售企业发生的进货成本、相关税金直接计入成本核算对象成本；发生的采购费，可以结合经营管理特点，按照合理的方法分配计入成本核算对象成本。采购费金额较小的，可以在发生时直接计入当期销售费用。

批发零售企业可以根据实物流转方式、管理要求、实物性质等实际情况，采用先进先出法、加权平均法、个别计价法、毛利率法等方法结转产品成本。

第四十二条　建筑企业发生的有关费用，由某一成本核算对象负担的，应当直接计入成本核算对象成本；由几个成本核算对象共同负担的，应当选择直接费用比例、定额比例和职工薪酬比例等合理的分配标准，分配计入成本核算对象成本。

建筑企业应当按照《企业会计准则第 15 号—建造合同》的规定结转产品成本。合同结果能够可靠估计的，应当采用完工百分比法确定和结转当期提供服务的成本；合同结果不能可靠估计的，应当直接结转已经发生的成本。

第四十三条　房地产企业发生的有关费用，由某一成本核算对象负担的，应当直接计入成本核算对象成本；由几个成本核算对象共同负担的，应当选择占地面积比例、预算造价比例、建筑面积比例等合理的分配标准，分配计入成本核算对象成本。

第四十四条　采矿企业应当比照制造企业对产品成本进行归集、分配和结转。

第四十五条　交通运输企业发生的营运费用，应当按照成本核算对象归集。

交通运输企业发生的运输工具固定费用，能确定由某一成本核算对象负担的，应当直接计入成本核算对象的成本；由多个成本核算对象共同负担的，应当选择营运时间等符合经营特点的、科学合理的分配标准分配计入各成本核算对象的成本。

交通运输企业发生的非营运期间费用，比照制造业季节性生产企业处理。

第四十六条　信息传输、软件及信息技术服务等企业，可以根据经营特点和条件，利用现代信息技术，采用作业成本法等对产品成本进行归集和分配。

第四十七条　文化企业发生的有关成本项目费用，由某一成本核算对象负担的，应当直接计入成本核算对象成本；由几个成本核算对象共同负担的，应当选择人员比例、工时比例、材料耗用比例等合理的分配标准分配计入成本核算对象成本。

第四十八条　企业不得以计划成本、标准成本、定额成本等代替实际成本。企业采用计划成本、标准成本、定额成本等类似成本进行直接材料日常核算的，期末应当将耗用直接材料的计划成本或定额成本等类似成本调整为实际成本。

第四十九条　除本制度已明确规定的以外，其他行业企业应当比照以上类似行业的企业对产品成本进行归集、分配和结转。

第五十条　企业应当按照第三十四条至第四十九条规定对产品成本进行归集、分配和结转。企业内部管理有相关要求的，还可以利用现代信息技术，在确定多维度、多层次成本核算对象的基础上，对有关费用进行归集、分配和结转。

第五章　附则

第五十一条　小企业参照执行本制度。

第五十二条　本制度自 2014 年 1 月 1 日起施行。

第五十三条　执行本制度的企业不再执行《国营工业企业成本核算办法》。

参考答案

第一单元　导　论

【单元测试】

一、单项选择题

(1) A　(2) B　(3) A　(4) D　(5) C　(6) C　(7) B　(8) D
(9) B　(10) C　(11) A　(12) B　(13) C　(14) D　(15) B　(16) C
(17) D　(18) A　(19) A　(20) D　(21) C　(22) C　(23) B　(24) C
(25) B

二、多项选择题

(1) ABC　(2) BC　(3) ABCD　(4) ABCD　(5) AB　(6) BCD　(7) AC　(8) AB
(9) ABC　(10) ABCD　(11) BC　(12) AB

三、判断题

(1) √　(2) ×　(3) ×　(4) √　(5) ×　(6) ×　(7) ×　(8) ×
(9) ×　(10) ×　(11) √　(12) ×　(13) √　(14) √　(15) ×　(16) ×
(17) ×　(18) ×　(19) ×　(20) ×　(21) √　(22) ×　(23) √　(24) ×
(25) √　(26) √　(27) ×　(28) √　(29) √

四、简答题

略。

【实务训练】

略。

第二单元　要素费用的核算

【单元测试】

一、单项选择题

(1) A　(2) C　(3) C　(4) C　(5) A　(6) C　(7) B　(8) B
(9) D　(10) D　(11) A　(12) C　(13) D　(14) C　(15) A　(16) A

二、多项选择题

(1) ABCD　(2) BD　(3) AC　(4) ABCD　(5) ABC　(6) AB　(7) AD　(8) ABCD

三、判断题

(1) ×　(2) ×　(3) √　(4) ×　(5) √　(6) √　(7) √　(8) ×
(9) √　(10) ×　(11) ×　(12) ×　(13) ×　(14) ×　(15) √

四、简答题

略。

【实务训练】

略。

第三单元　综合费用的核算

【单元测试】

一、单项选择题

(1) B　(2) A　(3) C　(4) D　(5) D　(6) C　(7) B　(8) A
(9) B　(10) B　(11) B　(12) B　(13) A　(14) A　(15) C　(16) B
(17) B　(18) B　(19) D　(20) C　(21) B　(22) A　(23) A

二、多项选择题

(1) ABC　(2) AD　(3) BC　(4) AD　(5) ABCD　(6) ABD
(7) BC　(8) AD　(9) ABC　(10) ABD　(11) AC　(12) ABD
(13) AD　(14) AD　(15) CD　(16) AC　(17) BC

三、判断题

(1) ×　(2) ×　(3) √　(4) √　(5) ×　(6) ×　(7) √　(8) ×
(9) √　(10) ×　(11) ×　(12) ×　(13) ×　(14) √　(15) √　(16) √
(17) √　(18) √　(19) ×　(20) √　(21) √　(22) ×　(23) ×　(24) √

四、简答题

略。

【实务训练】

略。

第四单元　计算月末在产品成本

【单元测试】

一、单项选择题

(1) A　(2) D　(3) B　(4) C　(5) B　(6) A　(7) D　(8) B
(9) C　(10) C　(11) B　(12) D　(13) C　(14) B　(15) D　(16) C
(17) B　(18) C　(19) D　(20) D　(21) A

二、多项选择题

(1) ABCD　(2) ABC　(3) ABC　(4) ABCD　(5) BD　(6) ABC　(7) ABCD
(8) BCD　(9) AB　(10) AC　(11) ABC　(12) BCD　(13) ABD

三、判断题

(1) √　(2) √　(3) ×　(4) ×　(5) √　(6) ×　(7) ×　(8) √
(9) √　(10) ×

四、简答题

略。

【实务训练】

略。

第五单元　品种法计算产品成本

【单元测试】

一、单项选择题

(1) C　(2) C　(3) B　(4) D　(5) A　(6) A　(7) A　(8) D

(9) C

二、多项选择题

(1) ACD (2) AC (3) AB (4) ACD (5) ABCDE

三、判断题

(1) √ (2) √ (3) × (4) × (5) × (6) × (7) √ (8) √
(9) √

四、简答题

略。

【实务训练】

略。

第六单元 分批法计算产品成本

【单元测试】

一、单项选择题

(1)B (2) A (3) B (4) A (5) B (6) A (7) C (8) D
(9) D (10) C (11) C (12) A

二、多项选择题

(1) ABC (2) ABD (3) ABDE (4) AD (5) ABCD (6) CD
(7) ABC (8) AB

三、判断题

(1) × (2) √ (3) × (4) √ (5) × (6) × (7) × (8) √
(9) √ (10) √ (11) √ (12) √ (13) × (14) × (15) ×

四、简答题

略。

【实务训练】

略。

第七单元 分步法计算产品成本

【单元测试】

一、单项选择题

(1) D (2) D (3) A (4) C (5) A (6) C (7) C (8) A
(9) D (10) C (11) C (12) C (13) B (14) C (15) C (16) A
(17) B

二、多项选择题

(1) ABD (2) ABCD (3) BCD (4) BC (5) ABCD (6) BC
(7) ABC (8) ABCD (9) ABD (10) ACD

三、判断题

(1) √ (2) × (3) × (4) × (5) √ (6) √ (7) × (8) √
(9) × (10) × (11) × (12) √

四、简答题

略。

【实务训练】

略。

第八单元 辅助方法计算产品成本

【单元测试】

一、单项选择题

(1) D (2) D (3) D (4) C (5) C (6) C (7) D

二、多项选择题

(1) ABCD (2) ABCD (3) BCD (4) BCD (5) ACD (6) ACD
(7) ABCD

三、判断题

(1) √ (2) √ (3) √ (4) × (5) √

四、简答题

略。

【实务训练】

略。

第九单元 成本报表和成本分析

【单元测试】

一、单项选择题

(1) B (2) C (3) C (4) B (5) B (6) A (7) A (8) A
(9) A (10) A

二、多项选择题

(1) ABCD (2) ABC (3) ABD (4) ABCD (5) ABCD (6) ABC
(7) ABCD (8) ABC (9) ABCD (10) AC (11) ABCD (12) ABD
(13) BD (14) ABCD

三、判断题

(1) × (2) × (3) √ (4) × (5) × (6) × (7) × (8) ×
(9) × (10) × (11) √ (12) × (13) √ (14) √ (15) √ (16) ×

四、简答题

略。

【实务训练】

略。

参考文献

1. 财政部会计司.《企业产品成本核算制度（试行）》讲解[M].北京：中国财政经济出版社，2014.

2. 万寿义，任月君.成本会计[M].5版.大连：东北财政大学出版社，2019.

3. 顾全根，刘洪梅，杨荐.成本会计实务[M].3版.北京：清华大学出版社，2018.

4. 宋建琦.成本会计[M].北京：清华大学出版社，2019.

5.《企业产品成本核算》编写组.企业产品成本核算：新制度与案例[M].北京：中国财政经济出版社，2014.

6. 张世体，陈明.成本会计实务[M].上海：立信会计出版社，2020.

7. 江希和，向有才.成本会计教程[M].7版.北京：高等教育出版社，2022.